高等职业教育教学改革创新规划教材

物流管理系列

仓储管理实务

主编：谷岩

副主编：商金红 刘心 曾琢

首都经济贸易大学出版社

Capital University of Economics and Business Press

·北京·

图书在版编目（CIP）数据

仓储管理实务/谷岩主编．--北京：首都经济贸易大学出版社，2020.8
ISBN 978－7－5638－3092－3

Ⅰ.①仓…　Ⅱ.①谷…　Ⅲ.①仓库管理—高等职业教育—教材　Ⅳ.①F253

中国版本图书馆 CIP 数据核字（2020）第 116109 号

仓储管理实务
谷　岩　主　编
商金红　刘　心　曾　琢　副主编
Cangchu Guanli Shiwu

责任编辑　彭伽佳
封面设计　风得信·阿东 FondesyDesign
出版发行　首都经济贸易大学出版社
地　　址　北京市朝阳区红庙（邮编 100026）
电　　话　（010）65976483　65065761　65071505（传真）
网　　址　http：//www. sjmcb. com
E－mail　publish@ cueb. edu. cn
经　　销　全国新华书店
照　　排　北京砚祥志远激光照排技术有限公司
印　　刷　北京建宏印刷有限公司
开　　本　787 毫米×1092 毫米　1/16
字　　数　396 千字
印　　张　15. 5
版　　次　2020 年 8 月第 1 版　2020 年 8 月第 1 次印刷
书　　号　ISBN 978－7－5638－3092－3
定　　价　39. 00 元

前　言 PREFACE

随着我国物流业总体规模的快速增长，物流服务水平也显著提高，发展的环境与条件也在不断改善，为进一步加快行业发展奠定了坚实的基础。仓储作为物流业的重要活动之一，其发展对于国家和地区经济的综合配套能力与社会服务水平具有重要作用。本教材的内容紧密结合仓储类岗位的职业能力，突出了职业教育人才培养的特点。

1. 总体思路

本书按照“以职业能力培养为目标，以岗位任务为依据”的理念来设计内容。全书注重理论与实践相结合，以仓储认知为起点，以仓储选址与布局为引领，以仓储的业务操作过程和岗位要求为主线，将仓储管理应掌握的业务知识和职业技能融入各个项目的学习中。

2. 结构特点

本书按照“项目导向，任务驱动”的设计思路安排项目内容。在调查分析仓储职业岗位群的基础上，梳理、归类和整合了岗位职业行动能力与典型工作任务，精选了 9 个教学项目，形成了该课程的教学体系，分别是仓储管理认知、仓库选址与布局、仓库设施与设备的配置、入库作业管理、在库作业管理、出库作业管理、仓储商务管理、仓储成本管理与绩效评价，以及仓储信息管理。在技能拓展中，根据完成该项目所需的主要知识和技能要求，将其分成若干任务，学习任务大都具有工作任务的性质，融通工作岗位，建立了职业与学习的联系。学习任务的教学实施注重以实践性操作为载体，理论知识融入实践性操作，真正体现了“学中做、做中学”及理实一体化的课程设计理念。

3. 本书特色

本书改变了单纯按课堂理论教学模式编写，而通过校企合作编写，突出实践能力培养，以真实企业的工作项目为导向来设计教材内容，提升学生的职业技能。结合岗位职业技能，每个项目都设计了技能训练，教师可以组织学生开展技能训练，提升学生的职业能力与职业素养。

为紧密结合物流行业发展现状与未来发展趋势，使教学内容与职业能力要求相符，本书结合仓储岗位职业能力设计本书的理论内容与实训内容，确保教材的实用性和可行性。

本书由谷岩任主编，商金红、刘心、曾琢任副主编。具体编写分工如下：辽宁现代服务职业技术学院谷岩负责全书总体策划、结构设计及全文统稿和修订工作，同时负责项目二、项目三、项目四、项目五、项目六的编写；辽宁现代服务职业技术学院商金红负责编写项目一；辽宁现代服务职业技术学院刘心负责编写项目七和项目八；沈阳职业技术学院曾琢负责编写项目九。

本书可供高职院校物流管理专业及相关专业学生学习使用，也可以作为物流企业、仓储管理部门和物流咨询机构的职工培训教材，还可以作为从事物流、仓储研究与教学人员的参考资料。

本书在编写过程中，参考了大量学者的专著和文献，在此一并表示感谢！由于编者的水平有限，本书难免有不妥之处，恳请各位专家学者、同行教师、业界人士及广大读者批评指正。

编者

2019 年 9 月

目　录 CONTENTS

项目一

仓储管理认知

项目说明

仓储是现代物流的重要组成部分，在物流系统中起着至关重要的作用，是产业链条中不可或缺的一环。社会再生产的顺利进行和现代商品流通的进步与仓储管理现代化密不可分，现代物流的发展更离不开仓储管理的现代化。仓储活动既可以解决集中性生产与均衡性消费之间、均衡性生产与集中性消费之间的矛盾，还可以通过分拣、配载、流通加工等增值性服务环节，满足客户多样化、个性化的需求。高效合理的仓储可以加快物资流动的速度，降低成本，保障交易的顺利进行，并且可以实现对资源的有效控制和管理。

知识目标：

1. 掌握仓储及仓储管理的基本概念；
2. 熟悉仓储的功能和仓储的类别；
3. 了解仓储在物流管理中的作用；
4. 掌握仓储管理的原则与内容；
5. 了解仓储管理的任务；
6. 掌握仓储管理相关岗位及岗位职责。

能力目标：

1. 能够叙述仓储以及仓储管理的概念；
2. 能够判别不同类型的仓储；
3. 能够说明仓储管理的主要内容。

项目任务

李明、王辉、刘俊三人是物流管理专业的学生，三人计划毕业后自主创业，合伙投资组建一家以仓储为主营业务的物流公司。在组建公司之前，需要做以下工作：

1. 掌握仓储管理的原则和基本内容；
2. 了解仓储活动对应的业务岗位及职业能力的要求；
3. 了解物流行业的发展现状及未来发展趋势。

知识准备

任务一　仓储基础认知

一、仓储的概念

根据《物流术语》（GB/T18354—2006），仓储是指利用仓库及相关设施设备进行物品的入库、存贮、出库的活动。“仓”即仓库，为存放、保管、储存物品的建筑物和场地的总称，可以是房屋建筑、洞穴、大型容器或特定的场地等，具有存放和保护物品的功能。“储”即储存、储备，表示收存以备使用，具有收存、保管、交付使用的意思，当适用有形物品时也称为储存。简言之，仓储就是在特定的场所储存物品的行为。

仓储不但包括商业部门和物资部门为了保证销售和供应而建立的物品仓储，以及交通运输部门为衔接各种运输方式，在车站、码头、机场和港口建立的物品仓储，还包括生产企业的原材料、半成品以及成品的仓储等。此外，出于政治、军事的需要，或为了防止地震、旱灾、风灾、火灾等自然灾害而进行的物资储备也属于仓储。

仓储是现代物流管理中的核心环节之一，是物流活动的重要支柱。仓储分为静态和动态两种：静态的仓储是指当物品不能被及时消耗掉，需要专门场所存放时产生的仓储；动态的仓储是指将物品存入仓库以及对存放在仓库里的物品进行保管、控制、提供使用等的管理形成的仓储。可以说，仓储是对有形物品提供存放场所，并在此期间对存放物品进行保管、控制的过程。

二、仓储的功能

从物流的角度看，仓储的功能有基本功能和增值服务功能。仓储的基本功能包括存储功能、调解功能、保管和养护功能。仓储的增值服务功能是指利用物品在仓库存储时间，开发和开展多种服务来提高仓储附加值、促进物品流通、提高社会效益的功能，主要包括流通加工、包装、配载、配送、交易中介等功能。

（一）仓储的基本功能

1. *存储功能*

存储是指在特定的场所，将物品存放并进行妥善的保管，确保被存储的物品不受损害。存储保管是仓储最基本的功能，是仓储产生的根本原因。当有了产品剩余，需要将剩余产品收存保管，就形成了仓储。存储的目的是确保存储物的价值不受损害，在存储过程中存储物所有权属于存货人。

2. 调节功能

仓储在物流中起着“蓄水池”“火车站”的作用，一方面，仓储可以调节生产和消费的平衡，使它们在时间了空间上得到协调，保证社会再生产的顺利进行；另一方面，由于不同的运输方式在运向、运程、运力和运输时间上存在差异，一种运输方式一般不能直接将货物运达目的地，需要在中途改变运输方式、运输路线、运输规模、运输工具，而且为协调运输时间，完成物品倒装、转运、分装、集装等物流作业，还需要在物品运输的中途停留。通过仓储的调节，实现了物品从生产地向销售地的快速转移，并且当交易不利时，可以对物品先进行存储，等待有利的交易机会。调节控制的任务就是对将物品进行仓储还是流转做出安排，确定存储时间和存储地点。

3. 库存控制功能

仓储的库存控制功能包括两个方面：一是存货人交付保管仓储物的数量和提取仓储物的数量要保持一致；二是仓储要按照存货人的要求分批收货和分批出货，对储存的货物进行数量控制，配合物流管理的有效实施，同时向存货人提供存货数量以及数量变动的服务信息，以便客户控制存货，提高物品的效用。

4. 养护功能

为了保证仓储物的质量不变，保管人需要采用先进的技术、合理的保管措施，妥善保管仓储物。仓储物发生危险时，保管人不仅要及时通知存货人，还需要及时采取有效措施减少损失。

（二）仓储增值服务功能

仓储增值服务是现代物流发展的结晶。物品增值包含两方面的含义：一是衔接好仓储环节和生产运输环节，实现物品“无缝”流转，降低成本，缩短产品在流通环节的总时间，加速产品价值的实现；二是采用生产延迟、运输延迟的策略，针对不同行业和产品，把产品的粗加工、包装、贴标签等作业在物流停滞期间完成，既能为上下游的生产、运输环节提供直接便利，又可以使仓储作业从单一的保值功能发展为增值与保值合一的多元化功能，从而大大提高仓储的直接效益。仓储增值服务功能主要包括流通加工、包装、配载、配送、交易中介等。

1. 流通加工

仓储期间可以通过简单的制造、加工活动来延期或延迟生产，提高物品附加值。加工本是生产环节的任务，但随着消费的个性化、多元化发展，许多企业将产品的定型、分装、组配、贴商标等工序留到仓储环节进行。通过流通加工，可以缩短生产时间，节约材料，提高成品率，保证供货质量，更好地为消费者服务，实现产品从生产到消费的价值增值。流通加工的功能主要包括以下几种：

（1）为保护产品而进行的加工；

（2）为适应多样化需求而进行的加工；

（3）为使消费者方便省力而进行的加工；

（4）为提高产品利用率而进行的加工；

（5）为便于衔接不同的运输方式而进行的加工；

（6）为实现配送而进行的流通加工。

2. 包装

包装常常发生在仓储作业中。包装的目的在于对商品进行保护，方便搬运，商品包装单位化，使商品具有标识，促进商品的销售。有人认为："每个包装箱都是一幅广告牌。"良好的包装能够提高新产品的吸引力，提高产品的吸引力要比提高产品单位售价的代价低。

3. 配载

配载是对使用相同运输工具和运输线路的货物进行合理安排，以充分利用运输工具的载重量，提高车辆利用率，使货物实现整车运输。配载是仓储活动的一项重要内容。大多数仓储都提供配载功能，不同货物在仓库集中，按照运输的方向进行分类仓储，当运输工具到达时出库装运。通过对运输车辆进行配载，确保配送的及时和运输工具的充分利用。

4. 配送

仓库设置在生产和消费集中地区附近，从事生产原材料、零部件或商品的存储。对生产车间和销售点的配送是这类型仓库的基本业务，根据生产进度和销售的需要，仓库不间断地、小批量地将仓储物送到生产线和零售商店或收货人手中。仓储配送业务的发展有利于生产企业降低存货，减少固定资金投入，实现准时制生产；有利于商店减少存货，降低流动资金使用量，而且能保证销售。

5. 交易中介

仓储经营人利用大量存放在仓库的有形物品，以及与各类物品使用部门业务的广泛联系，开展现货交易中介，扩大了货物交易量，加速仓储物的周转和吸引新的仓储业务，提高了仓储效益；同时还能充分利用社会资源，加快社会资金周转，减少资金沉淀。交易中介功能的开发是仓储经营发展的重要方向。

三、仓储的分类

（一）按仓储经营形式划分

1. 企业自营仓储

企业自营仓储包括生产企业自营仓储和流通企业自营仓储。生产企业自营仓储是指生产企业使用自有的仓库设施对生产使用的原材料、生产半成品、最终产品实施储存保管的行为。企业自营仓储的存储对象较为单一，以满足企业自身生产为原则。流通企业自营仓储对象较多，其目的是支持销售。企业自营仓储不开展商业性仓储经营，其行为不具有独立性，仅仅为企业的产品生产或经营活动服务。

2. 商业营业仓储

商业营业仓储是仓储经营人以其拥有的仓储设备向社会提供商业性仓储服务的仓储行为。仓储经营人与存货人通过订立仓储合同的方式建立仓储关系，并且依合同约定提供仓储服务，收取仓储费用。商业营业仓储的目的是在仓储活动中获得经济利益，实现经营利润最大化。商业营业仓储又可分为提供仓储服务和提供仓储场地服务两种类型。

3. 公共仓储

公共仓储是公用事业的配套服务设施，如为车站、码头提供与运输相配套的仓储服务，其运作的主要目的是保证车站、码头的货物周转，具有内部服务的性质，处于从属地位。但对存货人而言，公共仓储也适用于营业仓储关系，只是不独立订立仓储合同，而是将关系列在作业合同之中。

4. 战略储备仓储

战略储备仓储是根据国家安全、社会稳定的需要，对战略物资实行储备而产生的仓储。战略储备由国家进行控制，通过立法、行政命令的方式进行。战略储备物资存储的时间较长，以储备品的安全性为首要任务。战略储备物资主要有粮食、能源、有色金属等。

（二）按仓储对象划分

1. 普通物品仓储

普通物品仓储是指不需要特殊保管条件的物品仓储。例如，普通的生产物资、生活用品、工具等杂货类物品，不需要针对货物设置特殊的保管条件，采取无特殊装备的通用仓库或货场存放。

2. 特殊物品仓储

特殊物品仓储是指在保管中有特殊要求和需要满足特殊条件的物品仓储，如冷库仓储、危险品仓储、粮食仓储等。特殊物品仓储一般为专用仓储，按物品的物理、化学、生物特性及法律规定进行仓储建设和实施管理。

（三）按仓储功能划分

1. 存储功能仓储

存储功能仓储是指物资需要存放较长时间的仓储。由于物资存放时间长，单位时间存储费用是否低廉就很重要，一般应该在较为偏远的地区进行储存。存储仓储一般物资较为单一、品种少，但存量大、存期长，因此要特别注意物资的质量保管。

2. 物流中心仓储

物流中心作为物流网络的节点，物流中心仓储是以物流管理为目的的仓储活动，是从事物流活动的场所和组织。物流中心仓储管理主要为社会服务，包括以下几个方面：商品储存、商品验收、拣选作业、包装作业和装卸搬运等。物流中心仓储的特点是：功能健全、有完善的信息网络、辐射范围大、少品种、大批量、存储吞吐能力强、物流业务统一经营管理。

3. 配送中心仓储

配送中心仓储是商品在配送交付消费者之前所进行的短期仓储，是商品在销售或者供生产使用前的储存，如进行拆零、分拣、组配等作业。配送中心仓储一般设置在商品的消费地，需要大批量进货、分批少量出库操作，主要目的是支持销售或生产，注重对物品存量的控制。

4. 运输转换仓储

运输转换仓储是衔接不同运输方式的仓储活动。在不同运输方式的衔接处进行，如在港口、车站等场所进行的仓储，是为了保证不同运输方式的高效衔接，减少运输工具的装卸和停留时间。运输转换仓储具有大进大出的特点，货物存期短，注重货物的周转作业效率和周转率。

5. 保税仓储

保税仓储用于存储保税货物。保税货物是指不用于国内销售、暂时进境、海关予以缓税的货物。保税仓库是经海关批准，在海关监管下设立专门存放未办理关税手续而入境或过境货物的仓库。保税期一般最长为两年，在这期间可以将货物存放在保税仓库中。保税仓库是指适用于存放供来料加工、进料加工复出口产品的料件及成品，以及经海关批准缓办纳税手续进境的货物等。一般贸易进口货物不允许存入保税仓库。在保税期间，经营者可以寻找最有利的销售时机，一旦实现销售，再办理关税等通关手续。若两年之内未能销售完毕，可再运往其他国家，保税仓库所在国不收取关税。

四、仓储在物流管理中的作用

仓储管理在现代物流管理中占据着核心地位。仓储活动的作用具体有以下六个方面。

（一）仓储是社会生产顺利进行的必要过程

现代社会生产的一个重要特征是专业化和规模化生产，劳动生产率极高，产量巨大，绝大多数产品都不能被及时消费，需要经过仓储的过程。这样，一方面能避免生产过程被堵塞，从而保证生产过程能够继续进行；另一方面，生产所使用的原料、材料等需要有合理的储备，才能保证及时供应，满足生产的需要。

（二）仓储能调整生产和消费的时间差

仓储活动可以解决集中性生产与均衡性消费、均衡性生产与集中性消费之间的矛盾。一方面，通过仓储将集中生产出的大量产品进行储存，持续地向消费者提供，才能不断保证满足消费需求。另一方面，集中生产的产品如果即时推向市场进行销售，必然造成市场短时期内产品供给远远大于需求，导致产品价格大幅降低，甚至无法消费而被废弃；相反，非供应季节，市场供应量少而价高，通过将产品存储在仓库中，均衡地向市场供给，才能稳定市场，有利于再生产的持续进行。

（三）仓储能起到劳动产品价值保值增值的作用

生产出的产品在消费之前必须保持其使用价值，否则会被废弃。这项任务需要由仓储来承担，在仓储过程中对产品进行保护、养护、管理，甚至处理、加工，防止其损坏而丧失使用价值。

仓储是产品从生产到消费的最后一道作业环节，可以根据市场对产品消费的偏好，对产品进行最后加工改造和流通加工，提高产品的附加值和适应性，以促进产品的销售，甚至增加收益。

（四）仓储是流通过程的衔接点

仓储承担着流通过程中产品的衔接功能。从生产到消费，不断经过分散、集中、分散的过程，可能还需要经过不同运输工具的转换运输。为了有效利用各种运输工具，降低运输过程中的作业难度，实现经济运输，物品需要通过仓储进行配装、配载、包装、成组、分批、疏散等。为了满足销售的需要，商品在仓储中进行整合、分类、拆除包装、配送等处理和存放。存放在仓库里的商品还可以提供给购买方进行查看，这是大多数现货批量交易的方法，因而仓储也具有商品陈列的功能。

（五）仓储是市场信息的传感器

仓储产品的变化是了解市场需求的极为重要的途径。仓储量减少，周转量加大，表明社会需求旺盛；反之，仓储增加，周转减少，则表明需求不足。厂家存货增加表明其产品需求减少或者竞争力降低，也有可能是生产规模不合适。从仓储环节所获得的市场信息虽说比销售信息滞后，但更为准确和集中，信息反应快捷，且成本极低。现代企业生产特别重视仓储环节的信息反馈，将仓储量的变化作为是否继续生产的依据。现代物流管理特别重视仓储信息的收集和反馈。

（六）仓储是开展物流管理的重要环节

物品在物流过程中相当一部分时间处在仓储之中，在仓储中进行运输整合，在仓储中进行配送准备，在仓储中进行流通加工，也在仓储中进行市场供给调节。仓储成本是物流成本最重要的组成部分。开展物流管理必须重视对仓储的管理，有效的仓储管理才能实现物流管理降低成本、保持供给的目的。

任务二　仓储管理内容认知

一、仓储管理的概念

根据《物流术语》（GB/T18354—2006），仓储管理是指对仓储设施布局和设计以及仓储作业所进行的计划、组织、协调与控制。

仓储管理就是对仓库及仓库内储存的物资所进行的管理，是仓储机构为了充分利用所拥有的仓储资源，提供高效的仓储服务所进行的计划、组织、控制和协调的过程。仓储管理与仓库管理相比要复杂得多，仓库管理是指物品入库、在库、出库等环节的管理，是一种业务层面的管理。而仓储管理既包括战略层面的管理，如仓库选址与布局，又包括出入库作业、存储保管、分拣出库等业务层面的管理，还包括财务管理、人力资源管理和商务管理等经营决策管理。

二、仓储管理的原则

（一）效益原则

效益原则是指经济效益、社会效益与生态效益相统一。利润是经济效益的表现，实现利润最大化需要做到经营收入最大化或经营成本最小化。作为市场经营活动主体的仓储企业，应该围绕获得最大经济效益的目的进行组织和经营。同时，仓储企业也需要承担一定的社会责任，履行治理污染、保护环境、维护社会安定的义务，满足创建和谐社会不断增长的物质文化与精神文化的需要，实现生产经营的综合效益最大化，实现仓储企业与社区的和谐发展，实现仓储企业与国民经济、行业经济、地区经济同步可持续发展。

（二）效率原则

仓储生产管理的核心是效率管理，是以最少的劳动量投入获得最大产出的管理。仓储的效率表现在仓库利用率、货物周转率、进出库时间、装卸车时间等指标的先进性上，是能体现“快进、快出、多存储、保管好”的高效率仓储。高效率还需要有效管理过程的保证，包括现场的组织调度、标准化制度、严格的质量责任制的约束等。

（三）服务原则

仓储服务管理包括直接服务管理和以服务为原则的生产管理。仓储管理要在改善服务、提高服务质量上狠下工夫。仓储服务水平与仓储经营成本有着密切的关系，两者互相对立。服务好，成本高，收费就高。合理的仓储服务管理就是要在仓储经营成本和服务水平之间寻求最佳区域，保持相互间的平衡。

三、仓储管理的基本内容

仓储管理活动主要是在商品流通过程中货物储存环节的经营管理，主要包括六个方面。

（一）仓库选址与建设

仓库选址与建设问题是仓储管理战略层面所研究的问题，它涉及公司长期战略与市场环境相关联问题的研究，对仓库长期经营过程中的服务水平和综合成本具有非常大的影响。仓库选址与建设包括仓库选址与布点、仓库建筑结构与规模、仓库的布局等。

仓库选址与布点包括仓库选址应遵循的基本原则、仓库选址时应考虑的基本因素以及仓库选址的技术方法，多点布置时还需要考虑网络中仓库的数量、规模大小、相对位置和服务的客户等问题。仓库的规模与布局包括仓库库区面积、建筑物面积及建筑结构等的确定、库区内运输道路和作业区的布局、库房内部各作业区域的划分和作业通道布置的方式。

（二）仓储设施设备的选择与配置

仓储设施设备的选择与配置包括：根据仓库作业的特点、储存商品的种类及其物理和化学特性，合理地选择仓库设施与作业设备，并确定配套的数量，以及设施设备的合理使用和管理。现代仓储离不开仓库所配备的设施与设备，如叉车、货架、托盘和各种辅助设备。恰当地选择适用于不同作业类型的仓储设施与设备，将大大降低仓库作业中人工劳动强度，提高作业效率，保障仓储服务质量。

（三）仓储业务管理

仓储业务管理即对物品的入库、在库保管、出库等各项业务活动的组织、协调与控制。它是仓储管理日常所面对的最基本的管理内容，涉及仓储作业的组织结构与岗位分工、作业流程设计、仓储作业中的技术方法和作业手段，还包括仓储活动中的信息处理等。

（四）仓储库存管理

库存管理是仓储管理的重要组成部分之一，是在满足顾客服务要求的前提下，通过对企业的库存水平进行控制，力求尽可能降低库存水平，提高物流系统的效率，以提高企业的市场竞争力。库存不足会造成服务水平下降，物资供应不足，影响销售利润和企业信誉；库存过多会造成仓库面积和库存保管费用增加，从而增加产品成本，并占用大量的流动资金。库存控制是仓储管理中最复杂的内容，是仓储管理从传统的存货管理向高级的存货系统动态控制发展的重要标志。

（五）仓储人力资源管理

仓储人力资源管理包括仓储人员的招聘、培训、选拔和合理使用，以及建立、健全仓储岗位的工作职责、各岗位人员配置与优化、人机系统的高效组合等。

（六）仓储信息技术的应用

仓储信息技术的应用包括在仓储管理中信息技术的应用以及仓储管理信息系统的建立、应用与维护。现代化的仓储离不开仓储信息化，随着互联网、大数据、云计算等信息技术的迅猛发展与广泛应用，现代仓储管理已经从传统的信息化向智慧化发展，条形码技术、RFID（无线射频识别技术）等已经成为常见的仓储信息管理技术，仓储管理信息系统、供应链管理系统等已经广泛应用于仓储管理中，物联网、人工智能等新技术已经开始在仓储管理中使用，这不仅大大提高了仓储业务水平，而且有助于获得更多增值收入。

此外，仓储管理还涉及仓储安全管理、仓储成本管理、仓储绩效评价以及仓储商务管理等方面的内容。

任务三　仓储工作岗位认知

在现代仓储企业，为了保证各项工作正常有序地进行，工作岗位越来越细分，每个工作岗位都有其专业特点。根据各项工作需要，仓储企业需要合理配备各类工作人员，对不同岗位人员的基本素质、职业能力与工作职责有着不同的要求。在仓储企业中，一般包括仓储经理、仓库主管、仓管员、保管员和养护员等工作岗位。国家标准

《仓储从业人员职业资质》（GB/T21070—2007）中规定了仓储管理员、仓储经理等仓储从业人员的职业资质条件。

一、仓储经理

仓储经理是指从事仓储经营管理活动，具有经营管理权或业务指挥权与生产要素调度配置权的管理者，包括公司层面的仓储、运作经理或总监，分公司的经理或库区经理等。仓储经理应掌握的业务知识、理论知识及岗位能力要求如下。

（一）业务知识

（1）掌握仓储作业流程、操作规范与管理软件的运用；

（2）熟悉所保管物品的质量标准、储存技术标准、包装技术标准以及物品质量鉴别方法；

（3）掌握常用仪器、仪表及工具、消防器械的基本性能、特点、使用和日常保养知识；

（4）掌握计算机及仓储管理信息系统相关知识。

（二）理论知识

（1）掌握现代仓储技术与设备等方面的知识，掌握供应链管理、现代物流管理与现代运输管理等方面的知识；

（2）掌握国家物流、仓储与运输等方面的政策、标准及其操作规程；

（3）掌握仓储成本核算与控制、合理库存与绩效管理等仓储管理的基本知识；

（4）具有一般企业管理所需的财务管理、客户关系管理、质量管理、市场营销、融资管理等方面的知识；

（5）具有领导与管理学、公共关系管理和项目管理知识；

（6）掌握国内外仓储行业发展的基本情况与动态，了解国内外物流业现状与发展趋势。

（三）岗位能力要求

（1）组织领导能力。能够科学调度、配置生产要素资源，能理论联系实际地总结分析业务活动情况，并写出书面报告。

（2）方案设计能力。能够根据客户需要，对仓库运作流程、客户开发方案、客户满意度等不断进行改造和提升，为客户定制个性化服务方案，能根据有关仓储信息向客户提供信息咨询。

（3）人力资源管理能力。组织员工专业培训和人才开发，编写业务技术专业资料，对仓库管理员进行专业培训，提高仓库管理员的业务素质，改善组织内的人力资源结构。

（4）制度建设能力。能够根据业务的现实和发展要求，制定和完善相关业务运作管理、服务质量管理、安全生产管理和分配激励管理等规章制度，并有效地组织执行和实施；及时发现和指导处理各种突发性事件、异常现象和事故隐患，并能正确分析原因，提出预防和改进措施。

（5）过程控制和质量管理能力。能够熟练掌握品质控制和质量管理体系要求，加强现场和细节管理，提升发现、分析与处理问题的能力，提高客户满意度。

（6）运作成本核算能力。科学分析客户质量要求和运作成本的关系，保证质量，节约成本。

（7）信息技术管理能力。运用现代信息技术手段进行仓储经营与管理，分析和预测在整个仓库管理及保管养护活动中可能发生的各类问题，并能采取相应的预防措施。

（8）具有一定的谈判、沟通、营销能力。

二、仓库主管

仓库主管是仓库的主要负责人，负责仓库的全局工作。仓库主管的岗位职责和岗位素质要求如下。

（一）仓库主管的岗位职责

（1）制订仓库物资最低库存量的申购计划，做到库存合理、不积压资金；

（2）对仓库物资的保管和收发负有重要责任，加强控制、审查各部门领用物资的审批手续和数量，严格把关，合理使用物料，降低消耗；

（3）督促、监督仓库管理员严格办理物资进仓验收手续；

（4）切实贯彻物资管理制度，督促部属加强对库存的管理、检查，落实防霉腐、防虫蛀、防鼠咬、防火、防盗等安全措施和卫生措施，保证库存物资的完好无损；

（5）经常了解各种物资的使用情况，及时提出意见，供公司领导和职能部门参考；

（6）定期进行抽查，检查物品与登记是否相符，账卡是否相符，账账是否相符；

（7）妥善管理好公司的财产物资，属于家具、用具或固定资产的物品要专账登记，做好物资的收、发、存、报损等手续，定期进行盘查；

（8）按制度要求及时填报收、发、存月报表；

（9）加强仓库的财务管理，定期进行财务分析，根据利润、成本、资金的合理使用等进行业务调整，制定仓储经营方案，不断提高仓储企业的经济效益；

（10）对下属的业务素质和能力进行经常性的培训和指导，不断提高下属的工作能力和业务水平。

（二）仓库主管的岗位素质要求

（1）有较强的组织管理能力，熟悉仓储业务，能较好地组织仓库的各项作业；

（2）有一定的经营管理经验，掌握现代仓库经营管理方法，能以系统的观念整合仓储经营业务，并具有一定的开拓精神，能不断地开拓仓储经营业务；

（3）具有较强的经营决策能力，头脑清醒、处事稳健，具有较强的控制能力；

（4）善于沟通，协调能力较强；

（5）了解现代人力资源管理知识，能激发下属的工作热情和团队精神。

三、仓库管理员

仓库管理员是仓库内从事与物品仓储作业管理有关工作的一线操作人员的统称，包括直接从事物品收发、出入库、分拣、理货等工作的人员，不含装卸工，简称仓管员。仓管员应掌握的岗位职责和岗位素质要求如下。

（一）仓管员的岗位职责

（1）根据仓库主管的要求安排好本岗位的各项工作，完成各项仓库管理工作；

（2）货物到库后，按规定进行货物的签单验收工作；

（3）统筹部署储存物资，合理规划储位，充分利用仓储空间，合理使用各种仓储设施和设备；

（4）严格执行货物出库程序，遵循先进先出原则，做好货物出库前的检查和复核，降低差错率；

（5）做好货物进出库的有关账、卡、图、表的填写和制作，做到账、卡、物相符；

（6）严格执行仓库物资的盘点制度，及时掌握库存物资动态；

（7）加强管理区域范围内的安全工作，消除各种安全事故隐患；

（8）协调好本岗位与其他相关岗位的工作关系，保证各项作业的连续性；

（9）做好上级主管交给的其他工作。

（二）仓管员的岗位素质要求

（1）了解现代仓储管理基础知识，熟悉仓库管理业务程序；

（2）熟练掌握本岗位工作的各项业务操作要求和管理规定；

（3）了解现代商品学的基本知识，并能将其运用到仓库管理工作中；

（4）具有良好的工作协调能力，善于协调各种工作关系；

（5）具有团队精神，善于沟通，发挥集体协作的作用。

四、保管员

（一）保管员的岗位职责

（1）在仓管员的直接指挥下做好保管区内物资的保管工作，严格执行仓储物资保管的操作规程；

（2）对保管区内的货物做到账、卡清楚，账、卡、物相符；

（3）合理存放货物，以方便进出货和货物的搬运移动；

（4）定期清扫保管区，保证保管区内清洁卫生，无虫害、鼠害；

（5）定期检查保管区内的通风、照明、防雨防潮设施的情况，保持库区内通风、干燥、温湿度适宜；

（6）定期检查保管的货物品种、数量、质量状况，定期或不定期地对所保管货物进行盘点，及时掌握所保管物资的动态；

（7）严格执行保管区的安全检查，包括消防器材的配备及其有效性，区内电器线路的使用状况，是否存在老化、破损等安全隐患；

（8）严格执行保管区内的劳动纪律，严禁非保管区人员擅自进入保管区。

（二）保管员的岗位素质要求

（1）熟悉仓库管理规定，了解仓库的各项作业内容；

（2）了解仓库保管的基本知识和业务程序；

（3）熟悉库区内各储位的位置和状况，合理分配储位；

（4）熟悉库区各种保管设施设备的性能并能够合理使用；

（5）掌握一定的商品学知识，了解各类仓储物资的特性和理化性质，并在保管作业中合理运用。

五、养护员

（一）养护员的岗位职责

（1）在仓管员的直接指挥下，负责库存商品的养护工作。把好物资入库关，严格执行物资入库手续，防止不合格品入库；

（2）对入库物资进行合理堆垛苫垫，做到堆垛合理，安全牢固；

（3）掌握库存物资的商品性能，适当安排储存场所；

（4）加强仓库的温湿度管理，保持物资储存的合理温湿度；

（5）采取适当的措施，防止库存商品的腐蚀和霉变；

（6）对库存的特殊商品，根据商品特性的要求采取相应的措施，保证商品在库期间数量完整、质量完好；

（7）经常检查库容，保持仓库的卫生和清洁，防止鼠害和病虫害；

（8）经常检查仓库内设施设备的运转情况，保证库区的储存条件经常处于良好的状态。

（二）养护员岗位素质要求

（1）熟悉仓库管理规定，了解仓库的各项作业内容；

（2）了解仓库保管的基本知识和业务程序；

（3）熟悉库区内各储位的位置和储存商品的商品特性；

（4）熟悉库区各种保管设施设备的性能并能够合理使用；

（5）掌握丰富的商品学知识，了解各类仓储物资的商品特性和理化性质，并在养护作业中合理运用；

（6）熟练掌握仓库中常见的病虫害防治；

（7）根据商品养护的有关规定，定期进行商品的抽样检查，及时发现库存商品保管中存在的问题，并及时进行处理。

项目小结

仓储是现代物流管理中的核心环节之一，是物流活动的重要支柱。仓储有静态和动态两种：当产品不能被及时消耗掉，需要在专门场所存放时，就产生了静态的仓储；而将物品存入仓库以及对存放在仓库里的物品进行保管、控制、提供使用等的管理，则形成了动态的仓储。仓储管理是对仓库及仓库内储存的物资所进行的管理，是仓储机构为了充分利用所拥有的仓储资源，提供高效的仓储服务所进行的计划、组织、控制和协调的过程。

复习思考题

1. 仓储有什么功能？
2. 仓储按照功能可以分为哪些类型？
3. 仓储在物流管理中有哪些作用？
4. 简述仓储管理的主要内容。
5. 简述仓储岗位及各岗位的工作职责。

案例分析

云南白药集团物流中心

一、背景介绍

云南白药集团作为云南省医药龙头企业，业务订单逐年激增。受现有厂房条件的限制，产能不足成为制约白药发展的最大瓶颈，同时随着国内医药自动化物流配送系统的兴起及医疗系统的改革，公司的配送客户数也随之大幅度增加，现有的场地已不能满足未来发展的需要，传统的人工配货模式也制约了企业的发展。2008 年，云南白药集团启动了白药历史上的重大事件——新基地建设，暨云南白药整体搬迁项目。该项目是对集团公司所属生产基地、物流中心以及行政中心进行的整体搬迁。云南白药物流中心作为搬迁的重要组成部分，是国内最大、最先进的全自动医药物流中心之一，也是西南地区最大、最先进的现代化医药物流中心。

二、物流中心的建设理念

云南白药物流中心坐落于呈贡新区雨花片区内，占地 169.96 亩，总建筑面积约 3.6 万平方米。云南白药物流中心属于医药商业流通领域，是集区域型、批零兼营并支持 3PL（第三方物流）的大型现代化医药物流配送中心，主要服务于云南白药集团全资子公司——云南省医药有限公司。为将云南白药物流中心打造成一个现代化、信息化、自动化的物流中心，云南白药置业有限公司特地邀请了国内外知名医药设计公司，在结合省医药公司物流特点的同时，严格按照国家最新 GSP 标准对其进行设计，并通过与中国九州通医药集团物流总部合作，对云南白药物流中心进行集成建设，巧妙运用目前国内领先的物流管理信息系统，低价采购世界先进的物流设备，积极发展壮大第三方物流平台。

三、物流中心的布局与设备配置

（一）物流中心布局

在规划方面，公司对该物流中心未来有规模倍增的可能进行了充分考虑，有针对性地对物流中心用地、物流功能区、办公区、物流动线都做了详细的规划。

（二）仓储系统的应用

在系统方面，新的云南白药物流中心对重新整合企业现有的人工拣配货模式提出了较高的要求。通过建立先进的物流中心系统，优化企业内部物流，建立自动化物流仓储系统，同企业 MES（制造企业生产过程执行管理系统）、POS（销售终端系统）相结合，实现药品的入库、储存、拣配、发货、合理控制库存，减少库存资金占用，提高物流服务水平，降低物流总成本的目标。

（三）设施设备的选择与配置

云南白药呈贡物流中心内安装有自动化立体仓库堆垛机、立体存储货架、U 型在线拣选平台、八层 A 品拣选平台、八层螺旋输送线、电动叉车、电子标签拣选系统、拣/补货输送设备、复核输送线、复核分拣机、高速滑块分拣机、PDA、指纹识别器、温湿度自动调控设备等大量先进的物流设备。

库区全部采用中央空调和温湿度自动实时监控系统，药品分别储存于阴凉库、低温库（冷藏库、冷冻库）；所有药品实施批号管理，物流全过程有货物进出跟踪记录并由计算机完成物流信息一体化管理；量体裁衣的自动化系统能够随时了解作业进度的环境结构，同时提高对订单拣选发货的快速响应程度；整箱与拆零作业的分离大大提高了作业效率；构建出一个无须专业人员均能进行作业的简单工作环境，有效防止了人为错误的发生，构成零差错系统；推行的标准化作业流程有效确保了对客户服务的专业性和一致性。

四、物流中心的运行效果

建成后的云南白药物流中心可储存药品 35 万箱，日均出库量为 18 000 箱，支持年销售额 80 亿～100 亿元。它将为客户提供仓储管理、门到门配送、退货管理、流通加工、签单返回、低温储存和冷链控制等物流服务，保证客户的产品能够快速、准确、及时地到达配送终端。

建成后的云南白药物流中心传承“客户至上，信誉第一”的服务宗旨，遵循“高效、安全、快捷、满意”的服务准则，立足云南市场，覆盖西南地区，通过不断提升自身服务能力，力争为上、下游客户提供更加完善的各项物流服务，建立医药及健康产品优秀物流服务供应商的品牌地位。

建成后的云南白药物流中心不仅可以给企业带来良好的经济效益，而且通过对药品的合理调配，可以有效降低医药供应链的成本，进一步规范医药市场流通局面，为西南地区城乡居民提供更方便、更安全、更快捷的用药途径，具有很好的社会效益。

思考题：

1. 云南白药集团物流中心从仓储经营形式上属于哪种类型？

2. 云南白药集团物流中心的建设考虑了哪些因素？
3. 云南白药集团物流中心配备了哪些设施设备？

技能拓展

技能训练 1－1　仓储行业调研实训

一、实训目的

1. 了解并掌握我国仓储业的现状及未来发展趋势；
2. 掌握仓储类型的划分；
3. 掌握仓储管理的内容及业务流程；
4. 掌握信息收集的途径、方法与技巧。

二、实训内容与步骤

1. 全班学生分成若干学习小组，3～5人为宜，并选出组长。

2. 通过查看相关网站和论坛，阅读、收集并整理我国仓储业现状和未来发展趋势的相关资料。

3. 通过查阅图书馆的专业书籍和阅览室的专业刊物，了解行业情况。

4. 上网收集或实地调研某企业（物流企业或工商企业）的仓储管理现状。调研内容包括：企业的仓储类型、仓库规模、经营物品品类、经营现况、发展历史及企业文化等。

三、实训作业

1. 每组撰写并提交“我国仓储业现状和未来发展趋势”。
2. 每组撰写并提交一份《某企业仓储管理调查报告》。

四、实训条件

1. 物流实训室计算机与互联网。
2. 图书馆、阅览室。
3. 调研企业。

五、考核标准

仓储行业调研实训项目考核评分表

序号	评分项	评分标准	满分	得分
1	实训过程表现	出勤、小组合作、实训纪律	30	
2	我国仓储业现状和未来发展趋势	内容是否全面详细及准确客观；格式是否正确	30	
3	企业仓储管理调研报告	内容是否准确全面；逻辑与结构是否合理；格式是否正确	40	
总　分			100	

技能训练 1-2　仓储企业组织结构与岗位调查

一、实训目的

1. 了解并掌握仓储企业的组织结构；

2. 了解仓储行业岗位；

3. 掌握仓储工作人员的工作职责。

二、实训内容与步骤

1. 参观调研一个物流仓储企业（生产企业仓储部门或流通企业仓储部门）。调研该企业的仓储管理组织结构、仓库基本情况、仓储管理岗位、仓储管理人员的工作职责。

2. 做好参观前的准备工作。与目标企业联系，确定参观调研内容、时间与地点，告知对方参观人数，准备好想了解的问题以及记录工具，确定所乘车辆和行走路线。

3. 现场参观学习。企业领导现场讲解企业的组织结构、仓储岗位设置及人员工作职责、仓储业务等内容，参观企业仓库，学生做好记录。

4. 总结交流。调研结束后，全班学生对调研情况进行交流讨论。

三、实训作业

参观结束后，每位学生对参观调研的内容进行整理，每人撰写一份调研报告，以学习小组为单位做好一份 PPT 上交并演示。

四、实训条件

1. 接待参观调研的企业。

2. 物流实训室计算机与互联网。

五、考核标准

仓储企业组织结构与岗位调查实训项目考核评分表

序号	评分项	评分标准	满分	得分
1	实训过程表现	出勤、小组合作、实训纪律	30	
2	调研报告	内容是否全面详细及准确客观；格式是否正确	40	
3	PPT	内容是否全面详细及准确客观；格式是否正确；演示内容是否清晰、美观；讲解人员是否熟悉讲解内容；讲解是否准确。	30	
总　分			100	

项目二

仓库规划与布局

项目说明

仓库的规划与布局是关系到企业整体物流网络合理性的重要内容，布局及选址的合理与否同企业整体的运营成本、运作效率有着重要的关系。建立物流网络系统时，仓库的布局与选址是首要工作，这一层次的工作是仓储管理中较高层次的工作内容，是一项决策性的工作。在进行仓库总体布局时，应考虑仓库的专业化程度、规模和功能等因素。合理的仓库布局有利于作业的顺利进行，有利于保证安全，提高仓储的经济效益。

知识目标：

1. 明确仓库的概念、功能和分类；
2. 掌握仓库选址的原则和影响因素；
3. 掌握仓库布局的设计原则与方法。

能力目标：

1. 能够进行仓库选址设计；
2. 能够进行仓库结构设计；
3. 能够对仓库进行合理的规划与布局。

项目任务

某大型医药公司是一家立足北京、辐射周边城市的医药品的批发、调拨、零售企业。公司的营业范围为药品、药材、医疗器械、化学试剂、生化制品、保健品等。随着公司业务的不断扩大，公司的客户数也随之大幅增多，存货需求大大增加，现有的场地已不能满足公司未来发展的需要，于是公司决定新建一座用于仓储与配送的物流中心。小杨是一名刚刚大学毕业到该公司实习的新员工，他被指派参与新物流中心的仓库规划与设计工作。

小杨和部门同事需要完成以下工作任务：

1. 仓库选址；
2. 仓库内部布局及功能设计。

知识准备

任务一　仓库的功能与分类

一、仓库的概念

根据《物流术语》（GB/T18354—2006），仓库是保管、存储物品的建筑物和场所的总称。仓库并不是单独的建筑物或场所，而是包括各种设备和设施，能够完成指定任务（用来存放物品、生产资料、工具或其他财产，对其数量和价值进行保管），并能提供综合服务的系统。

二、仓库的功能

（一）储存和保管功能

仓库最基本的功能是储存。仓库具有一定的空间可用于存放物品，在储存物品的同时，仓库也有保管物品的功能。因此，根据所储存物品的特性，仓库必须有与之匹配的设备，以保证储存物品的完好。例如，储存中草药的仓库必须备有通风防潮设备，以防止货品受潮发霉变质。此外，还要不断更新和完善搬运器具和操作方法，避免搬运和堆放时毁坏物品，使仓库真正发挥储存和保管作用。

（二）调节物资供需功能

物资供需之间存在时间、空间和规模上的不均衡性。有的产品是季节性生产，但消费是全年的；有些产品全年生产，但消费是季节性的；有些产品生产地和消费地之间距离很远：这就产生了储运要求。仓库就像蓄水池，可以调节这种不均衡的状况，平衡物资供需。

（三）调节货物运输功能

各种运输工具的运输能力是不一样的。船舶的运输能力很大，火车的运输能力次之，汽车的运输能力较小。各种运输工具之间的运输衔接是很困难的，这种运输能力的差异需要通过仓库进行调节和衔接。

（四）配送和流通加工功能

单纯的储存和保管型仓库已远远不能适应生产和市场的需要，现代仓储逐步演化为集配送和流通加工于一体的多功能物流中心。仓库不仅要有储存、保管货物的设备，还要增加分拣、配送、流通加工、信息处理等设备。这样，既扩大了仓库的经营范围，提高了物资的综合利用率，又方便了消费，提高了服务质量。

（五）传递信息功能

随着现代仓库功能的转变，仓库对信息传递的要求不断增强。在处理与仓库活动有关的各项事务时，需要依靠计算机和互联网，通过电子数据交换和条形码技术提高仓储物品信息的传输速度，及时准确地了解仓储信息，如仓库利用水平、进出库频率、仓库货品的数量以及仓库人员的配置等。

（六）辅助市场销售功能

仓库合理地靠近消费者，使产品适时地送达客户手中，将提高客户的满意度，并能扩大企业销售，更好地满足个性化消费的需求。

三、仓库的分类

从现代物流系统的角度来看，仓库是从事储存、包装、分拣等物流作业活动的物流节点设施。一个国家、一个地区、一个企业的物流系统中需要有各种各样的仓库，它们结构形态各异，服务的范围和对象也有着较大的差异。根据不同的标准，仓库可分成不同的类型。

（一）按营运形式不同分类

1. 自营仓库

根据国家标准《物流术语》（GB/T18354—2006），自营仓库是指由企业或各类组织自营自管，为自身提供储存服务的仓库。仓库的建设、保管物品的管理以及出入库等业务均由公司自己负责。所保管物品的种类、数量相对确定，仓库结构和装卸设备与之配套。

2. 公共仓库

根据国家标准《物流术语》（GB/T18354—2006），公共仓库是指面向社会提供物品储存服务并收取费用的仓库。它是一种社会化的仓库，面向社会，以经营为手段，以营利为目的。与自营仓库相比，公共仓库的使用效率更高。

（二）按仓库保管条件分类

1. 普通仓库

普通仓库是用于存放无特殊保管要求的物品的仓库。普通仓库是指常温下的一般仓库，用于存放普通货物，对仓库没有特殊要求，只要求具有一般通用的库房和堆场，用于存放普通货物。仓库设施较为简单，但储藏的货物种类繁杂，作业过程和保管方法、要求均不相同。

2. 保温仓库

保温、冷藏、恒湿恒温库是指能够调节温度、湿度的仓库，用于存放要求保温、冷藏或恒湿恒温的物品的仓库，如存储对粮食、水果、肉类等货物的仓库。这类仓库需要有空调、制冷机等设备，并且建筑上要求具有良好的隔热、防寒和密封等功能。

3. 危险品仓库

危险品仓库是专门用于存放油料、炸药、烟花爆竹、化学药品、天然气等易燃易爆物资的仓库。为了防止意外，一般将危险品仓库设置在远离人群的地方。

（三）按仓库建筑封闭程度分类

1. 封闭式仓库

封闭式仓库俗称库房，这类仓库封闭性强，便于对仓储物进行维护保养，适于存放和保管要求比较高的物品。

2. 半封闭式仓库

半封闭式仓库俗称货棚，其保管条件不如库房，但出入库作业比较方便，且建造成本较低，适宜存放那些对温湿度要求不高且出入库频繁的物品。

3. 露天式仓库

露天式仓库俗称货场，其最大的优点是装卸作业极其方便，适宜存放较大型的物品。

（四）按建筑结构分类

1. 平房仓库

平房仓库结构比较简单，建筑费用便宜，人工操作比较方便。

2. 楼房仓库

楼房仓库是指二层以上的仓库，它可以减少土地的占用面积。物品上下移动作业复杂，进出库作业可采用机械化或半机械化，楼房隔层间可依靠垂直运输机械联系，也可以坡道相连。

3. 罐式仓库

罐式仓库构造特殊，呈球形或柱形，主要用来储存石油、天然气和液体化工品等。

4. 简易仓库

简易仓库构造简单，造价低廉，一般是在仓库不足而又不能及时建库的情况下采用的临时代用办法，包括一些固定或活动的简易货棚等。

5. 高层货架仓库

高层货架仓库建筑物本身是平房结构，但仓库棚顶很高，内部设施层数多，具有可保管10层以上托盘的仓库棚。在作业方面，高层货架仓库主要使用电子计算机控制，堆垛机、吊机等装卸机械自动运转，能实现机械化和自动化操作，也称自动化立体仓库或无人仓库。

（五）按仓库功能分类

现代物流仓库管理已经从静态管理转变为动态管理，仓库功能也随之改变，根据仓库功能的不同，仓库也有了新的称谓。

1. 储调中心

储调中心以储备为主要工作，其功能与传统仓库基本一致，主要对货物进行保管，以解决生产与消费的不均衡问题。

2. 配送中心

根据国家标准《物流术语》（GB/T18354—2006），配送中心是从事配送业务且具有完善信息网络的场所或组织。配送中心应基本符合下列要求：①主要为特定客户或末端客户提供服务；②配送功能健全；③辐射范围小；④提供高频率、小批量、多批次配送服务。

3. 加工中心

加工中心的主要工作是流通加工。设置在供应地的加工中心主要进行以物流为主要目的的加工，设置在消费地的加工中心则主要进行以实现销售、强化服务为主要目的的加工。

4. 集货中心

将零星物品集中成批量物品称为集货。集货中心可设在生产点数量很多，且每个生产点产量有限的地区。只要这一地区某些物品的总产量达到一定水平，就可以设置这种有集货作用的物流据点。

5. 分货中心

将大批量运到的物品分成批量较小的物品称为分货。分货中心是主要从事分货工作的物流据点。企业可以采用大规模包装、集装货散装的方式将物品运到分货中心，然后根据企业生产或销售的需要进行分装。利用分货中心可以降低运输费用。

6. 转运中心

转运中心的主要工作是承担物品在不同运输方式之间的转运，或者长途干线运输与支线运输之间的转运。转运中心可以进行两种运输方式的转运，也可以进行多种运输方式的转运。

7. 物流中心

物流中心是从事物流活动且具有完善信息网络的场所或组织。根据国家标准《物流术语》（GB/T18354—2006），物流中心应基本符合下列要求：①主要面向社会提供公共物流服务；②物流功能健全；③集聚辐射范围大；④存储、吞吐能力强；⑤对下游配送中心客户提供物流服务。

8. 保税仓库

根据《物流术语》（GB/T18354—2006），保税仓库是指经海关批准设立的专门存放保税货物及其他未办结海关手续货物的仓库。保税货物特指经海关批准未办理纳税手续进境，在境内储存、加工、装配后复运出境的货物。

任务二　仓库的选址

一、仓库选址的原则

仓库选址是在一个具有若干供应点及若干需求点的经济区域内，选一个地址设置仓库的规划过程。合理的选址方案应该使物品通过仓库的汇集、中转、分发，达到需求点的全过程的效益最好。因为仓库的建筑物及设备投资太大，所以选址时要慎重。如果选址不当，损失不可弥补。

（一）适应性原则

仓库的选址要与国家及省市的经济发展方针、政策相适应，与我国物流资源分布和需求分布相适应，与国民经济和社会发展相适应。

（二）协调性原则

仓库的选址应将国家的物流网络作为一个大系统来考虑，使物流中心的设施设备在地域分布、物流作业生产力、技术水平等方面互相协调。

（三）经济性原则

仓库的选址要保证建设费用和物流费用最低，如选定在市区或郊区，还是靠近港口或车站等，既要考虑土地费用，也要考虑将来物流活动辅助设施的建设规模及建设费用，以及运费等物流费用。

（四）战略性原则

物流中心的选址应具有战略眼光，一要考虑全局，二要考虑长远。局部要服从全局，眼前利益要服从长远利益，既要考虑目前的实际需要，又要考虑日后发展的可能。

（五）可持续发展原则

物流中心的选址要充分考虑长远利益，维护生态环境，促进城乡一体化发展。

二、仓库选址应考虑的因素

在现代物流体系规划过程中，仓库选址主要应考虑以下因素。

（一）自然环境因素

1. 气象条件

仓库选址过程中主要考虑的气象条件有温度、风力、降水量、无霜期、冻土深度、年平均蒸发量等指标。例如，选址时要避开风口，因为在风口建设会加速露天堆放物品老化。

2. 地质条件

仓库是大量物品的集结地。某些重量大、体积也很大的建筑材料堆码起来会对地面造成很大压力。如果物流中心地面以下存在淤泥层、流沙层、松土层等不良地质条件，会在受压地段造成沉陷、翻浆等严重后果。为此，土壤承载力要高。

3. 水文条件

仓库选址需远离容易泛滥的河川流域与上溢的地下水区域，要认真考察近年的水文资料，地下水位不能过高，洪泛区、内涝区、古河道、干河滩等区域绝对禁止。

4. 地形条件

仓库应建在地势高、地形平坦的地方，而且应具有适当的面积与外形。选在完全平坦的地形上是最理想的；其次选择稍有坡度或起伏的地方；对山区和陡坡地区，则应该完全避开。在外形上可选长方形，不宜选择狭长或不规则形状。

（二）经营环境因素

1. 经济、政策环境

仓库所在地区的优惠物流产业政策对物流企业的经济效益将产生重要影响，数量充足和素质较高的劳动力条件也是仓库选址要考虑的因素之一。

2. 物品特性

经营不同类型物品的仓库最好能分别布局在不同地域。例如，生产型仓库的选址应与产业结构、产品结构、工业布局紧密结合进行考虑。

3. 物流费用

物流费用是仓库选址时要考虑的重要因素之一。大多数仓库选择接近物流服务需求地，如接近大型工业、商业区，以便缩短运距、降低运费等物流费用。

4. 服务水平

服务水平是仓库选址时要考虑的因素。由于现代物流过程中能否实现准时运送是服务水平高低的重要指标，因此在仓库选址时，应保证客户在任何时候向仓库提出物流需求都能获得快速满意的服务。

（三）基础设施状况

1. 交通条件

仓库的位置必须交通便利，最好靠近交通枢纽，如港口、车站、交通主干道（国、省道）、铁路编组站、机场等，应该有两种运输方式相衔接。

2. 公共设施状况

仓库的位置必须道路畅通，通信发达，有充足的水、电、气、热的供应能力，有污水和垃圾处理能力。

（四）其他因素

1. 国土资源利用

仓库的建设应充分利用土地，节约用地，充分考虑到地价的影响，还要兼顾区域与城市的发展规划。

2. 环境保护要求

要保护自然与人文环境，尽可能降低对城市生活的干扰，不影响城市交通，不破坏城市生态环境。

3. 地区周边状况

一是仓库周边不能有火源，不能靠近住宅区；二是仓库所在地周边地区的经济发展情况是否对物流产业有促进作用。

三、仓库选址策略

（一）市场定位策略

市场定位策略是将仓库选在离最终用户最近的地方，常用于物品分销仓库的建设。

市场定位策略的影响因素包括：运输成本、订货周期、产品敏感性、订货规模、当地运输的可获得性和要达到的客户服务水平。

（二）制造定位策略

制造定位策略是将仓库选在接近产地的地方，通常用来集运制造商的产成品。制造定位策略影响因素包括：原材料的保存时间、产成品组合中的品种数、客户订购的产品种类和运输合并率。

（三）中间定位策略

中间定位策略是把仓库选在最终用户和制造商之间的中点位置。中间定位仓库的客户服务水平通常高于制造定位的仓库，但低于市场定位的仓库。

四、仓库选址规划的步骤与方法

（一）仓库选址规划的步骤

仓库拥有众多建筑物、构筑物以及固定机械设备，一旦建成，很难搬迁，如果选址不当，则将付出长远代价。因此，对仓库的选址规划需要给予高度重视。选址规划主要包括以下内容：

（1）确定仓库选址的目标与原则；

（2）明确仓库选址所需的基本条件，如明确仓库的业务类型与功能、预测业务量、仓库规模等；

（3）分析约束条件，如客户需求、运输条件、用地条件、公用设施及相关法规等；

（4）确定选址方法与评价标准；

（5）对可供选择的地点进行选址分析与评价；

（6）确定选址结果。

（二）仓库选址规划的方法

仓库选址规划的方法根据选址的目的和约束条件的不同，可以采用重心法、最优规划方法、仿真方法、遗传算法、综合因素评价法等。本书在此不做深入介绍。

任务三　仓库的布局

一、库区的总体布局

库区总体可以划分为仓库作业区、辅助作业区、行政生活区，除了上述区域外，还包括铁路专用线和库内道路等。库区的布局是将仓库的各个组成部分，包括库房、货棚、货场、辅助建筑物、铁路专用线、库区道路、附属固定设备等，在规定的范围内进行平面和立体的、全面合理的安排（见图 2 – 1）。

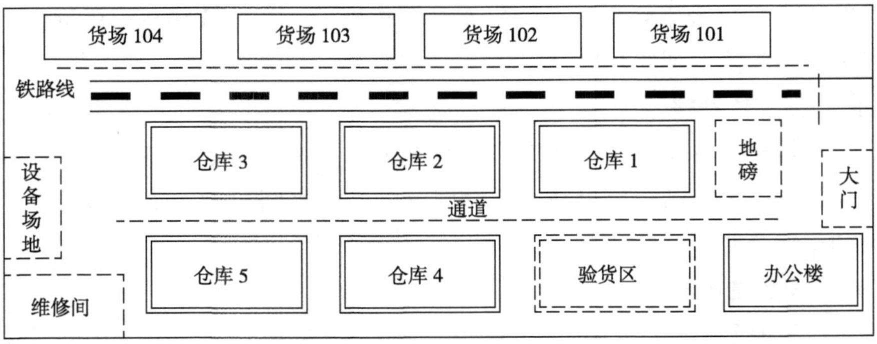

图 2－1　库区总体布局

（一）生产作业区

仓库生产作业区是仓库的主体。仓库的主要业务和物品保管、检验、包装、整理等都在这个区域进行。生产作业区的主要建筑物和构筑物包括库房、货场、站台，以及加工、整理、包装场所等。

生产作业区的布置要求是：以主要库房和货场为中心，对各个作业区域加以合理布置。特别是在有铁路专用线的情况下，专用线的位置和走向制约着整个库区的布局。如何合理地安排各个区域，力求设计最短的作业线路，减少库内运输距离和道路占用面积，以降低作业费用、提高面积利用率，是仓储作业区布置的主要任务。布置生产作业区时主要考虑以下几个方面的因素。

1. 物品吞吐量

在仓库生产作业区内，各个库房、货场储存的物品品种和数量不同，并且不同物品的周转速度也不同，这些都直接影响库房、货场的吞吐量，或出入库作业量。布置作业区时，应根据各个库房和货场的吞吐量确定它们在作业区内的位置。对于吞吐量较大的库房和货场，应使它们尽可能靠近铁路专用线，以减少搬运和运输距离，但也要避免因这类库房过分集中而造成交通运输相互干扰和组织作业方面的困难。

2. 机械设备的使用特点

根据储存物品的特点和装卸搬运要求，货场要适当配备各种作业设备，如输送带、叉车、桥式起重机及汽车等。为了充分发挥不同设备的使用特点，提高作业效率，在布置库房、货场时就需要考虑所配备的设备的情况。每种设备各有其不同的使用要求和合理的作业半径，必须从合理使用设备出发，确定库房、货场在作业区内的位置，以及与铁路专用线的相对位置。

3. 库内道路

库内道路与仓库主要建筑物设施是相互联系、相互影响的。在布置库房、货场和其他作业场地的同时，应该结合对库内运输线路的分析，确定不同道路配置方案，通过调整作业场地和道路的布局，尽可能减少运输作业的混杂、交叉和迂回。另外，在布置时还应根据具体要求合理确定干线、支线的配置，确定适宜的道路宽度，最大限度地减少道路的占地面积。

4. 仓库业务及作业流程

仓库业务流程可以归纳为两种形式：一种是整进、整出，物品基本按原包装入库和出库，其业务过程比较简单；另一种是整进零出（物品整批入库拆零付货），或零进整出（零星入库、成批出库），其业务过程比较复杂。除了要进行接收、保管、发送等工序外，还需要拆包、拣选、组配和再包装等。为了用最小的人力、物力耗费，在最短的时间内完成各项作业，必须按照各个作业环节之间的内在联系对作业场地进行合理布置，使作业环节之间密切衔接、环环相扣。

（二）辅助作业区

辅助作业区是为仓储业务提供各项服务的设备维修车间、车库、工具设备库、油库及变电室等。一般来讲，油库的位置应该远离维修车间、宿舍等容易出现明火的场所，周围需设置相应的消防设施。

（三）行政生活区

行政生活区是行政管理机构办公和职工生活的区域，具体包括办公楼、警卫室、化验室、宿舍和食堂等。为了便于业务接洽和管理，行政管理机构一般布置在仓库的主要出入口，并与生产作业区用隔离墙分开。这样既便于工作人员与作业区的联系，又避免非作业人员对仓库生产作业的影响和干扰。职工生活区一般应与生产作业区保持一定距离，既能充分保证仓库的作业安全，又能确保生活区的安宁。

二、仓库的内部布局

（一）仓库内部平面布局的要求

1. 要适应仓储企业生产流程，有利于仓储企业生产的正常进行

（1）单一的物流方向。仓库内物品卸车、验收、存放地点之间的安排必须适应仓储生产流程，按一个方向流动，应尽量减少迂回运输。

（2）最短的运距。专用线的布置应在库区中部，并根据作业方式、仓储物品品种等合理安排库房、专用线与主干道的相对位置。

（3）最少的装卸环节。减少在库物品的装卸搬运次数和环节，物品的卸车、验收、堆码作业最好一次完成。

（4）最大的利用空间。仓库总平面布置是立体设计，应有利于物品的合理存储，并充分利用库容。

2. 有利于提高仓储经济效益

（1）要因地制宜，充分考虑地形、地质条件，满足物品运输和存放上的要求，并能保证仓库的充分利用。

（2）布置应与竖向布置相适应。所谓竖向布置，是指建立场地平面布局中每个因素，如车、房、货场、转运线、道路、排水、供电、站台等，在地面标高线上的相互位置。

（3）总平面布置应能充分、合理地使用机械化设备。我国目前普遍使用门式、桥式起重机一类的固定设备。合理配置这类设备的数量和位置，并注意与其他设备的配套，便于开展机械化作业。

3. 有利于保证安全生产和文明生产

（1）库内各区域间、各建筑间应根据“建筑设计防火规范”的有关规定，留有一定的防火间距，并有防火、防盗等安全设施。

（2）总平面布置应符合卫生和环境要求，既满足库房通风、日照等要求，又要考虑环境绿化、文明生产，有利于职工身体健康。

（二）仓库货垛平面布局

仓库内部平面布局是对保管场所内的货垛（架）、通道、垛（架）间距、收发货区等进行合理规划，并正确处理它们的相对位置。保管面积是库房使用面积的主体，它是货垛、货架所占面积的总和。货垛、货架的排列形式决定了库内平面布局的形式。仓库内部平面布局一般有以下几种形式。

1. 垂直式

根据货物的不同性质，对各种堆存的货物进行合理分类之后即可按照货场的货区分类堆放。货场的货区布置主要有3种：横列式、纵列式和混合式。

（1）横列式。横列式布局是指货垛或货架的长度方向与仓库的侧墙互相垂直。其主要优点有：主通道长且宽，副通道短，整齐美观，便于存取和盘点，有利于通风和采光（见图2－2）。

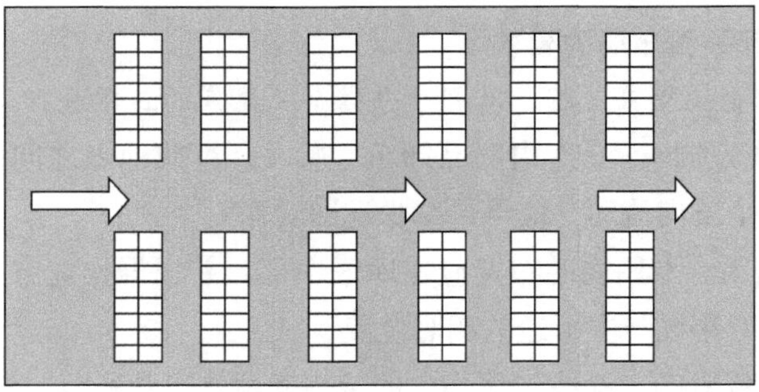

图2－2　仓库横列式布局

（2）纵列式。纵列式布局是指货垛或货架的长度方向与仓库侧墙平行。其主要特点是：仓库空间利用率较高，主干道货位有利于存放周转期短的物品，支干道货位有利于存放周转期长的物品，但不利于通风（见图2－3）。

（3）混合式。混合式布局就是指横列式和纵列式在同一库房内混合布置的形式（见图2－4）。混合式可以综合利用两种布局的优点，是最常用的一种布局形式。

2. 倾斜式布局

倾斜式布局是指货垛或货架与仓库侧墙或主通道成一定夹角。具体包括货垛倾斜

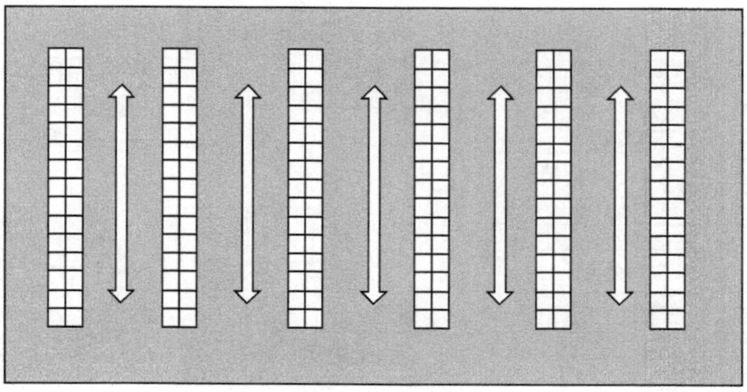

图2-3　仓库纵列式布局

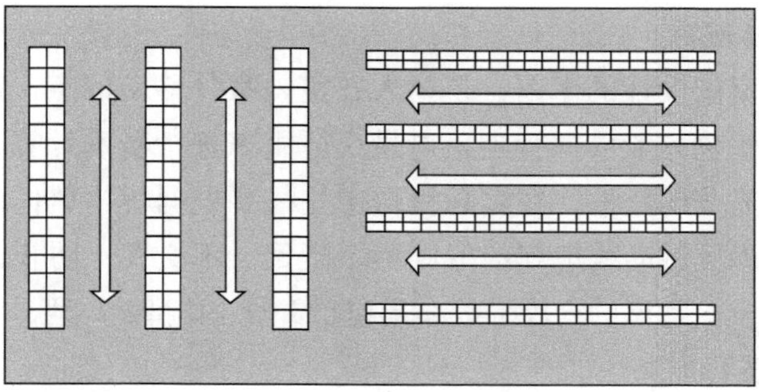

图2-4　仓库混合式布局

式布局和通道倾斜式布局两种。

（1）货垛倾斜式布局。货垛倾斜式是横列式布局的变形，它是为了便于叉车作业，缩小叉车的回转角度，提高作业效率而采用的布局形式（见图2-5）。

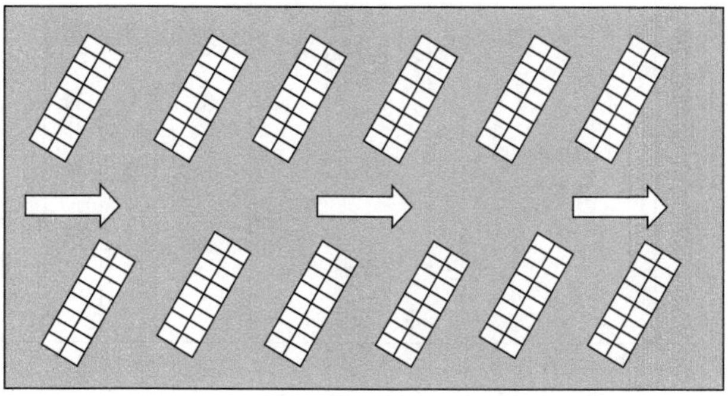

图2-5　货垛倾斜式布局

（2）通道倾斜式布局。通道倾斜式布局是指仓库的通道斜穿保管区，把仓库划分为具有不同作业特点的保管区，如大量储存和少量储存的保管区等，进行综合利用。在这种布局形式下，仓库内形式复杂，货位和进出库路径较多（见图2-6）。

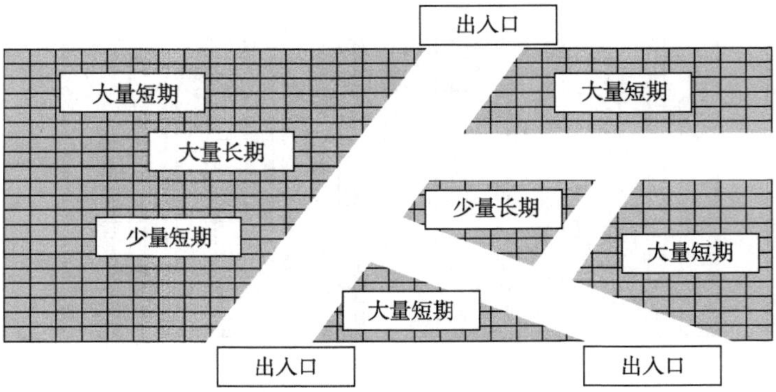

图 2－6　通道斜式布局

（三）仓库动线布局

动线是建筑与室内设计的术语，是指人在室内室外移动的点，连接起来就称为动线。仓库区域动线优化一般依据行走距离最小原则来进行精确计算，但是由于方法复杂而且缺乏准确、充分的数据，在实际操作中往往要根据货物整体的进出特性选择合适的动线模式。仓库区域动线规划的原则为不迂回、不交叉，防止无效搬运，避免动线冲突和搬运不安全。常见的仓库动线布局包括 I 型、U 型、L 型、S 型四种。

1. I 型（直线型）布局

I 型动线适合于出入口在库房两侧、作业流程简单、规模较小的仓库，无论订单大小和拣货品项多少，均要全程通过库房。I 型（直线型）布局如图 2－7 所示。

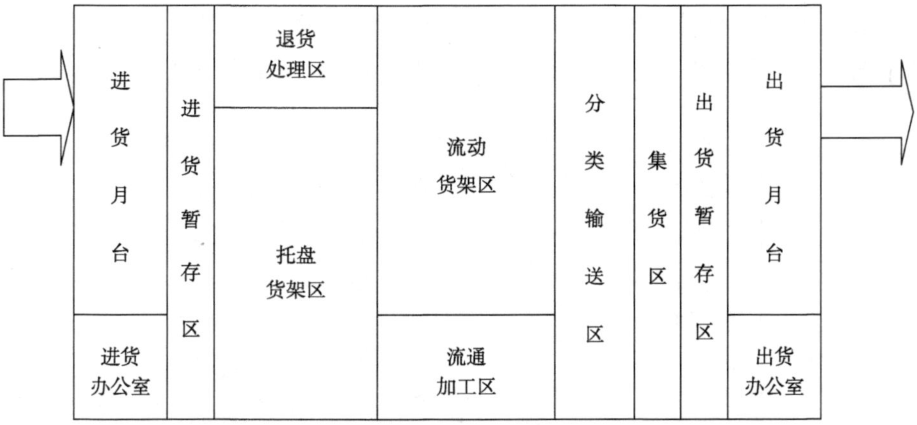

图 2－7　I 型（直线型）布局

I 型动线的特点有：

（1）可以应对进出货高峰同时发生的情况；

（2）常用于接收相邻加工厂的货物，或用不同类型的车辆完成出货和发货。

2. U 型布局

U 型动线适合于出入口在库房同侧的仓库，可根据进出频率大小安排靠近进出口端的储区，缩短拣货搬运路线。这是目前仓库较常采用的动线形式。U 型布局如图 2－8 所示。

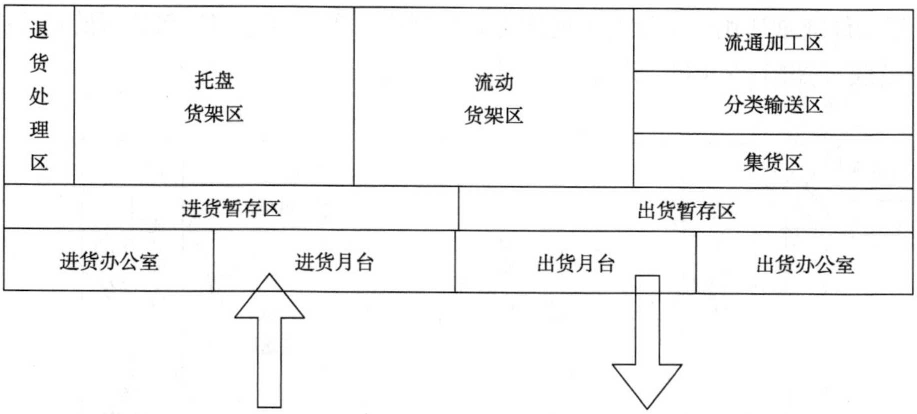

图 2－8 U 型布局

U 型动线的特点有：

（1）月台资源可被最佳运用；

（2）适合越库作业；

（3）使用同一通道供车辆出入；

（4）易于控制和安全防范；

（5）可以在建筑物三个方向进行空间扩张。

3. L 型布局

L 型动线适合于需要处理快速货物的仓库，L 型动线把货物出入仓库的途径缩至最短。L 型布局如图 2－9 所示。

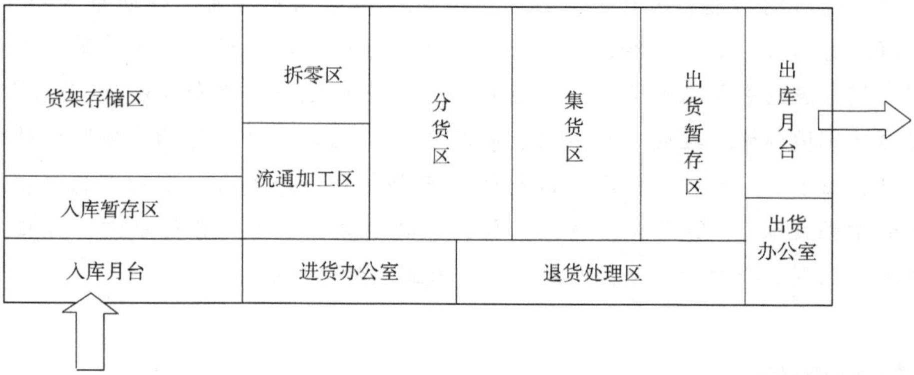

图 2－9 L 型布局

L 型动线的特点有：

（1）可以应对进出货高峰同时发生的情况；

（2）适合越库作业；

（3）可同时处理“快流”及“慢流”的货物。

4. S 型（锯齿型）布局

S 型动线通常适用于多排并列的库存货架区内，需要经过多步骤处理的货品一般采取此种动线（如图 2－10 所示）。

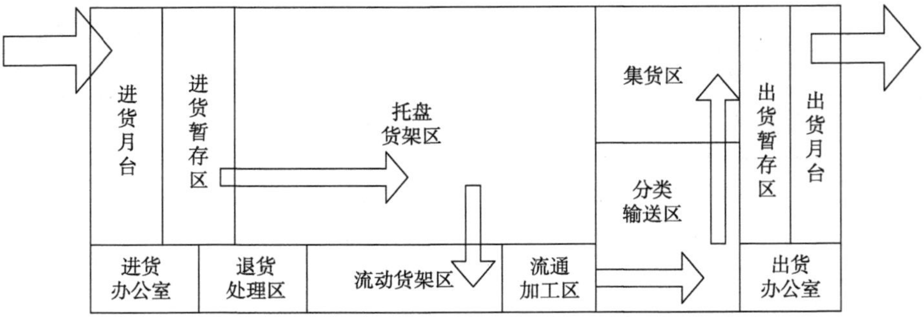

图 2－10　S 型布局

S 型动线的特点有：

（1）可以满足多种流通加工等处理工序的需要；

（2）适合在宽度不足的仓库中作业；

（3）可与 I 型动线结合在一起使用。

项目小结

本项目主要介绍仓库的功能与分类、仓库选址和仓库布局的原则与方法。仓库是保管、存储物品的建筑物和场所的总称。仓库具有储存和保管功能、调节物资供需功能、调节货物运输功能、配送和流通加工功能、传递信息功能、辅助市场销售功能。仓库依据运营形式、建筑结构、保管条件等可以分成不同的种类。仓库选址是在一个具有若干供应点及若干需求点的经济区域内，选一个地址设置仓库的规划过程。仓库选址受自然环境因素、经营环境因素、基础设施状况等因素的影响。库区的总体布局分为生产作业区、辅助作业区和行政生活区三个部分。仓库内部平面布局包括对保管场所内的货垛（架）、通道、垛（架）间距、收发货区等进行合理规划，并正确处理它们的相对位置。仓库内部平面布局包括垂直式和倾斜式。

复习思考题

1. 仓库有哪些功能？
2. 仓库按照运营形式的不同可以分为哪些类型？
3. 仓储按照建筑结构的不同可以分为哪些类型？

4. 仓储按照功能的不同可以分为哪些类型？
5. 影响仓库选址的因素有哪些？
6. 简述仓库平面布局的要求与形式。
7. 简述仓库动线布局的形式及其特点。

案例分析

德邦物流仓库选址

一、案例背景介绍

德邦物流是国家AAAA级综合服务型物流企业，德邦致力成为以客户为中心，覆盖快递、快运、整车、仓储与供应链等多元业务的综合性物流供应商。公司总部设在广州，截至2016年10月，公司已开设7 800多家标准化的门店，公司业务网点覆盖国内32个省级行政区；自有运输车辆9 800余台，在全国30多个经济中心城市设有大型的货物中转基地，为顾客的货物及时中转提供了可靠保障；全国转运中心总面积超过124万平方米。

二、物流仓库选址分析

德邦已有这么多个网点，这些网点密切配合，支持德邦为客户提供高效的服务，然而德邦最初为什么要把总部和最大仓库、配送中心设在广州呢？下面来分析德邦这样做的优势在哪里。

（一）服务设施

任何一个仓库在规划建设初期都会将如何快速有效地送达货物作为考虑因素之一。货物的目的地大多是人口聚集地，因此库址相对于大都市的远近，在运输成本和操作效率上所反映的相关性就十分显著。而德邦选择了我国东南部城市广州，很能体现它的优势。广东省的水、陆、空交通在我国处于领先地位，这里有医疗设施齐全的医院，也有路线完善的公交，公安、银行、电话线等服务性设施更是充足。

（二）物流成本

德邦物流公司做了大量有关仓储业发展的实践调查，并且形成了一份关于50座顶级城市内仓储配送中心运营成本比较分析的报告。如常人所料，建设一所仓储或配送中心所花费用最低的前10个城市均集中在西北部地区，而东部和东南部地区成本高昂。在所有50座城市里面，上海的建设费用是最高的。

为了构造成本模型，假定建设一个占地350 000平方尺和有150名配套劳动力的仓库，通过公路为全国市场运输货物。工人的种类从秘书到叉车司机一共约16种，这就构成了运作一个配送中心的基本薪水账册。德邦在其研究中将该方法运用到这50个城市中，并做了适当的比较。其他的基本成本还包括能源、供热和空气条件，以及运输成本。建筑物成本包括分期贷款成本和财产所得税等。在一个现代化的仓库里面，你不仅会见到叉车司机，也会发现软件工程师和原本入驻公司总部的其他合作企业的驻司代表。大量的人员需求和技术需求使这里的员工成本分析成为决定仓库选址的因素之一。然而，仓库的最基本功能仍旧是运输和接收货物。为了突出这一点，德邦在模型中假定了一个外运成本，以区别各类始发—终到类型。德邦的外运模型包括作为目的地的10个城市，这些城市都可以很好地服务于整个消费者市场。在模型中，广州、上海、北京、深圳、青岛仍然是运输成本最高的城市。同样的，大陆中心城市，如武汉、长沙甚至郑州，在全国范围内的运输成本方面有着强劲的优势。

综合讨论和研究后，德邦最终选址在广州，从20世纪90年代末到21世纪初德邦的发展就可以看到德邦仓库选址的优势所在。

思考题：

1. 结合案例资料，分析德邦物流公司仓库选址考虑了哪些因素？
2. 结合案例分析，分析仓库选址对企业发展有何影响？

技能拓展

技能训练2－1　仓库选址分析

一、实训目的

1. 通过调查，使学生掌握仓库选址的基本知识；
2. 对调研单位的仓库选址进行描述和分析。

二、实训内容与步骤

1. 分组。全班同学分成若干学习小组，3～5人为宜，并选出组长。

2. 确定调研企业。选择当地一家物流公司（工商企业）的配送中心或仓库，进行现场调查，了解该仓库的选址情况；也可以通过互联网查询、电话咨询等方式进行调研。

3. 确定调研内容。调研以下信息：企业概况、仓库具体地址、仓库类型与功能、仓库规模、周边交通状况、客户数量及所在位置、所在地区的优惠物流产业政策、基础设施情况等。

4. 开展调研。由实训指导教师组织学生进行实地调研，注意调研工作的组织、协调及学生安全问题。

5. 总结交流。调研结束后，由教师组织全班同学对调研情况进行交流讨论。

6. 撰写调研报告。学生对调研信息进行整理和分析，对企业仓库选址的影响因素进行分析和评价，撰写调研报告。

三、实训作业

参观结束后，学生对参观调研的内容进行整理，每人撰写一份《某企业仓库选址调研报告》。以学习小组为单位做好一份 PPT 上交并演示。

四、实训条件

1. 接待参观调研的企业。

2. 物流实训室计算机与互联网。

五、考核标准

仓库规划与布局调研实训项目考核评分表

序号	评分项	评分标准	满分	得分
1	实训过程表现	出勤、小组合作、实训纪律	30	
2	调研报告	内容是否全面详细及准确客观；格式是否正确	40	
3	PPT	内容是否全面详细及准确客观；格式是否正确；演示内容是否清晰、美观；讲解人员是否熟悉讲解内容；讲解是否准确	30	
总　分			100	

技能训练 2－2　仓库规划与布局调研

一、实训目的

1. 通过调查，使学生掌握仓库布局规划的基本知识；

2. 对调研单位的布局规划内容进行描述和分析。

二、实训内容与步骤

1. 分组。全班同学分成若干学习小组，3～5 人为宜，并选出组长。

2. 确定调研企业。选择当地一家物流公司（工商企业）的配送中心或仓库，进行现场调查，了解该仓库的布局规划。

3. 确定调研内容。具体调研以下信息：仓库地址、周边交通状况、库区整体布局（仓库、堆场、铁路专用线、停车场、库区出入口、办公区等）、仓库内部布局（内部各作业环节的分区与布局、通道设计）、辅助设施（食堂、办公室、活动室等）。

4. 开展调研。由实训指导教师组织学生进行实地调研，注意调研工作的组织、协调及学生的安全问题。

5. 总结交流。调研结束后，由教师组织全班同学对调研情况进行交流讨论。

6. 撰写调研报告。学生对调研信息进行整理和分析，撰写调研报告。

三、实训作业

参观结束后，学生对参观调研的内容进行整理，每人撰写一份《仓库规划与布局调研报告》，须有照片或平面图说明。以学习小组为单位做好一份 PPT 上交并演示。

四、实训条件

1. 接待参观调研的企业。

2. 物流实训室计算机与互联网。

五、考核标准

仓库规划与布局调研实训项目考核评分表

序号	评分项	评分标准	满分	得分
1	实训过程表现	出勤、小组合作、实训纪律	30	
2	调研报告	内容是否全面详细及准确客观；格式是否正确	40	
3	PPT	内容是否全面详细及准确客观；格式是否正确；演示内容是否清晰、美观；讲解人员是否熟悉讲解内容；讲解是否准确	30	
总　分			100	

项目三

仓库设施与设备的配置

项目说明

仓库的设施与设备是进行仓储管理的重要工具和手段。为了更高效地实现仓储的基本功能，必须借助于机械等设备的帮助与支持。仓储设施设备的配置齐全与否直接影响着仓储及整个物流流程的效率。因此，要根据仓库的功能、存储对象的要求等确定主要设施设备的配置。

知识目标：

1. 了解货架的作用与类型；
2. 掌握常用货架的结构与应用特点；
3. 掌握托盘的类型及应用特点；
4. 了解常用装卸搬运设备的类型与应用特点；
5. 掌握仓储设施与设备选用的基本原则及方法。

能力目标：

1. 能够根据实际情况为仓库选择并配置适当的货架；
2. 能够认识仓库内各种托盘并熟悉托盘应用的特点；
3. 能够掌握常用装卸搬运设备的特点并熟练操作。

项目任务

林锐是一所高职院校物流管理专业的毕业生，进入一家第三方物流企业实习，该企业主要做仓储服务，运作项目为快消品。小林的主要工作内容为仓储设备的维护，同时协助仓库主管完成仓库设施设备的统计管理。为了能够胜任自己的工作岗位，小林需要做以下工作：

1. 掌握仓库设施设备的种类；

2. 掌握货架、托盘以及装卸搬运设备的类型与应用特点；
3. 掌握仓库内常用设施设备使用与维护的方法。

知识准备

任务一 货 架

一、货架的概念

根据《物流术语》（GB/T18354—2006），货架是指用支架、隔板或托架组成的立体储存物品的设施。货架在仓储中占有非常重要的地位。为改善仓储环境和条件，货架不仅要具有一定的数量，而且具有多种功能，能满足实现机械化、自动化的要求。货架的作用如下：

（1）货架是一种架式结构物，可充分利用仓库空间，提高库容利用率，扩大仓库储存能力；

（2）货架中的物品互不挤压，损耗小，可完整保证物品本身的功能，减少物品的损失；

（3）存取方便，便于清点及计量，可做到先进先出；

（4）保证存储物品的质量，可以采取防潮、防尘、防盗、防破坏等措施，以提高物品存储质量；

（5）很多新型货架的结构及功能有利于实现仓库的机械化及自动化管理。

二、货架的类型

（一）按结构分类

（1）整体式货架。货架是库房的骨架，屋顶支承在货架上。

（2）分体式货架。货架独立建在库房内，货架与仓库分开。

（二）按承载量分类

（1）轻型货架。每层承重在150千克以下，如超市货架。

（2）中型货架。每层承重在150千克~500千克，如中型工业货架。

（3）重型货架。每层承重在500千克以上，如重型工业货架。

（三）按货架高度分类

（1）低层货架。高度在5米以下，用于普通仓库。

（2）中层货架。高度在5米~15米，可用于立体仓库。

（3）高层货架。高度在15米以上，一般用于立体仓库。

（四）按形式分类

（1）通道式货架。货架间留有存取货的通道，如货柜式、托盘式、悬臂式、贯穿式等。

（2）密集型货架。货架间通道数量很少，提高库容率，如移动式、重力式等。

（3）旋转式货架。货架可沿一定的轨道旋转，便于拣货，具体又分水平旋转式和垂直旋转式。

（五）按货架的适用性分类

按货架的适用性可分为通用货架和专用货架。

（六）按货架的制造材料分类

按货架的制造材料，可分为钢货架、钢筋混凝土货架、钢与钢筋混凝土混合式货架、木制货架、钢木合制货架等。

（七）按货架的封闭程度分类

按货架的封闭程度，可分为敞开式货架、半封闭式货架、封闭式货架等。

（八）按货架的结构特点分类

按货架的结构特点，可分为层架、层格架、橱架、抽屉架、悬臂架、三脚架、栅型架等。

（九）按货架的可动性分类

按货架的可动性，可分为固定式货架、移动式货架、旋转式货架、组合货架、可调式货架、流动储存货架等。

三、常用的货架

（一）轻型货架

轻型货架用优质钢板制造，表面采用静电喷涂处理，防腐、防锈，坚固、美观。货架承重100千克~250千克/货格，其各种规格及承重设计可满足工厂、仓库、装配线、超市仓储的使用要求。轻型货架还可组成平台使用，适合储存轻型散件物品和超市仓储使用（见图3-1）。

图3-1　轻型货架

轻型货架的特点是：按插接方式组装，钢层板上下任意调节；安装拆卸方便，用途广泛，可满足多种使用要求。

（二）中型货架

1. 中型挂板式货架

中型挂板式货架采用优质冷轧板冲压成型，经磷化处理粉末喷涂而成，其承重可达到500千克/货格，结构合理，坚实耐用，可随意组合，拆装方便，能充分利用空间，层高可自由调整，适合中型仓库使用（见图3-2）。

图 3-2　中型挂板式货架

中型挂板式货架的特点是：连接形式为插接式连接，除顶层和底层不可调节外，层与层之间的高度可按物品的尺寸任意调节，节省仓储空间。

2. 中型挂梁式货架

中型挂梁式货架通过横梁与立柱之间的拉力及侧片斜支撑与横支撑的作用，使货架增加了坚固性和稳定性，每货格在均匀分布状态下承重可达 400 千克 ~ 800 千克。货架的两个柱片之间由横梁连接，隔板铺设在横梁上，因此比挂板式货架具有更大的载重量。主、副架的连接形式又可节省空间和费用，横梁之间可铺设纵梁隔网及各种隔板。隔板可以使用钢板层、木板层、中密度板等（见图 3-3）。

图 3-3　中型挂梁式货架

中型挂梁式货架的特点是：每层高度可以调整，使货架的间距可随摆放物品的大小任意调整，增加存货的随意性和灵活性。

（三）重型（选取式托盘）货架

选取式托盘货架是使用最广泛的托盘类物品存储系统，有较强的通用性。货架沿仓库的宽度方向分成若干排，其间有一条巷道，供堆垛机、起重机、叉车或其他搬运机械运行。每排货架沿仓库纵方向分为若干列，在垂直方向又分为若干层，从而形成大量的货位，可以用托盘存储物品（见图3－4）。

图3－4　重型（选取式托盘）货架

重型（选取式托盘）货架的特点有：

（1）每一托盘均能单独存入或移动，而不用移动其他托盘；

（2）可适应各种类型的物品，可按物品尺寸要求调整横梁高度；

（3）配套设施最简单，成本也最低，能安装及拆除，物品装卸迅速；

（4）主要适用于整托盘出入库或大件物品的存放；

（5）能尽可能地利用仓库的上层空间。

（四）驶入/驶出式货架

根据《物流术语》（GB/T18354—2006），驶入式货架又称为通廊型货架，是指可供叉车（或带货叉的无人搬运车）驶入并存取单元托盘物品的货架。驶入式货架是不以通道分割的、连续性的整栋式货架，在支撑导轨上，托盘按深度方向存放，驶入式货架使货物实现先进后出（见图3－5）。

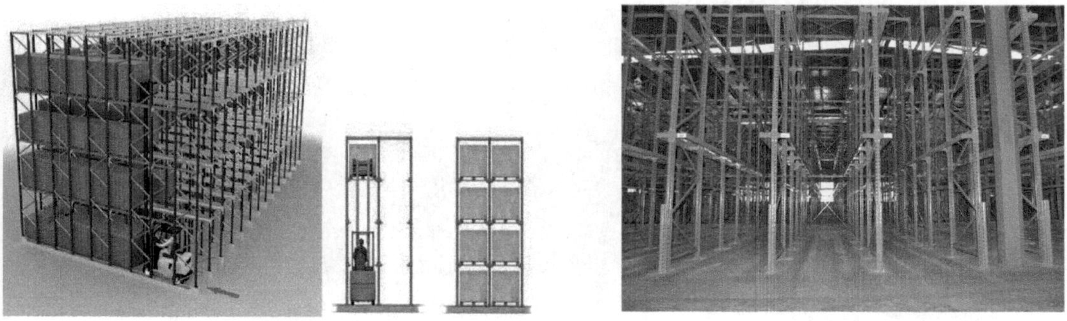

(a) 驶入式货架模拟图　　(b) 驶入式货架实景

图3－5　驶入式货架

驶出式货架与驶入式货架的不同之处在于，驶出式货架是通的，没有拉杆封闭，前后均可安排存取通道，可实现先进先出管理。

驶入/驶出式货架的特点有：

（1）投资成本相对较低；

（2）适用于横向尺寸较大、品种较少、数量较多，且货物存取模式可预定的情况；

（3）常用来储存大批相同类型货物；

（4）其存储高度大，对地面空间利用率较高；

（5）常用在冷库等存储空间成本较高的地方。

（五）压入式（后推式货架）

压入式货架由导轨、横梁、立柱、运载小车组成，轨道按一定的角度倾斜固定在横梁上，运载小车按轨道运行，由前方将托盘货物推入，托盘货物置于滑座上，后来填入的将会把原先的推到后方（见图3－6）。整体结构采用“弹夹”原理，托盘放置在运载小车上依次被推入货架内部，存取方式跟驶入式货架相同，但叉车不需要驶入货架里面，根据货架深度方向可以设计多个托盘位置。因此，压入式货架的安全性及运转效果高于驶入式货架，空间利用率高于普通货架。

从外侧将叠栈货物置于台车推入

后储存之货品将原先货品推往里面，多层台车重叠相接

外侧货物被取走时，里面的台车自动滑下

(a)压入式货架操作示意图

(b)压入式货架结构图

图3－6　压入式货架

压入式（后推式）货架的特点有：

（1）当某产品的托盘数量较大而又不要求“先进先出”时，能简化工作程序，效益极为显著；

（2）可缩短拣取时间，不需要特殊的搬运设备；

（3）由于储存面积较多，通道较少，故空间利用率和生产率都很高；

（3）能避免高密度储存货架在装卸作业中易产生的货损。

（六）悬臂式货架

悬臂式货架适用于存放超长物品、环型物品、管材、板材及不规则形状的物品。托臂可以是单面或双面，其前伸的悬臂具有结构轻、载重能力强的特点（见图3－7）。

图3－7　悬臂式货架

悬臂式货架的特点有：

（1）与普通搁板式货架相比，悬臂式货架空间利用率更高，存取物品方便；

（2）一般与具有长大物料侧向装卸功能的侧面叉车、巷道堆垛起重机等配套使用。

（七）流利式货架

流利式货架也称滚轮式货架，由流利条、滚轮、立柱、横梁及拉杆组成，呈一定坡度放置，通过滚轮把货物从一端送到另一端（见图3－8）。货物通常为纸箱包装或者将货物放置于周转箱内，物品从有坡度的滑道上端存入，当在低端取货时，物品借助重力自动下滑。

图3－8　流利式货架

流利式货架的特点有：

（1）可实现先进先出作业；

（2）使用成本低，存取速度快，密度大；

（3）适用于装配线两侧的工序转换、配送中心的拣选作业场所；

（4）可配以电子标签实现货物的信息化管理；

（5）广泛用于超市、医药、化工和电子等行业。

（八）重力式货架

重力式货架利用一边巷道进行存入，一边巷道进行取出。滚筒线按一定角度倾斜固定在横梁上，托盘从高处放下，利用自身重力沿滚筒线方向下滑。为了控制托盘以及稳定地下滑，避免碰撞，在滚筒线上每隔一段距离都要设置一个阻尼系统，托盘下滑速度越快，阻尼系统产生的阻力越大。分离机构设置在低端，用来分离最低端相邻的两个托盘，这样最低端托盘就可以顺利取出。重力式货架对托盘的要求比较高，目前木制托盘的使用已经比较成熟，其他材质的托盘需要提供实际使用的托盘做阻尼实验。重力式货架的利用率比压入式货架和驶入式货架高，而且实现了“先进先出”的原则，重力式货架见图3－9。重力试货架主要适用于大批量、少品种储存物品的存放或出库前准备。

图3－9　重力式货架

重力式货架的特点有：

（1）使得单位库房面积存储量增大；

（2）固定了出入库位置，缩短了出入库工具的运行距离；

（3）入库作业和出库作业完全分离，两种作业可各自向专业化、高效率发展；

（4）在出入库时，工具不互相交叉，不互相干扰，事故率降低，安全率增加。

（九）移动式货架

移动式货架的底部装有滚轮，开启控制装置，滚轮可以沿轨道滑动。存取货物时，通过手动、摇把或电动控制装置驱动货架沿轨道滑动，形成通道（见图3－10）。移动式货架因为只需要一个作业通道，可大大提高仓库面积的利用率。移动式货架广泛应用于办公室存放文档，图书馆存放档案文献，金融部门存放票据，工厂车间、仓库存放工具、物料等。移动式货架也适用于库存品种多、出入库频率较低的仓库；或库存频率较高，但可按巷道顺序出入库的仓库。

图3-10　移动式货架

移动式货架的特点有：

（1）比一般固定式货架储存量大很多，节省空间；

（2）适合少品种、大批量、低频率货品保管；

（3）节省地板面积，地面使用率达80%；

（4）可直接存取每一项货品，不受先进先出的限制；

（5）高度可达12米，单位面积的储存量可达托盘货架的2倍左右。

（十）阁楼式货架

阁楼式货架采用多层搁板式货架结构，可提高仓库的空间利用率，因此适合存储人工拣选的小批量、多品种货物。阁楼式货架的底层货架不但是保管物料的场所，而且是上层建筑承重梁的支撑，可设计成多层楼，层层配有楼梯、扶手和货物升降电梯等。阁楼式货架适用于库房较高、货物较轻、人工存取、储货量大的情况，也可适用于现有旧仓库的技术改造，可提高仓库的空间利用率。其底层承重梁的跨距如果缩小，建筑费用也可大大降低（见图3-11）。

图3-11　阁楼式货架

阁楼式货架的特点有：

（1）增加仓储高度，提高空间使用率；

（2）上层仅限于轻量货物存放，不适合重量型设备行走；

（3）适合各类货品的存放。

任务二 托 盘

一、托盘的概念与特点

（一）托盘的概念

根据国家标准《物流术语》（GB/T18354—2006），托盘是指在运输、搬运和存储过程中，将物品规整为物品单元时，作为承载面并包括承载面上辅助结构件的装置。

托盘是用于集装、堆放货物以便于货物装卸搬运和运输的水平平台装置。托盘是典型的集装单元设备。通过使用托盘，物资以集装单元的形式进行装卸、搬运、存储、运输等物流活动的作业方式，极大地提高了作业效率。托盘需与叉车及堆垛起重机等装卸搬运设备配合使用。托盘的下部有供货叉插入、托起的叉入口，形成集装装卸系统，有效地促进了物流作业全过程水平的提高。同时，采用托盘可以减少产品的损耗率和污染。

（二）托盘的特点

（1）机械化程度高。采用托盘，搬运或出入库场都可用机械操作，减少物品堆码作业次数，从而有利于提高运输效率，缩短货运时间，减轻劳动强度。

（2）操作方便，速度快，效率高。以托盘为运输单位，货运件数变少，体积重量变大，而且每个托盘所装数量相等，便于点数、理货交接。

（3）投资小，收益快，装卸货损货差少。使用托盘可以减少货损货差事故，但托盘的回收利用、组织工作难度较大，会浪费一部分运力。

二、托盘的类型

（一）按托盘的结构分类

1. 平托盘

平托盘是指在承载面和支撑面间夹以纵梁，构成可集装物料、可使用叉车或搬运车等进行作业的货盘（见图 3－12）。

（1）按台面细分。平托盘按照台面类型还可以细分为单面使用型、双面使用型、翼型 3 种。单面型是只有一面铺板的平托盘，而双面型是有上下两面铺板的平托盘，翼型托盘两侧的突出端可以为托盘的托起操作提供更多的位置选择。

（2）按叉车插入方式细分。按叉车插入方式，托盘可以分为单向叉入型、双向叉入型、四向叉入型 3 种。其中，四向叉入型叉运最为方便灵活。

(a)单面托盘

(b)双面托盘

图 3－12　平托盘

2. 柱式托盘

柱式托盘是在平托盘的四角处装一立柱构成的托盘，立柱多为可拆式（见图 3－13）。立柱可以在多层堆码时对下层货物起保护作用。

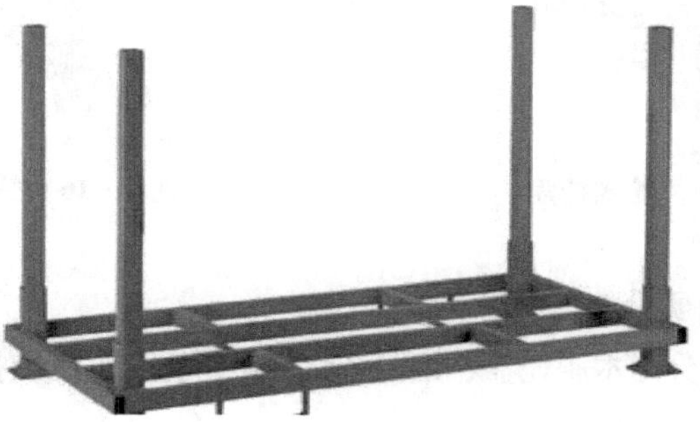

图 3－13　柱式托盘

3. 箱式托盘

箱式托盘是在平托盘上安装上部构造物（平板状、网状）制成的托盘（见图 3－14）。按照箱壁构造的不同，可分为可拆式、固定式、折叠式 3 种。箱式托盘的特点是可将形状不规则的物品进行集装，堆码时不需防散垛处理。

图 3－14　箱式托盘

4. 轮式托盘

轮式托盘是在柱式、箱式托盘下安装小型脚轮（见图 3 – 15）。常用的轮式托盘有用于杂物配送的滚轮箱式托盘和用于低温货物管理的滚轮保冷箱式托盘。

5. 笼式托盘

笼式托盘是带有立杆或联杆的网式壁板的托盘（见图 3 – 16）。笼式托盘在一侧或多侧设有用于装卸货物的铰接的或可拆装的门，可以满足散货的集成仓储作业要求。

图 3 – 15　轮式托盘

图 3 – 16　笼式托盘

（二）按托盘的材质分类

托盘按照材质可以分为木制托盘、钢制托盘、塑料托盘、纸质托盘等（见图 3 – 17）。

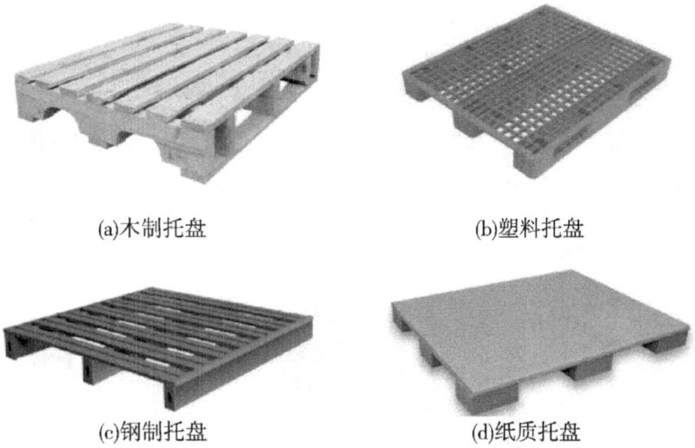

(a)木制托盘

(b)塑料托盘

(c)钢制托盘

(d)纸质托盘

图 3 – 17　按材质分类托盘的类型

1. 木制托盘

木制平托盘制造方便，便于维修，质量较轻，是使用广泛的平托盘。

2. 钢制托盘

钢制托盘是用角钢等异型钢材焊接制成的托盘，也可分成不同插入形式和单面、双面使用型等。钢制托盘的最大特点是强度高，不易损坏和变形，维修工作量较小。

3. 塑料制托盘

塑料制托盘一般为双面使用型、两向插入或四面插入型3种。塑料制平托盘最主要的特点是本体质量轻，耐腐蚀性强，有各种颜色便于分类区别，但承载能力不如钢制托盘和木制托盘。

4. 纸质托盘

纸质托盘具有无虫害、环保、价格低廉以及承重能力强等优点。常见的纸质托盘有以下几种：阿贝纸托盘，是以牛皮纸为基本原料所生产的托盘；蜂窝纸托盘，是以蜂窝纸为基本原料所生产的托盘；瓦楞纸托盘，是以瓦楞纸为基本原料所生产的托盘；滑托盘，是以高质牛皮纸为原料所生产的新型托盘。

5. 高密度合成板托盘

高密度合成板托盘用各类废弃物经高温高压压制而成，使用的是再生环保材料，具有抗高压、承重性能好、成本低等优点。它适合各类商品的运输，尤其是重货成批运输，也是替代木制托盘的最佳选择。

三、托盘的规格

国际托盘平面尺寸现有6个标准：1 200毫米×800毫米、1 200毫米×1 000毫米、1 100毫米×1 100毫米、1 140毫米×1 140毫米、1 219毫米×1 016毫米、1 067毫米×1 067毫米。

根据联运通用平托盘的主要尺寸及国家标准（GB/T 2934—2007）的规定，我国选定1 200毫米×1 000毫米和1 100毫米×1 100毫米两种规格作为我国托盘国家标准，并优先推荐使用1 200毫米×1 000毫米规格。

任务三　装卸搬运设备

一、手推车

手推车是一种以人力为主，水平输送物料的搬运车。其特点是价廉、轻巧、易操作、回转半径小，适于短距离搬运轻型物料。因搬运货物的种类、重量、形状、行走线路条件及作业内容不同，可选用不同类型的手推车（见图3－18）。

图3－18　手推车

二、托盘搬运车

托盘搬运车是一种轻小型搬运设备，它有两个货叉似的插腿，可叉入托盘自由叉孔之内。插腿的前端有两个小直径的行走轮，用来支撑托盘货物的重量。货叉通过液压或机械传动可以抬起，使托盘或货箱离开地面，然后使之行走。这种托盘搬运车广泛应用于仓库内外的物料装卸或车间内各工序间的搬运作业。

（一）手动托盘搬运车

在使用手动托盘搬运车时，将其承载的货叉叉入托盘孔内，由人力驱动液压系统来实现托盘货物的起升和下降，并由人力拉动完成搬运作业，是日常托盘运输中最常见的装卸搬运工具（见图 3 – 19）。

（二）电动托盘搬运车

电动托盘搬运车由外伸在车体前方的、带脚轮的支腿来保持车体的稳定，正上方可以做微起升，使托盘货物离地进行搬运作业。其特点是作业安静、不起尘，大量用在库房内部或车间内的物料搬运，电动托盘搬运车分站驾式电动托盘搬运车和座驾式电动托盘搬运车（见图 3 – 20）。

图 3 – 19　手动搬运车

图 3 – 20　电动搬运车

三、叉车

（一）叉车的概念

叉车又名铲车、装卸车，是由直行的轮胎，垂直升降、前后倾斜的货叉，门架等组成，具有装卸、起重及运送等方面的综合功能，能把水平运送和垂直升降有效结合起来（见图 3 – 21）。叉车的标准化和通用性也很高，被广泛应用于对成件和成箱货物进行装卸、堆垛，以及短途搬运、牵引和吊装工作。

叉车的主要性能参数包括：额定起重量、载荷中心距、叉车全高、最大起升高度、自由起升高度和最小转弯半径等。

（二）叉车的特点

1. 机械化程度高

使用各种自动取物装置或在货叉与货板配合使用的情况下，可以实现装卸工作的完全机械化，不需要工人的辅助体力劳动。

2. 机动灵活性好

叉车外形尺寸小，重量轻，能在作业区域内任意调动，可根据物品数量及货流方向的改变，机动地与其他起重运输机械配合工作，提高机械使用率。

3. 可以一机多用

在配合和使用各种取货装置如货叉、铲斗、臂架、吊杆、货夹、抓取器等的条件下，叉车可以适应各种品种、形状和大小物品的装卸作业。

（三）叉车的种类

（1）按照所用动力的不同，叉车可分为内燃机式、蓄电池式和无动力叉车。

（2）按照用途的不同，叉车可分为通用叉车和专用叉车。

（3）按照构造的不同，叉车可分为正面式、侧面式和转柱叉等。

常用的叉车见图 3－21 所示。

(a)侧面叉车

(b)夹抱式叉车

(c)前移式叉车

(d)平衡重力式叉车

图 3－21　常用叉车

四、堆垛机

堆垛机是专门用来堆码货垛或提升物品的机械。普通仓库使用的堆垛机是一种构造简单、用于辅助人工堆垛、可移动的小型物品垂直提升设备（见图 3－22）。

(a)手动堆垛机

(b)电动堆垛机

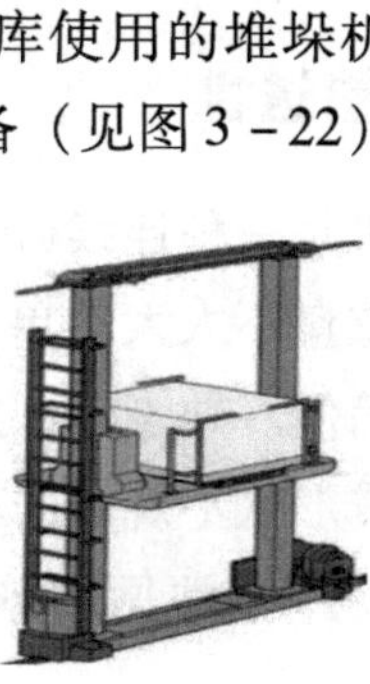

(c)巷道式堆垛机

图 3－22　常用的堆垛机

（一）堆垛起重机的类型

（1）按有无导轨，堆垛机可分为有轨堆垛机和无轨堆垛机。

（2）按高度不同，堆垛机可分为低层、中层、高层堆垛机，低层为 5 米以下，中层为 5 米 ~ 15 米，高层为 15 米以上。

（3）按驱动方式的不同，堆垛机可分为上部、下部和上下部结合式。

（4）按自动化程度的不同，堆垛机可分为手动堆垛机、半自动堆垛机和自动堆垛机。

（二）堆垛起重机的工作特点

（1）桥式堆垛起重机是用于高架仓库存取作业的一种仓库作业机械，也适用于无货架的堆垛作业，主要适用于高度在 12 米以下的仓库。

（2）巷道式堆垛起重机是在高层货架的窄巷道内作业的起重机，是自动化仓库的主要设备，又称有轨堆垛机。作业高度 6 米 ~ 24 米，最高可达 40 米。

五、起重机

起重机适用于装卸大件笨重物品，也可借助各种吊索具装卸其他物品。同时，起重机也是唯一以吊索具方式装卸搬运物品的设备。其吊运能力一般为 3 吨 ~ 30 吨。最常用的起重机有门式起重机、桥式起重机和悬臂式起重机等（见图 3 – 23）。

(a)桥式起重机　　(b)门式起重机　　(c)悬臂式起重机

图 3 – 23　常用的起重机

六、输送机

输送机是一种连续搬运货物的机械，其特点是工作时连续不断地沿同一方向输送散料或者重量不太大的单件物品，装卸过程无须停车。其优点是生产效率高、设备简单、操作简便。缺点是一定类型的输送机只适合输送一定种类的物品，不适合搬运很热的物料或形状不规则的单元货物；只能沿着一定路线输送，因而在使用上有一定的局限性。仓库中常见的输送机主要有皮带式、辊筒式、悬挂式、挂板式和辊轮式等（见图 3 – 24）。

(a)皮带式输送机

(b)辊筒式输送机

(c)挂板式输送机

(d)悬挂式输送机

图 3－24　常用的输送机

七、智能搬运设备

（一）自动导引车的概念

自动导引车（Automatic Guided Vehicle，AGV）是一种物料搬运设备，能在一个位置自动进行货物的装载，然后行走到另一位置完成货物的卸载。通过系统集中控制和计算机管理，对自动导引车的作业过程进行优化，发出搬运指令，控制自动导引车的路线及跟踪输送中的各种信息，完全实现全自动作业，即自动识别、自动运输、自动检测、自动搬运、自动存取、自动信息交换和自动监控等（见图 3－25）。

图 3－25　自动导引车

（二）自动导引车的作用

（1）替代传统的人工搬运方式，大大促进了企业的技术进步；

（2）改善了工作条件和工作环境，提高自动化生产水平；

（3）有效地解放劳动生产力，减轻工人的劳动强度；

（4）优化生产结构，节约人力、物力、财力。

（三）自动导引车的类型

（1）根据导引方式的不同，自动导引车可分为固定路径导引（电磁导引、光导导引和磁带导引等）和自由路径导引（激光导引、惯性导引和视觉导航等）。

（2）根据装卸物料方式不同，自动导引车可分为料斗式、轨道输送式、直升降式等。

任务四　自动化立体仓库

一、自动化立体仓库的概念

自动化立体仓库，就是采用高层货架存放货物，以巷道堆垛起重机为主，结合入出库周边设备来进行作业的一种仓库（见图3－26）。自动化立体仓库也称为高层货架仓库，一般是指采用几层、十几层乃至几十层的货架来储存单元货物，并用相应的搬运设备进行货物入库和出库作业的仓库。由于这类仓库能充分利用空间储存货物，故常形象地称其为“立体仓库”。

自动化立体仓库把计算机与信息管理和设备控制集成起来，按照控制指令自动完成货物的存取作业，并对库存货物进行管理。它是物流系统的核心之一，在自动化生产系统中占据了非常重要的地位。自动化立体仓库普遍应用于工业生产领域（医药生产、汽车制造、电子制造、机械制造等）、物流领域（烟草配送、医药配送、机场货运等）、商品制造领域（服装、酒水、印刷等）及军事领域。

图3－26　自动化立体仓库

二、自动化立体仓库的基本组成

自动化立体仓库一般由高层货架、巷道堆垛机、入出库输送系统、自动化控制系统、计算机仓库管理系统及其他周边设备组成，可对集装单元货物实现大量储存、自动存取和计算机管理。

（一）仓库建筑

从总体结构上看，自动化立体仓库可分为整体式和分离式两种。整体式是指仓库建筑与高层货架互相连接，形成一个不可分开的整体。其货架结构既是存放货物的支架，又是仓库的立柱和仓库侧壁的支撑，仓库的墙壁和屋顶都固定在高层货架上。分离式是指仓库建筑与高层货架是相互分离的，货架安装在仓库建筑物之内。

仓库建筑的规模取决于库存容量和货架规格。仓库建筑还应包括消防系统、照明系统、动力系统、通风及采暖系统以及排水设施等。

（二）高层货架

高层货架是自动化立体仓库的主体结构。货架的材料一般选用钢材，钢货架的优点是构建尺寸小，制作方便，安装建设周期短，而且可以提高仓库的库容利用率。自动化立体仓库的货架以单元格的形式存放托盘、周转箱，或直接存放货物。

（三）巷道式堆垛机

巷道式堆垛机简称堆垛机，是自动化立体仓库中的主要堆垛和搬运设备。它主要由立柱、载货台、货叉、运行机构和控制机构等组成。堆垛机可以在高层货架的巷道内来回运动，其升降平台可以做上下运动，升降平台上的货物存取装置可以将货物存入货格或从货格中取出。巷道式堆垛机运行起升速度快，作业精度和作业效率高，作业能力强。

（四）周边设备

自动化立体仓库的周边设备主要有液压升降平台、辊式输送机、台车、叉车等。这些设备与堆垛机互相配合，互相衔接，构成了一个完整的装卸搬运系统，完成物资的进出库作业。

（五）自动控制系统和信息处理系统

自动控制系统控制堆垛机和各种周边设备的运行，自动完成货物的存入与拣出。自动化立体仓库中的自动控制系统主要是指检测装置、信息识别装置、控制装置、通信设备、监控调度设备、计算机管理设备，以及大屏幕显示器和图像监视等设备。

三、自动化立体仓库的特点

（一）自动化立体仓库的优点

1. 提高空间利用率，减少占地面积

自动化立体仓库由于能充分利用仓库的垂直空间，其单位面积存储量远远大于普通单层仓库。一般来说，立体仓库的空间利用率为普通仓库 2 ~ 5 倍。自动化立体仓库使货物储存集中化、立体化，减少占地面积，降低土地购置费用。目前，世界上最高的自动化立体仓库可达 40 米，容量多达 30 万个货位。

2. 减轻劳动强度，提高生产效率

自动化立体仓库实现了机械化和自动化，具有快速入出库能力，一方面，能妥善地将货物存入立体仓库，及时自动地将生产所需零部件和原材料送达生产线，大大提升了作业效率。另一方面，能减轻工人的综合劳动强度，节约人力，减少劳动力费用支出。

3. 提高仓储管理水平

采用计算机进行仓储管理，可以方便地做到“先进先出”，可以防止货物自然老化、变质、生锈，也能避免货物丢失；能及时了解库存品种、数量、金额、位置、出入库时间等信息。

4. 加速物资周转，降低储存费用

用计算机进行控制和管理，作业过程和信息处理迅速、准确、及时，可加速物资周转，降低储存费用。

5. 有利于采用现代科学技术和现代化管理方法

由于货物的集中储存和计算机控制，有利于采用现代科学技术和现代化管理方法。例如，便于进行温湿度控制等。

（二）自动化立体仓库的缺点

（1）结构复杂，配套设备多，需要大量的基建和设备投资。

（2）高层货架要使用大量的钢材，货架安装精度要求高，施工比较困难，建设周期长。

（3）控制系统一旦发生故障，整个仓库将处于瘫痪状态，收发作业就会中断。

（4）储存货物的品种受到一定限制，对长大笨重货物必须单独设立储存系统。

（5）对仓库管理和技术人员的素质要求较高，必须经过专门的培训方能胜任。

四、自动化立体仓库的分类

（一）按货架构造形式分类

1. 货格式

货格式立体仓库是应用较普遍的立体仓库，它的特点是每一层货架都由同一尺寸的货格构成，货格开口面向货架之间的通道，堆垛机械在货架之间的通道内行驶，以完成货物的取用。

2. 贯通式

贯通式立体仓库又称为流动式货架仓库，这种仓库的货架之间没有间隔，不设通道。货架纵向贯通，贯通的通道具有一定的坡度，在每一层货架底部安装滑道、辊道等装置，使货物在自重的作用下沿着滑道或辊道从高处向低处运动。

3. 自动化柜式

自动化柜式立体仓库是小型的可以移动的封闭立体仓库，由柜外壳、控制装置、操作盘、储物箱和传动装置组成，其主要特点是封闭性强、小型化和智能化，有很强的保密性。

4. 条形货架立体仓库

条形货架立体仓库是专门用于存放条形和筒形货物的立体仓库。

（二）按货物存取形式分类

1. 单元货架式

单元货架式是一种最常见的结构，货物先放在托盘或周转箱内，再装入仓库货架的货位中。

2. 移动货架式

移动货架式是由电动货架组成。货架可以在轨道上行走，由控制装置控制货架的合拢和分离。作业时货架分开，在巷道中可进行作业；不作业时可将货架合拢，只留一条作业巷道，从而节省仓库面积，提高空间的利用率。

3. 拣选货架式

拣选货架式是仓库的分拣机构，它是仓库的核心组成部分，有巷道内分拣和巷道外分拣两种方式。每种分拣方式又分为人工分拣和自动分拣。

（三）按建筑形式来分

1. 整体式

整体式是指货架除了储存货物以外，还可以作为建筑物的支撑结构，就像是建筑物的一个部分，即库房与货架形成一体化结构。

2. 分离式

分离式是指储存货物的货架独立存在，建在建筑物内部。在现有建筑物内可改造为自动化仓库，也可以将货架拆除，使建筑物用于其他目的。

（四）按立体仓库的高度来分

1. 低层立体仓库

低层立体仓库高度在 5 米以下，主要是在原来老仓库的基础上进行改建，是提高原有仓库技术水平的手段。

2. 中层立体仓库

中层立体仓库的高度在 5 米 ~ 15 米。由于中层立体仓库对建筑及仓储机械设备的要求不高，造价合理。

3. 高层立体仓库

高层立体仓库的高度在 15 米以上，由于对建筑及仓储机械设备要求较高，安装难度较大。

（五）按自动化仓库与生产连接的紧密程度来分

1. 独立型仓库

独立型仓库也称为“离线”仓库，是指从操作流程及经济性等方面来说相对独立的自动化仓库。这种仓库一般规模都比较大，存储量较大，仓库系统具有自己的计算机管理、监控、调度和控制系统。独立型仓库又可分为存储型仓库和中转型仓库。

2. 半紧密型仓库

半紧密型仓库是指其操作流程、仓库的管理、货物的出入和经济性与其他厂（或部门、或上级单位）有一定关系，但又未与其他生产系统直接相联。

3. 紧密型仓库

紧密型仓库也称为“在线”仓库，它是那些与工厂内其他部门或生产系统直接相连的立体仓库，两者间的关系比较紧密。

（六）按库内环境来分

1. 一般自动化立体仓库

一般自动化立体仓库用于温度为0～40℃、湿度为45%环境下存储货物。

2. 低温自动化立体仓库

低温自动化立体仓库用于温度为0℃以下的环境中存储货物。

3. 高温自动化立体仓库

高温自动化立体仓库用于温度在40℃以上的环境中存储货物。

4. 防爆自动化立体仓库

防爆自动化立体仓库用于在有防爆要求的环境中存储货物。

5. 其他特殊环境用的自动化立体仓库

包括防毒/防污染和防辐射等环境下用的自动化立体仓库。

项目小结

本项目主要介绍了仓库设施设备的类型与应用特点，包括货架、托盘、装卸搬运设备及自动化立体仓库。货架是一种架式结构物，可充分利用仓库空间，提高库容利用率，扩大仓库储存能力。常用的货架包括：轻型货架、中型货架、重型货架、驶入/驶出式货架、悬臂式货架、流利式货架等。

托盘是仓库常见的集装设备，按照结构分类，托盘可以分为平托盘、柱式托盘、箱式托盘、笼式托盘等；按照材质分类，托盘可以分为木制托盘、塑料托盘、钢制托盘、纸制托盘及高密度合成板托盘。

常用的装卸搬运设备有手推车、叉车、输送机、起重机、巷道式堆垛机及无人搬运车等。

自动化立体仓库一般由高层货架、巷道堆垛机、入出库输送系统、自动化控制系统、计算机仓库管理系统及其他周边设备组成，可对集装单元货物实现大量储存、自动存取和计算机管理。它具有提高空间利用率，减少占地面积，提高工作效率，减少人工劳动强度，提高仓储现代化管理水平等特点。

复习思考题

1. 货架按照高度可以分为哪些种类？
2. 简述重型（托盘选取式）货架的特点。
3. 简述悬臂式货架的特点。

4. 简述流利式货架的特点。
5. 按照结构不同，托盘可以分为哪些种类？
6. 按照材质不同，托盘可以分为哪些种类？
7. 简述托盘的规格。
8. 常用的装卸搬运设备有哪些？
9. 简述自动化立体仓库的组成。
10. 简述自动化立体仓库的优点和缺点。

案例分析

蒙牛乳业自动化立体仓库

内蒙古蒙牛乳业泰安有限公司乳制品自动化立体仓库，是蒙牛乳业公司委托太原刚玉物流工程有限公司设计制造的第三座自动化立体仓库。该库后端与泰安公司乳制品生产线相衔接，前端与出库区相连接，库内主要存放成品纯鲜奶和成品瓶酸奶。库区面积 8 323 平方米，货架最大高度 21 米，托盘尺寸 1 200 ×1 000 毫米，库内货位总数 19 632 个。其中，常温区货位数 14 964 个；低温区货位 46 687 个。入库能力 150 盘/小时，出库能力 300 盘/小时。出入库采用联机自动。

一、工艺流程及库区布置

根据用户存储温度的不同要求，该库划分为常温和低温两个区域。常温区保存鲜奶成品；低温区配置制冷设备，恒温 4℃，存储瓶酸奶。按照生产—存储—配送的工艺及奶制品的工艺要求，经模拟仿真优化，最终确定库区划分为入库区、储存区、托盘（外调）回流区、出库区、维修区和计算机管理控制室 6 个区域。

入库区由 66 台链式输送机、3 台双工位高速梭车组成，负责将生产线码垛区完成的整盘货物转入各入库口。双工位穿梭车则负责生产线端输送机输出的货物向各巷道入库口的分配、转动及空托盘回送。

储存区包括高层货架和 17 台巷道堆垛机。高层货架采用双托盘货位，完成货物的存储功能。巷道堆垛机则按照指令完成从入库输送机到目标的取货、搬运、存货及从目标货位到出货输送机的取货、搬运、出货任务。

托盘（外调）回流区分别设在常温储存区和低温储存区内部，由 12 台出库口输送机、14 台入库口输送机、巷道堆垛机和货架组成。分别完成空托盘回收、存储、回送、外调货物入库，及剩余产品、退库产品入库、回送等工作。

出库区设置在出库口外端，分为货物暂存区和装车区，由 34 台出库口输送机、叉车和运输车辆组成。叉车司机通过电子看板、RF 终端扫描来完成装车作业，反馈并发送信息。

维修区设在穿梭车轨道外一侧，在某台空梭车更换配件或处理故障时，其他穿梭车仍旧可以正常工作。计算机控制室设在二楼，用于出入库登记、管理和联机控制。

二、设备选型及配置

（一）货架

货架主柱：常温区选用刚玉公司自选轧制的126型异型材，低温区采用120型异型材。

横梁：常温区选用刚玉公司自轧制异型材，55BB区采用5BB型异型材。

天、地轨：地轨采用30千克/米钢轨；天轨要采用16#工字钢。

（二）有轨巷道堆垛机

巷道堆垛超重机主要由多发结构、超升机构、货叉取货机构、载货台、断绳案例保护装置、限速装置、过载与松绳保护装置以及电器控制装置等组成。

驱动装置：采用德国德马格公司产品，性能优良、体积小、噪音低、维护保养方便。

变频调整：驱动单元采用变频调速，可满足堆垛机出入库平衡操作和高速运行，具有起动性能好、调速范围宽、速度变化平衡、运行稳定并有完善的过压、过流保护功能。

控制系统：先用分解式控制、控制单元采用模块式结构，当某个模块发生故障时，在几分钟内便可更换备用模块，使系统重新投入工作。

保护装置：堆垛机超升松绳和过载、娄绳安全保护装置；载货台上、下极限位装置；运行及超升强制换速形状和紧急限位器；货叉伸缩机械限位挡块；货位虚实探测、货物高度及歪斜控制；电器连锁装置；各运行端部极限设缓冲器；堆垛机设作业报警电铃和警示灯。

（三）输送机

整个输送系统由2套PLC控制系统控制，与上位监控机相连，接收监控机发出的作业命令，返回命令的执行情况和子系统的状态等。

（四）双工位穿梭车

系统完成小车的高度，其中一工位完成成品货物的接送功能，另一工位负责执行委员会的拆卸分配。主要技术参数有：安定载荷：1 300公斤；接送货物规格：1 200毫米×1 000毫米×1 470毫米（含托盘）；拆最大空托盘数：8个；空托盘最大高度：1 400毫米；运行速度：5～160米/分（变频调速）；输送速度：12.4米/分。

（五）计算机管理与控制系统

依据蒙牛乳业泰安立库招标的具体需求，考虑到企业长远发展目标及业务发展需求，针对立库的业务实际和管理模式，刚玉物流为本项目定制了一套适合用户需求的仓储物流管理系统。

计算机管理与控制系统主要包括仓储物流信息管理系统和仓储物流控制与监控系统两部分。仓储物流信息管理系统实现上层战略信息流、中层管理信息流的管理；自动化立体仓库控制与监控系统实现下层信息流与物流作业的管理。

1. 仓储物流信息管理系统

（1）入库管理。实现入库信息采集、入库信息维护、脱机入库、条形码管理、入库交接班管理、入库作业管理、入库单查询等。

（2）出库管理。实现出库单据管理、出库货位分配、脱机出库、发货确认、出库交接班管理、出库作业管理。

（3）库存管理。对货物、库区、货位等进行管理，实现仓库调拨、仓库盘点、存货调价、库存变动、托盘管理、在库物品管理、库存物流断档分析、积压分析、质保期预警、库存报表、可出库报表等功能。

（4）系统管理。实现对系统基础资料的管理，主要包括系统初始设置、系统安全管理、基础资料管理、物料管理模块、业务资料等模块。

（5）配送管理。实现车辆管理、派车、装车、运费结算等功能。

（6）质量控制。实现出入库物品、库存物品的质量控制管理，包括抽检管理、复检管理、质量查询、质量控制等。

（7）批次管理。实现入库批次数字化、库存批次查询、出库发货批次追踪。

（8）配送装车辅助。通过电子看板、RF 终端提示来指导叉车进行物流作业。

（9）RF 信息管理系统。通过 RF 实现入库信息采集、出库发货数据采集、盘点数据采集等。

2. 仓储物流控制监控系统

自动化立体仓库控制与监控系统是实现仓储作业自动化、智能化的核心系统，它负责管理仓储物流信息系统的作业队列，并把作业队列解析自动化仓储设备的指令队列，根据设备的运行状况指挥协调设备的运行。同时，本系统以动态仿真人机交互界面监控自动化仓储设备的运行状况。系统包括作业管理、作业高度、作业跟踪、自动联机入库、设备监控、设备组态、设备管理等功能模块。

思考题：

1. 结合本案例分析自动化立体仓库设施设备组成。
2. 自动化立体仓库的优缺点有哪些？
3. 试分析蒙牛采用的立体化仓库的优越性有哪些？

技能拓展

技能训练 3－1　仓储设施设备的认知与操作

一、实训目的

1. 了解仓库常用设备的原理、用途等，熟悉仓储日常作业。

2. 掌握仓库中的各类装卸搬运设备，如叉车、起重机、输送机等的结构特点、使用及管理、正确操作方法及不合理操作的常见表现形式。

3. 掌握仓库中的各类承载器具，如托盘、周转箱等器具的结构特点、使用及管理。

4. 掌握仓库中的各类货架，如中型货架、重型货架、驶入式货架等的结构特点、使用及管理。

5. 学生通过实训应掌握仓库常用设备的基本结构、特点和使用原理，并能进行基本操作和管理，清楚仓储设备正常运转的含义及影响因素，掌握基础设施设备的操作规范。

二、实训内容与步骤

1. 实训布置。实训教师带领学生到物流实训室（实训基地），并布置本次实训的目的、内容及注意事项。

2. 分组。全班同学分成若干学习小组，3～5人为宜，选出组长。

3. 教师讲解与操作示范。由于实训场地和空间的限制，实训指导教师现场讲解货架、托盘、叉车、搬运设备、自动化立体仓库等物流设施设备的特点、性能及用途等，并亲自示范仓储设备的操作，强调操作要领和易出现操作不当或失误的环节与位置。

3. 每组先承担其中一个类别设备的训练任务，再交换训练。每组根据实训要求，熟悉各类仓储设备的性能与特点，并能做到熟练规范的操作设备。

4. 在学生训练过程中，教师需要监督并指导学生的练习，对每个小组提出不懂或疑惑的问题进行及时解答，必要时再进行设备操作示范。

5. 教师考核每名学生对仓储设备的认知情况及设备操作。

三、实训作业

以个人为单位，每人上交一份的实训总结报告。

四、实训条件

1. 物流综合实训室，配有常用的仓储设备，并具备机械设备操作练习的场地和空间。

2. 货架、托盘、手动液压叉车、电动叉车、堆垛机、自动化立体仓库等仓储设备。

五、考核标准

仓储设施设备认知与操作实训项目考核评分表

序号	评分项	评分标准	满分	得分
1	实训过程表现	出勤、小组合作、实训纪律	20	
2	设备类型与特点的认知	准确阐述仓库内各种货架、托盘及装卸搬运设备的名称和应用特点	20	
3	搬运设备的使用	操作熟练、符合作业要求和技术规范	20	
4	电动叉车/液压堆高车的使用	操作熟练、符合作业要求和技术规范	20	
5	实训报告	格式正确、内容完整和正确	20	
总　　分			100	

技能训练3－2　自动化立体仓库的认识与操作

一、实训目的

1. 掌握自动化立体仓库的构成及优缺点；

2. 了解自动化立体仓库的工作原理及作业流程等；

3. 能熟练操作自动化立体仓库，完成商品出入库等操作。

二、实训内容与步骤

1. 实训教师带领学生到物流实训室的自动化立体仓库或者企业的自动化立体仓库，并强调本次实训的注意事项。

2. 将学生分成若干个小组，每组10人左右。在自动化立体仓库现场，教师讲解自动化立体仓库的设备构成及功能特点。学生了解立体货架、出入库托盘、轨道巷道堆垛机、输送机、条码阅读系统、通信系统、自动控制系统、计算机监控系统、中央计算机管理系统及其他辅助设备的功能。

3. 以小组为单位，教师分别示范操作自动化立体仓库进行货品的出入库作业。

4. 以小组为单位，学生进行自动化立体仓库的出入库操作训练。

5. 以小组为单位，教师考核学生自动化立体仓库的认识与操作。

三、实训作业

以个人为单位，每人上交一份实训总结报告。

四、实训条件

1. 物流实训室自动立体化仓库（或是企业自动化立体仓库）。

2. 自动化立体仓库模拟操作实训设备。

五、考核标准

自动化立体仓库的认识与操作实训项目考核评分表

序号	评分项	评分标准	满分	得分
1	实训过程表现	出勤、小组合作、实训纪律	20	
2	自动化立体仓库的认识	准确阐述自动化立体仓库的组成结构和应用特点	20	
3	自动化立体仓库的出入库操作	操作熟练、符合作业要求和技术规范	40	
4	实训报告	格式正确、内容完整和正确	20	
总　分			100	

项目四

入库作业管理

项目说明

入库作业作为仓储作业组织的第一个环节，其作业质量直接影响后续环节作业的进行，是整个仓储工作的重要前提。要优质高效地完成入库作业，就需要对入库作业活动进行合理的安排和组织，需要掌握入库作业的基本业务流程。入库作业主要包括3个作业环节：入库作业准备、入库交接、入库信息处理。

知识目标：

1. 熟练掌握入库作业的基本流程；
2. 了解影响入库作业的各种因素；
3. 理解入库作业计划的内容；
4. 掌握入库准备的内容；
5. 了解接运卸货的形式；
6. 掌握物品检验的方式方法；
7. 掌握入库信息处理的内容和方法。

能力目标：

1. 能够根据供应商送货方式、物品种类与特征、仓库设施设备与存储方式的不同编制入库作业计划；
2. 能够根据入库作业计划准备货位、苫垫材料及验收与装卸搬运设备。
3. 能够对入库作业的各种单证进行处理；
4. 能够利用工具进行货品的入库检验；
5. 能够正确处理入库检验中发现的问题；
6. 能够办理入库交接手续；
7. 能够进行入库信息处理。

项目任务

某物流公司仓储中心管理规范，仓储经验丰富，地处北京顺义区，其仓储业务覆盖京津及周边区域。其主要服务于海尔、美的、戴尔等企业的家电产品及电子产品的储存，货品主要用于各地区大型商场、超市的配送和销售。由于储存货品性质不一样，该仓储中心将主要储存功能区域划分为 3 个区域：平堆区、托盘货架区和高架立库区，还有其他辅助型功能区域。

2019 年 10 月 11 日，仓管员小郑分别接到其合作客户海尔集团、美的集团、戴尔集团传真来的 3 种货品的入库申请单，货品分别为：海尔电冰箱、美的微波炉、戴尔音响。自收到入库信息后，小郑需要完成如下工作：

1. 根据入库通知单的内容评估仓库是否有能力接收该批货物，进行入库申请的处理，并与客户沟通；

2. 编制入库作业计划；

3. 组织工作人员完成入库准备工作；

4. 货到后，组织仓库相关工作人员进行入库验收、交接、信息处理、装卸搬运及上架等工作。

知识准备

任务一　入库作业准备

一、编制入库作业计划

（一）入库申请的处理

1. 入库申请

入库申请是生成入库作业计划的基础和依据，是存货人（供货商）对仓储服务产生需求，并向仓储企业发出需求通知。当仓储企业业务部门收到存货人（供货商）的入库申请后，要对此业务进行分析评估，包括到货日期、物品属性、数量、包装、存储时间，及本企业的接运卸货能力、存储空间、保管能力等。如分析评估后认为此业务本仓库可以承担，则仓储业务部门根据入库申请制订入库作业计划，并及时通知存货人和本企业仓库部门；如分析评估后认为此业务本仓库难以承担，业务部门可与存货人就存在的问题协商解决，如协商不能达成一致，可以拒绝此项入库申请。

2. 入库申请的形式

入库申请单是存货人给仓库的一个客户委托，即存货人向仓储企业提出入库申请的书面形式（见表 4－1）。一般入库申请单是货主或货主委托方作为入库任务下达单位，根据仓储协议，在一批货物由司机送达仓库前下达给仓库，仅仅起到预报入库信息的作用。在现代物流运作中，通过邮件或 EDI（电子数据交换）等形式进行入库申请，能够将仓储运作双方所需要的各种信息及时地传递给对方，有效地提高运作效率及准确性，这也是无纸化办公的体现。入库申请单的内容一般根据用途不同，可包括编号、日期、订单号、供应商、承运商、车牌号、联系人、联系电话、物品编号、物品名称、物品属性、数量、物品重量、包装材质及规格等信息。

表 4－1　入库申请单

<table>
<tr><td colspan="3">入库流水单号</td><td colspan="8"></td></tr>
<tr><td colspan="3">单据类型</td><td colspan="3"></td><td colspan="2">入库时间</td><td colspan="3"></td></tr>
<tr><td colspan="3">客户编号</td><td colspan="3"></td><td colspan="2">客户名称</td><td colspan="3"></td></tr>
<tr><td colspan="3">入库申请人</td><td colspan="3"></td><td colspan="2">申请人联系方式</td><td colspan="3"></td></tr>
<tr><td colspan="3">配送受理人</td><td colspan="3"></td><td colspan="2">受理人联系方式</td><td colspan="3"></td></tr>
<tr><td colspan="3">仓库地址</td><td colspan="8"></td></tr>
<tr><td>序号</td><td>入库
编号</td><td>货品
编号</td><td>名称</td><td>单位</td><td>规格
（MM）</td><td>毛重
（KG）</td><td>包装
材料</td><td>申请
数量</td><td>实际
数量</td><td>情况
说明</td></tr>
<tr><td></td><td></td><td></td><td></td><td></td><td></td><td></td><td></td><td></td><td></td><td></td></tr>
<tr><td></td><td></td><td></td><td></td><td></td><td></td><td></td><td></td><td></td><td></td><td></td></tr>
<tr><td>合计</td><td></td><td></td><td></td><td></td><td></td><td></td><td></td><td></td><td></td><td></td></tr>
</table>

供应商客户签字盖章：　　　　　　　　　　入库接收签字盖章：

时间：　　　　　　　　　　　　　　　　　时间：

（二）入库作业计划的内容

货物仓储计划编制的主要依据是存货人向仓储企业提供的货物存储申报计划，以及本企业仓储的存储能力和条件等。入库作业计划是存货人发货和仓库部门进行入库前准备的依据。入库作业计划的内容主要包括到货时间、接运方式、包装单元与状态、存储时间，及物品的名称、品种、规格、包装等详细信息。为仓储业务活动制订计划，能合理安排仓容，提高仓容利用率；便于人员、设备的合理调配；有利于降低仓储费用。

二、影响入库作业的因素

（一）供应商的送货方式

供应商的送货方式将直接影响入库作业的组织和计划。

1. 每天平均送货的供应商数量及最大量

平均每天来送货的供应商数量的多少和一天中最多有多少供应商来送货，对仓库入库作业的影响最大。来送货的供应商越多，入库物品的数量和品种就越复杂。尤其是每天来送货的供应商数量波动较大时，不能单纯地以平均数作为安排入库作业人员和设施、设备、器具的依据。否则，忙时，仓库服务水平降低（如送货车辆排队等货时间过长）；闲时，人员、设备的劳动生产率降低（如部分人员、设备的闲置）。所以，入库作业时应充分考虑每天送货的供应商的数量和均衡性，以保证人员安排的合理性，以及设施设备等资源配置（购置或租赁）的合理性与经济性。

2. 送货的车型及车辆台数

送货的车型主要影响卸货站台的合理安排与利用，以及卸货方式；车辆台数直接影响作业人员的配置和作业设备、作业方式的选择。

3. 每台车平均卸货时间

每台车平均卸货时间是用来衡量入库作业效率高低的重要指标。每台车平均卸货的时间越短，服务水平就越高，对设施设备的自动化、机械化程度的要求就越高。

4. 物品到达的高峰时间

物品到达的高峰时间是制定作业人员轮班轮岗的重要依据。要合理安排不同班次的作业人数，以实现作业人员的作业量和劳动强度的均衡性，既要降低成本，又要保证服务水平。

5. 物品的装车方式

物品的装车方式主要影响卸货的方式和方法。如果物品是以散货形式散装的话，在卸车时要充分利用物品自身的重力；如果以件杂货形式且经过配装的话，卸车时主要以人工为主，那就应尽可能消除物品自身的重力，采用不落地的装卸搬运方式，以降低作业强度；如果装车以单元形式配装，则尽可能选择机械作业方式。

（二）物品的种类、特性与数量

物品的种类、特性与数量将直接影响入库计划的制订、接货方式、接货人员的安排、仓储设施设备的配备、库区货位的确定、苫垫材料的选择及温湿度控制等。

1. 每天平均送达的物品品种数

平均每天送达的物品品种越多，物品之间的理化性质差异也就越大，对接货方式、装卸搬运机械及仓储设施设备的配备、库区货位的确定与分配、苫垫材料的选择等作业环节的影响就越大。

2. 单位物品的尺寸及重量

单位物品的尺寸及重量对装卸搬运、堆码上架、库区货位的确定等作业环节会产生影响。单位物品的尺寸小、重量小且未单元化，则入库时一般采用人工作业或人工辅助机械作业，上架储存；单位物品的尺寸大、重量大，则宜采用机械化装卸作业，堆码存储。

3. 物品包装形态

物品依据包装形态可分为散装物品、件杂货、单元货（托盘化、集装化）3 种形态。物品包装形态的差异会对装卸搬运工具与方式、库区货位的确定、堆存状态产生影响。

4. 物品的保质期

物品保质期的长短直接影响物品的在库周期，保质期短的物品入库存储宜选用重力式货架，以严格保证先进先出，延长物品后续的销售周期和消费周期。

（三）仓库设备

仓库设备是影响入库作业的主要因素。若仓库设备齐全、机械化、自动化程度高，而且均为货架储存，则入库作业过程简单、效率高，仓容利用率高，便于管理；若仓库设备简陋，基本依赖人工操作，则入库作业效率低，仓容利用率低，管理难度大。

（四）作业人员

入库工作人员的配置直接影响入库作业效率、准确性和安全性。入库作业中需要装卸搬运员、验收员、理货员等工作人员。如果入库采用机械化、自动化作业，则可以减少装卸搬运工作人员的配置；如果采用人工搬运，为了提高作业效率，则需要配置较多的装卸搬运人员。入库工作人员的配置与入库货品数量、包装规格及是否采用机械化作业等因素有关。

三、入库前具体准备工作

仓库管理部门要做好货物接收前的准备工作，才能确保货物准确、安全、迅速地入库。入库前具体的准备工作包括货位的准备、苫垫材料的准备、验收及装卸搬运设备的准备、作业人员的准备、文件资料的准备等。

知识拓展

物动量 ABC 分类法

1. 物动量 ABC 分类标准

A 类物品（高物动量）：周转量累计占在库物品总周转量的 65% ~80%，物品品目占在库品目的 10% ~15%。

B 类物品（中物动量）：周转量累计在库物品总周转量的 20%，物品品目占在库品目的 20%。

C 类物品（低物动量）：周转量累计在库物品总周转量的 5% ~10%，物品品目占在库品目的 65% ~80%。

2. 物动量 ABC 分类步骤

（1）收集数据。物动量将周转率作为分类的关键因素，收集相应的特征数据，包括各种货物的周转量等数据。

（2）计算整理。对数据进行加工，并按要求进行计算，包括各种货物的累计品目数、累计品目数百分比、累计周转量、累计周转率等数据。

（3）确定分类结果。根据物动量 ABC 分类标准，确定分类结果。

例如：某仓库内存放了17种货物，货物编码、品名及在一段时期内的周转量见表4－2，请对该仓库货物进行物动量ABC分类，分类标准见表4－3。

表4－2　货物周转量表

序号	编码	品名	周转量（箱）	序号	编码	品名	周转量（箱）
1	R1	好丽友派	24	10	G1	洽洽香花生酒	12
2	J1	康师傅乐芙球	89	11	P1	桂花莲子藕粉	11
3	B2	家乐玉米糕	19	12	C1	中华健齿白牙膏	26
4	A1	利鑫达板栗	575	13	M1	轩广小丸子	68
5	K1	上好佳薯片	18	14	Y1	旺仔小馒头	20
6	S1	太太乐鸡精	221	15	T1	立顿果趣奶茶	7
7	Q1	蛋酥卷	13	16	I1	好丽友好多鱼	34
8	W1	真心瓜子	147	17	C2	康师傅欧式蛋糕	27
9	L1	可比克	50				

物动量ABC分类计算过程保留2位小数（四舍五入），如12.34%。ABC分类时按以下规定执行：

表4－3　物动量ABC分类标准

累计品种所占比重%	0＜A≤15	15＜B≤45	45＜C≤100
累计周转量所占比重%	0＜A≤65	65＜B≤90	90＜C≤100

解析：分类过程和结果如表4－4所示。

表4－4　分类过程及结果

序号	货品编码	货品名称	累计品目数百分比（%）	周转量（箱）	累计周转量（箱）	累计周转量百分比（%）	分类结果
1	A1	利鑫达板栗	5.88	575	575	42.25	A
2	S1	太太乐鸡精	11.76	221	796	58.49	A
3	W1	真心瓜子	17.65	147	943	69.29	B
4	J1	康师傅乐芙球	23.53	89	1 032	75.83	B
5	M1	轩广小丸子	29.41	68	1 100	80.82	B
6	L1	可比克	35.29	50	1 150	84.50	B
7	I1	好丽友好多鱼	41.18	34	1 184	86.99	B
8	C2	康师傅欧式蛋糕	47.06	27	1 211	88.98	C
9	C1	中华健齿白牙膏	52.94	26	1 237	90.89	C

续表

序号	货品编码	货品名称	累计品目数百分比（%）	周转量（箱）	累计周转量（箱）	累计周转量百分比（%）	分类结果
10	R1	好丽友派	58.82	24	1261	92.65	C
11	Y1	旺仔小馒头	64.71	20	1 281	94.12	C
12	B2	家乐玉米糕	70.59	19	1 300	95.52	C
13	K1	上好佳	76.47	18	1 318	96.84	C
14	Q1	蛋酥卷	82.35	13	1 331	97.80	C
15	G1	洽洽香花生酒	88.24	12	1 343	98.68	C
16	P1	桂花莲子藕粉	94.12	11	1 354	99.49	C
17	T1	立顿果趣奶茶	100	7	1 361	100	C

3. 物动量 ABC 分类的货位优化原则

A 类物品：存放于仓库最接近出货口的位置，放置在货架的下层，紧邻通道。

B 类物品：位置居中。

C 类物品：存放在仓库中距离出货口的最远端，放置在货架上层，远离通道。

（一）货位准备

1. 平置库货位准备

根据入库计划，在物品到达前将存储的位置和所需的货位面积予以确定。

（1）确定物品存储的位置。主要考虑平置库平面布局、物品在库时间、物品物动量高低等关键因素。高物动量的物品在库时间一般较短，所以应放置在离通道或库门较近的地方。

（2）确定物品所需货位面积。必须考虑的因素包括仓库的可用高度、仓库地面荷载、物品包装物所允许的堆码层数以及物品包装物的长、宽、高。物品占地面积的计算步骤如下：

①单位包装物面积 = 长 × 宽

②单位面积重量 = 单位物品毛重 ÷ 单位面积

③可堆层数：

a. 从净高考虑：层数 a = 库高 ÷ 箱高

（在要求考虑顶距的情况下，库高需要减去顶距）

b. 从地坪载荷考虑：层数 b = 地坪单位面积最高载荷量 ÷ 单位面积重量

c. 从包装标志限高考虑：层数 c = 限高层数

可堆层数 = min ｛层数 a，层数 b，层数 c｝

④占地面积 = （总件数 ÷ 可堆层数） × 单位包装物面积

例如：某仓库业务部门收到供货商发来的入库申请单，内容如下：计划入库一批仪器，包装规格为400毫米×250毫米×320毫米，包装标志限高6层，入库总量为2 000箱，单体毛重45千克。地坪载荷2 500千克/平方米，库高5米。仓库主管通过对入库货物的分析，确定该批货物入平置库，计划堆成重叠堆码的平台货跺。

在到货之前，仓库需要做如下准备：

第一，计算最少需要的存储面积。

第二，如仓库可用宽度受限仅为5米，计算出货跺的垛长、跺宽及跺高各为多少箱。

第三，不需要考虑顶距问题。

解：单位包装面积 =400×250 =0. 1（平方米）

单位面积重量 =45÷0. 1 =450（千克）

可堆层数：

从净高考虑：层数 a =5÷0. 32 =15. 6≌15（层）

从地坪载荷考虑：层数 b =2 500÷450≈5. 6≌5（层）

从包装标志限高考虑：层数 c =6（层）

可堆层数 =min ｛层 a，层 b，层 c｝ =min ｛15，6，5｝ =5（层）

占地面积 =2000÷5×0. 1 =40（平方米）

跺宽 =5÷0. 25 =20（箱）

跺长 =40÷5÷0. 4 =20（箱）

跺高 =5（箱）

答：至少需要40平方米的储位。如仓库可用宽度受限仅为5米，堆成重叠堆码的平台货垛垛长20箱、垛宽20箱、垛高5箱。

2. 货架库货位准备

计划入库物品如果上架存储，在明确存储位置和所需货位数量的同时，还要准备好相应数量的托盘。

（1）确定物品存储的位置。影响计划入库物品存储位置的关键因素有以下3个方面：

一是物动量分类的结果。高物动量物品应选择首层货位，中物动量物品应选择中间层货位，低物动量物品则应选择上层货位。

二是货品按区分类存放的要求。入库货品应按照分区原则确定存储位置。不同类型的仓库按照物品的品类、货主、流向及存储条件等进行分区分类存放。

三是同种货物就近摆放的原则。新入库的货物尽量与原有货物以及同种类货物就近摆放。

（2）货架库货位及托盘数量准备。为保证计划入库物品能够顺利入库，仓管人员应在入库前准备足够的货位和上架所需的托盘。计算所需货位及托盘数量时所应考虑的因素包括：①计划入库的物品种类及包装规格；②货架货位的设计规格；③所需托盘规格；④叉车作业要求；⑤作业人员的熟练程度与技巧。⑥叉车作业空间的预留，一般预留空间≥90毫米。

例如：某物流公司计划入库一批牛奶 370 毫米 ×190 毫米 ×270 毫米，堆码层高限高 5 层，入库总量为 125 箱。仓库主管通过对入库货物的分析，确定该批货物放置在货架货位，且牛奶在该仓库属于中物动量货物，应放置在第二层。库内第一层货架的净高为 1 350 毫米，第二、三、四层净高为 1 230 毫米。库内托盘尺寸为 1 000 毫米 × 1 200毫米 ×160 毫米。

在到货之前仓库需要做如下准备：

第一，选择压缝式堆放，画出托盘码放的奇数层、偶数层的码放图。

第二，计算该批货物最少需要用多少个托盘和储位。

解：

托盘码放示意图如图 4 －1 所示。

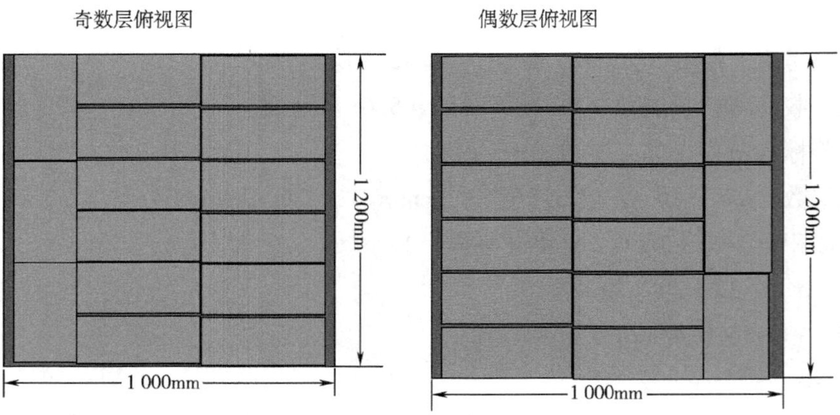

图 4 －1　托盘码放示意图

通过托盘码放示意图可以看出，每层最多码放 15 箱。

托盘码放层数计算 = （1 230 －160 －90） ÷270 ≈ 3. 6≌3 （层）

每层码放 15 箱，3 ×15 =45 （箱），每个托盘最多码放 45 箱。

125 ÷45≈2. 8≌3 （个）

答：该批货物需要准备 3 个托盘和 3 个储位。

（二） 苫垫材料的准备

根据预计到货物品的特性、体积、质量、数量和到货时间等信息，结合物品分区、分类和货位管理的要求，确定货位。同时要做好防雨、防潮、防尘、防晒准备，即准备好所需的苫垫材料。

苫垫材料应根据货位位置和到货物品特性进行合理的选择。垫垛材料的选择要考虑到使物品避免受地坪潮气的侵蚀，并满足垛底通风的需求。其主要材料包括：枕木、方木、木板、石条、水泥墩、防潮纸（布）及各种人工垫板等。苫盖材料主要使物品免受风吹、雨打、日晒、冰冻的侵蚀，主要包括塑料布、席子、油毡纸、铁皮、苫布及各种人工苫盖瓦等。

（三） 验收及装卸搬运设备的准备

仓库理货人员根据物品情况和仓储管理制度，确定入库验收的方法，准备验收时所需要的计件、检斤、测量及化验等器具。同时要根据到货物品的特征、货位、设备条件、人员等情况，科学合理地制定装卸搬运的流程，准备好相关作业设备，安排好卸货站台或场地，保证装卸搬运作业的效率。

（四）作业人员的准备

按照物品的入库时间和到货数量安排相关作业人员，包括装卸搬运员、验收员、理货员等，保证物品到达后，作业人员能够及时调配到位。

（五）文件资料的准备

仓库管理员应提前准备好入库所需的各种报表、单证、记录簿，如入库记录单、理货检验单、料卡及残损单等。

任务二　入库交接

一、货物接运

物品接运人员要根据不同的接运方式，处理接运中的各种问题。接运方式大致有4种：专用线接运，车站、码头提货，仓库自行接货，库内接货。

（一）专用线接运

专用线接运是一种铁路部门将转运的物品直接送到仓库内部专用线的接运方式，具体步骤如下：

第一步：接到专用线到货通知后，应立即确定卸货货位，尽量缩短场内搬运距离；组织好卸车所需要的机械、人员及有关资料，做好卸车准备。

第二步：车皮到达后，引导对位，进行检查。查看车皮封闭情况是否良好（即卡车、车窗、铅封、苫布等有无异状），根据运单和有关资料核对到货品名、规格、标志，清点件数；检查包装是否有损坏或有无散包；检查是否有进水、受潮或其他损坏现象。在检查中如果发现异常，应请铁路部门派员复查，做出普通或商务记录，记录内容应与实际情况相符，以便交涉。

第三步：卸车时要注意为货物验收和入库保管提供便利条件，分清车号、品名、规格，不混不乱；保证包装完好，不碰坏，不压伤，更不得自行打开包装；应根据货物的性质合理堆放，以免混淆。卸车后，在货物上应标明车号和卸车日期。

第四步：编制卸车记录，注明卸车货位规格、数量，连同有关证件和资料，尽快向保管人员交代清楚，办好内部交接手续。

（二）车站、码头提货

到车站提货，应向车站出示“领货凭证”。如果发货人未予寄到“领货凭证”，也可凭单位证明或在货票存查联上加盖单位提货专用章，将货物提回。到码头提货手续与车站提货稍有不同，提货人要事先在提货单上签名并加盖公章或附单位提货证明，到港口货运取回货物运单，即可到指定的库房提取货物。提货时，应根据运单和有关资料认真核对物品的名称、规格、数量、收货单位等，仔细进行外观检查，如包装是否铅封完好，有无水渍、油渍、受潮、污损、锈蚀、破损等。如果发现与运单记载不相符合，应立即会同承运部门共同查清，并开具文字证明；对短缺、损坏等情况，应追究承运部门责任，并做好货运记录。

（三）仓库自行接货

仓库直接到供货单位提货，叫自提。这种方式的特点是提货与验收同时进行。仓库根据提货通知，要了解所提货物的性质、规格、数量，准备好提货所需的设备、工具、人员；到供货单位当场进行物品验收，点清数量，查看外观质量，做好验收记录；提货回仓库后，交验收员或保管员复验。

（四）库内接货

库内接货是供货单位直接将物品送达仓库的方式，又称送料。当货物到达后，保管员或验收员直接与送货人员进行接收工作，当面验收并办理交接手续。如果有差错，要立即做出记录，让送货人员签章。

二、货物验收

（一）核对入库凭证

物品运抵仓库后，仓库收货人员首先要检验物品入库凭证，然后按物品入库凭证所列的收货单位、货物名称、规格数量等具体内容与物品的各项标志核对。如发现有错误，应当做好记录，退回或另行存放，待联系后处理。经复核无误后，可进行下一道工序。需要核查的入库凭证主要包括入库通知单、订货合同、送货单、装箱单、磅码单、原产地证明等。

1. 入库通知单和订货合同副本

入库通知单和订货合同副本是仓库接受物品的凭证，应与所提交的随货单证及货物内容相符。

2. 运单

运单是物品承运单位提供的单据，若物品在入库验收时发现有残损和数量不符等情况，还要有承运单位提供的货运记录，作为向责任方交涉的依据。

3. 供应商单证

供应商单证包括物品供应单位提供的发货明细、装箱单、磅码单及材质证明等。供应商单证是商业发票的一种补充单据，它是仓库收货时核对货物的品种、数量、尺寸、规格及理化特征的主要依据。

（二）物品检验

1. 确定检验比例

（1）全验。全验需要耗费大量人力、物力和时间，检验成本高，但可以保证验收质量。在物品批量小、规格复杂、包装不整齐的情况下，可采用此法。数量和外观质量一般要求全验。

（2）抽验。物品质量和储运管理水平的提高及数理统计的发展为抽验方式提供了物质条件和理论基础。对于大批量、同包装、同规格、信誉较高的存货单位的物品，可采用抽验的方式检验。若在抽验中发现问题较多，应扩大抽验范围，直至全验。

2. 确定检验内容

（1）数量检验。按物品的性质和包装情况，数量检验分为三种形式，即计件、检斤、检尺求积，一般由仓库保管职能机构组织安排仓管员进行。

①计件。计件是按件数供货或以件数为计量单位的物品，做数量验收时，清点物品件数。一般情况下，计件物品应全部逐一清点。运输包装（外包装）完好，销售包装（内包装）数量固定一般不拆包，只清点大包装，特殊情况下可拆包抽查，若有问题，扩大抽查范围，直至全查；固定包装物的小件物品，如果包装完好，打开包装对保管不利，可不拆。国内物品一般只检查外包装，不拆包检查；进口物品按照合同或惯例办理。

②检斤。检斤是按重量供货或以重量为计量单位的物品，做数量验收时，对物品称重。金属材料、某些化工产品多半是检斤验收。按尺寸或体积换算重量的物品，先要通过检尺，例如，金属材料中的板材、型材等，然后按规定的换算方法换算成重量验收。对于进口物品，原则上应全部检斤，但如果订货合同规定按理论换算重量交货，则按合同规定，所有检斤的物品都应填写磅码单。

③检尺求积。检尺求积是对以体积为计量单位的物品，如木材、竹材、砂石等，先检尺、后求体积所做的数量验收。

（2）质量检验。质量检验包括外观检验、尺寸精度检验、机械物理性能检验和化学成分检验4种形式。仓库一般只作外观检验和尺寸精度检验，后两种检验如果有必要，则由仓库技术管理职能机构取样，委托专门检验机构检验。

①物品的外观检验。物品的外观检验通过外观来判断质量，简化了仓库的质量验收工作，避免了各部门反复进行复杂的质量检验，节约了成本。凡经过外观检验的物品，都应填写检验记录单。外观检验的内容如下：

• 包装检验。通过人的感觉器官检验物品的外包装或装饰有无被撬开、开封、污染、破损、水渍等情况，检查外包装的牢固程度。

• 物品外观检验。对无包装的物品，直接查看其表面，检查是否有撞击、变形、生锈、破碎等损害。

• 物品的重量尺寸检验。由仓库的技术管理职能机构组织进行，对入仓物品的单件重量、货物尺寸进行测量，确定货物的重量。

• 标签、标志检验。检查物品标签、标志是否具备，是否完整、清晰，标签、标志与物品内容是否一致。

• 气味、颜色、手感检验。对某些特定物品，必须通过物品的气味、颜色、手感来判断其是否新鲜，有无干涸、结块、溶化等现象。

• 打开外包装检验。外观有缺陷的物品，有时可能其质量受影响，当检验人员判定物品内容有受损可能时，就应该打开包装检验。开包检验必须有两人以上在场。检验后，根据实际情况及时封装或更换包装，并印贴已验收的标志。

②物品的尺寸精度检验。进行尺寸精度检验的物品主要是金属材料中的型材、部分机电产品和少数建筑材料。不同型材的尺寸检验各有特点，例如，椭圆材主要检验直径和圆度，管材主要检验壁厚和内径，板材主要检验厚度及均匀度等。对部分机电产品的检验，一般请用料单位派员工进行。尺寸精度检验是一项技术性强、很费时间的工作，全部检验工作量大，并且有些物品质量的特性只有通过破坏性的检验才能测到，所以一般采用抽验的方式进行。

③理化检验。理化检验是对物品内在质量和物理化学性质所进行的检验，一般主要对进口物品进行理化检验。对物品内在质量的检验要求一定的技术知识和检验手段，目前仓库多不具备这些条件，所以一般由专门的技术检验部门进行，经检验后出具检验报告，如羊毛含水量的检测、药粉含药量的检测、花生含黄曲霉的检测等。

3. 验收中问题的处理

仓库到货物品来源复杂，涉及物品生产、采购、运输等多个作业环节，不可避免地会出现诸如证件不齐、数量短缺、质量不符合要求等问题。因此，要求在进货检验过程中认真细致，区别不同的情况，及时进行处理。

（1）检验凭证问题的处理。检验凭证问题主要是指检验需要的证件不齐全。检验过程中遇到此类问题时，要及时向供应商索取，到库物品应作为待检验品堆放在待验区，待证件到齐后再进行检验。证件未到之前，不能检验，不能入库，更不能发货。

（2）证物不符问题的处理。检验过程中发现验收单证与实物不符的情况时，应把到库物品放置于待检区，并及时与供应商进行交涉，可以采取拒绝收货、改单签收或退单、退货的方式解决。

（3）数量检验问题的处理。数量短缺或溢余在规定范围内的，可按原数入账。凡超过规定范围的，应查对核实，做成验收记录和磅码单交主管部门向供货单位办理交涉。对数量溢余较大的情况，可选择物品退回或补发货款的方式解决；对数量短缺较大的情况，可选择采取按实数签收并及时通知供应商的方式解决。

（4）质量检验问题的处理。检验过程中，凡发现质量不符合检验规定的情况，应及时向供货单位办理退货、换货交涉，或征得供货单位同意代为修理，或在不影响使用前提下降价处理。检验规格不符或错发时，应先将规格对的予以入库，规格不对的物品做好验收记录并交给相应部门办理换货。

三、办理交接手续

交接手续是指仓库对收到的物品向送货人进行的确认，表示已经接受物品。办理完交接手续，意味着划分清楚运输、送货部门和仓库的责任。完整的交接手续包括如下过程。

（一）接收物品

仓库通过理货、查验物品，将不良物品剔除、退回或者编制残损单证等明确责任，确定收到物品的确切数量。

（二）接收文件

接收送货人送交的物品资料、运输的货运记录，在随货运输单证上注明接收的文件名称、文号等，如图纸、准运证等。

（三）签署单证

仓库与送货人或承运人共同在送货人交来的送货单、交接清单上签字，并留存相应单证。若送货单与交接清单不一致或物品、文件有差错，还应附上事故报告或说明，并由有关当事人签章，等待处理。

任务三　入库信息处理

一、登账

（一）录入信息系统

物品到达仓库，经验收确认、办理交接手续后，一般应将仓储货物的有关信息登录到仓库管理信息系统，通常包含如下信息：

（1）物品的一般特征：物品名称、类别、规格、型号；物品的包装单位、包装尺寸、包装容器、单位重量及价格等。

（2）物品的原始条码、内部编号、进货入库单据号码、储位信息。

（3）供应商信息：供应商名称、编号、合同号等。

（4）订单信息：订单对应号、序号、当日收货单序号。

录入以上信息后，仓库管理信息系统将自动更新和储存录入的信息，特别是物品入库数量的录入，将增加在库物品账面余额，从而保证物品账面数目与实际库存数量一致，既为保管物品数量与质量提供了依据，也为库存物品数量的控制和采购决策提供了参考。对作业过程中产生的单据和其他原始资料，应注意根据一定的标准（如按不同的供应商或时间顺序等）归类整理，留存备查。

（二）登记保管账

物品的保管账是指用表格形式记录仓储物品的动态变化情况的账册，它是在库物品清点的主要依据。登记保管账一般采用活页式，按物料的种类和编号顺序排列。在账页上还应注明货位号和档案编号，以便查对。账册应由负责该类物料的保管员或保管组长专人负责。实物保管明细账必须严格按照物料的入出库凭证及时登记，要按记账规则填写准确、清楚。记账发生错误时，要用红字明细账冲销，再重新入账登记更改，不得刮、擦、挖、补。

二、立卡

货卡又叫料签、料卡、保管卡，它是一种实物标签，上面标明物品的名称、规格、数量或出入状态等内容，一般挂在上架物品的下方或放在堆垛物品的正面。货卡按作用不同，可分为货物状态卡、物品保管卡。物品保管卡包括标识卡和储存卡等。

货物状态卡，是用于表明货物所处业务状态或阶段的标识，根据国际质量体系认证的要求，在仓库中，应根据货物的状态，按可追溯性要求，分别设置待检、待处理、不合格和合格等状态标识。

货物标识卡，是用于表明货物的名称、规格、供应商和批次等。根据国际质量体系认证的要求，在仓库中，应根据货物的不同供应商和不同入库批次，按可追溯性要求分别设置标识卡。

货卡一般由保管员使用管理，根据物品入库单、出库单，用格式统一的卡片编制。每次物品入库码垛时，即应按入库单所列内容填写卡片，发货时应按出库凭证随发随销货卡上的数字，以防事后漏记。卡片式样根据物品存放地点不同而不同，存放在库房内的物品一般挂纸卡或塑料卡；存放在露天的物品，为防止卡片丢失或损坏，通常装在塑料袋中或放在特制的盒子里，然后再挂在垛位上，也可用油漆写在铁牌上。

三、建档

物品档案应一物一档，统一编号，妥善保管。存档资料包括：

（1）货物的各种技术资料、合格证、装箱单、质量标准、送货单、发货清单等；

（2）货物运输单据、普通记录、货运记录、残损记录、装载图等；

（3）入库通知单、验收记录、磅码单、技术检验报告；

（4）保管期间的检查、保养作业、通风除湿、翻仓、事故等直接操作记录，存货期间的温度、湿度、特殊天气的记录等；

（5）出库凭证，交接签单、送出货单、检查报告等；

（6）回收的仓单、货垛牌，仓储合同、存货计划、收费存根等；

（7）其他有关该货物仓储保管的特别文件和报告记录。

项目小结

本项目主要介绍了入库作业准备、入库交接、入库信息处理 3 个主要的作业环节。仓库业务部门在接收到入库申请之后编制入库作业计划，根据入库作业计划进行入库作业准备。入库作业准备包括货位的准备、验收及搬运设备的准备、苫垫材料的准备、人员准备及文件资料的准备。入库交接包括核查入库凭证、入库验收及签收。货物交接结束后，仓管员应做好货物登账、立卡及建档工作，确保入库物品信息不漏登、不错登，做到信息准确无误。

复习思考题

1. 简述入库作业流程。
2. 影响入库作业的因素有哪些?
3. 处理入库申请时应考虑哪些因素?
4. 平置库货位准备应考虑哪些因素?
5. 货架货位准备应考虑哪些因素?
6. 简述入库检验的内容与方法。
7. 简述入库信息处理的内容。

案例分析

京东仓储系统：应对物流高峰，品质效率两相宜

一、案例背景

固安京东物流园位于北京城南 50 公里，也是京东华北订单处理中心，11 号库是母婴产品仓库，几个小时之后，京东母婴频道将上线“国庆出游萌宝总动员”“京东自营全球购母婴狂欢盛宴”等活动，有些“爆品”低至五折，大多数婴儿辅食买一赠一，这些持续到 10 月 7 日的促销活动将考验这里的仓储和物流能力，像这样的大型促销活动一年少说也得有个十来次。

11 号母婴仓库只是一个缩影，京东自建的仓储管理系统（WMS）显示，京东位于全国的 166 个大型仓库均已经为“11.11”促销“各就各位”。面对物流高峰，京东仓储体系通过标准化管理，保障服务效率与商品品质，包含了多个方面的努力。

二、京东的仓储体系

（一）一张四通八达的网

京东在 2007 年底决定自建物流，在京东看来，更好地控制供应链能够创造更好的用户体验，合理可持续的仓储布局不仅是效率和产能的支撑，也是品质的保障。京东仓储物流部运营部总监说：“如果仓库离消费者近，就能减少物品的流动，降低成本提升效率，同时最大限度地减少物品流动过程中的品质损耗。京东希望自己的物流只有两次搬运，从厂家到库房，从库房到消费者，实现仓配一体化。”

基于这样的仓储理念，京东从两个维度进行仓储扩张。一方面，京东在全国范围内自建不同层次的仓储中心，形成星罗棋布的格局。目前，京东在北上广等 7 地设置了中心仓，在济南、南京、重庆等城市设置了前置仓，下一级城市设置分拨中心，再下一级是中转站。截至 2015 年 6 月 30 日，京东已在全国 44 座城市运营了 166 个大型仓库。另一方面，京东开始启动自有仓储与供应商仓储的资源整合，通过整合共享，使仓储资源利用率最大化。比如，利用大量传统店面、厂家、代理商的库存资源，实现部分商超商品无须进入京东库房，两小时内送达消费者。又如，京东仓储中心向第

三方供应商开放等。

（二）标准化作业保“品质”与“鲜度”

在统筹布局，建设一张四通八达、布局合理仓储网络的同时，京东不断升级和优化仓储中心的各个工作单元，提高“点”的质量和效率。每一件货物进入京东仓库都会经过“入库、上架、拣货、复核、打包”等作业流程，最后转入物流配送环节，如果不能够将这些环节标准化、规范化，商品在仓储环节很有可能受到损害。所以，京东对仓储环节有非常严格的规范化和标准化流程，每位员工上岗前都必须经过严格培训。这也是保障在库货物的“品质”与“鲜度”、提升货物流转效率的秘诀。

入库检测是所有商品进入京东仓储的第一道关卡。坚守正品行货、对假货零容忍的京东有着非常严格的商品入库检查或抽检制度，京东希望提前规避和处理那些潜在的损害消费者利益的货品，对不符合京东要求的残次品，有质量问题的商品以及篡改商品批号、质保期的不诚信商品，进行坚决处理并对违规商家进行严厉处罚。

为了更好地保障货品的“品质”和“鲜度”，京东仓库有严密而科学的规定。比如，对于化妆品等保质期限要求高的商品，京东严格跟踪监控，要求进入仓库的商品保质期不能超过总保质期的1/3，同时要求出库商品保质期不能超过总保质期的2/3，一旦发现临近保质期的商品，则及时下架、退库处理；对玻璃器皿、酒类等易碎商品避免高置存放，打包时使用气柱袋，在瓶与瓶之间加装瓦楞纸，避免运输过程碰撞，封装时使用红色胶带，液体产品单独存放，给配送环节明显提示警示，确保货品送到客户手中完整无损；对珠宝、手表等昂贵商品，设立专门的高值区存放，同时要求工作人员带白手套作业，保持商品干净整洁。对人员出入仓库实行严格的安检制度，并实现了全流程摄像监控，以便仓库中每一工作环节都有据可查。

京东之所以可以实现211限时达、定时达、极速达，之所以可以保证高效、高质，与其标准化作业流程密不可分。健全的组织架构、有序的分工将整个复杂的生产流程分解成模块，将库房和终端链条分解成多个环节，每个环节分解成很多动作，每个动作形成标准，确保每一个环节可管理、可控制，同时也确保了快速开仓过程中可以快速复制。

现在京东的仓储作业现场依然有专业的工业工程人员实时观察哪些环节、工序、动作还有进一步改进优化的空间，进行实时持续创新。

（三）仓储管理系统

位于上海嘉定的“亚洲一号”是京东推动仓储自动化、智能化的代表，探访过它的人最大的感受便是“满眼都是自动化、智能化”。目前投入运行的“亚洲一号”一期工程，建筑面积约为10万平方米，分为立体库区、多层阁楼拣货区、生产作业区和出货分拣区，“亚洲一号”的仓库管理系统、仓库控制系统、分拣和配送系统等整个信息系统均由京东自主开发，自动化、智能化技术的采用大大提升了效率，降低了人为因素对商品品质的影响。以“出货分拣区”为例，因为采用了自动化的输送系统和代表目前全球最高水平的分拣系统，分拣处理能力达16 000件/小时，分拣准确率高达99.99%。

采用自动化技术来替代人工，采用信息化方式来运营仓储，可以更好地保证规范化和标准化，保障货品品质，提升效率，终极目标是要让京东仓储成为“智能仓库”。

京东自研发的仓储管理系统（WMS）智能化和数据化的特征已经非常明显：供应链预测系统可以在促销信息出来前进行重点商品信息提示，以便工作人员将重点商品放置到离传送线最近的位置，订单一来，货物就可以快速出仓；自动补货系统能根据货物的出货频率提示货物的调库、补货，并将货物送到离传送线最近的位置；利用RFID技术的储位探测系统可以定位每一件商品的储位，自动判断这个货物的传送位置，订单下来它会告诉检货员最佳的检货路径。这个系统未来还能做到用大数据预测某个区域的销售情况，自动下达采购订单，采购入库以后与卫星库之间自动进行仓间调拨，从预测、补货到仓间调拨全部实现数据驱动，实现更高水平的智能化。

三、总结

京东通过更合理的仓库布局打造了一张有形的物流网络，又通过持续优化的作业流程和自动化、智能化手段打造了一张无形的网络，两网层叠，京东仓储体系在“京东品质”和“京东效率”中扮演了举足轻重的支撑作用。

思考题：

1. 请总结京东仓储管理成功的经验。
2. 京东的“亚洲一号”应用了哪些先进的设备和信息技术？应用成效如何？

技能拓展

技能训练4-1　入库验收实训

一、实训目的

本次实训以培养学生具备以下能力为目标：

1. 具备全面了解验收物品的性能和特点的能力；
2. 具备进行简单质量检验的能力；
3. 具备合理选择数量检验方式的能力；
4. 具备合理确定抽检样本比例的能力；
5. 具备运用设备辅助检验的能力；
6. 具备单证、报表核对与填写的能力。

二、实训内容与步骤

1. 实训教师带领学生到物流实训室，强调本次实训的目的、内容及注意事项。
2. 教师讲解入库验收的方式、验收的方法和验收问题的处理。
3. 分组。将学生分成若干个小组，每组3~5人。以小组为单位，学生进行收货检验模拟训练。

4. 以小组为单位，教师考核学生收货检验操作。

三、实训作业

以个人为单位，每人上交一份实训总结报告。

四、实训条件

1. 物流实训室；
2. 托盘、地牛、推车等；
3. 检验工具（台秤、量尺、计数器）；
4. 物品（多种不同品名、不同规格尺寸、不同数量的物品）；
5. 相关单据和报表。

五、考核标准

入库验收实训项目考核评分表

序号	评分项	评分标准	满分	得分
1	实训过程表现	出勤、小组合作、实训纪律	20	
2	收货检验操作	验收准备	10	
		核对凭证	10	
		检验方式的选择	10	
		抽检样本的确定	10	
		数量检验	10	
		质量检验	10	
		不良物品的处理	10	
		入库交接与登记	10	
总　分			100	

技能训练 4－2　入库作业实训

一、实训目的

本次实训以培养学生以下能力为目标：

1. 根据物动量 ABC 分类结果合理选择储位的能力；
2. 做好货物入库前货位准备的能力；
3. 进行货物验收准备及货物验收的能力；
4. 合理进行堆码的能力；
5. 操作装卸搬运设备将货物入库上架的能力；
6. 利用信息化技术手段实施入库上架操作的能力。

二、实训内容与步骤

1. 实训教师带领学生到物流实训室，强调本次实训的目的、内容及注意事项。

2. 分组。将学生分成若干个小组，每组3～5人。

3. 学生根据获得的实训资料（包括物动量ABC分类任务表、入库任务单、地坪库入库通知、货架存储信息、托盘及装卸搬运设备信息、托盘码放示意图绘制的规定等）所提示的信息，完成入库作业计划的制订。教师对入库作业方案的制作进行讲解，对学生完成过程进行组织、监督和指导。

（1）物动量ABC分类任务。

物动量ABC分类任务

序号	货品编码	货品名称	周转量（箱）
1	D001	脆香饼干	451
2	A002	苏泊尔电磁炉	170
3	A003	美的微波炉	214
4	F004	笋干老鸭煲面	822
5	A001	美的电水壶	750
6	B003	奥美牌蛋白粉	6128
7	S001	金龙鱼芝麻油	188
8	A002	美的电饭煲	922
9	S002	美悦纯净水	4520
10	F003	康师傅牛肉面	1252
11	K009	长城干红葡萄酒	462
12	S003	金龙鱼花生油	217
13	K001	金锣普通肠	130

分类标准：A：高物动量70%；B：一般物动量20%左右；C：低物动量10%。

（2）入库任务。

入库任务单

入库任务单编号：R10062301　　　　计划入库时间：次日到货

序号	商品名称	包装规格（毫米）（长×宽×高）	单价（元/箱）	重量（千克）/箱	入库数量（箱）
1	奥美牌蛋白粉	480×320×200	100	28	30
2	笋干老鸭煲面	580×300×200	300	20	16
3	美的微波炉	570×380×220	100	25	14

（3）托盘与货架的规格。

托盘厚度L1200×W1000×H150（毫米）；叉车和地牛作业空间为大于等于90毫米。货架1排6列3层，货位承重≤500KG。

货位参考尺寸：第一层：L1125×W1000×H1080（毫米）

第二层：L1125×W1000×H1160（毫米）

第三层：L1125×W1000×H980（毫米）

重型（托盘）货架货位存储信息如下：

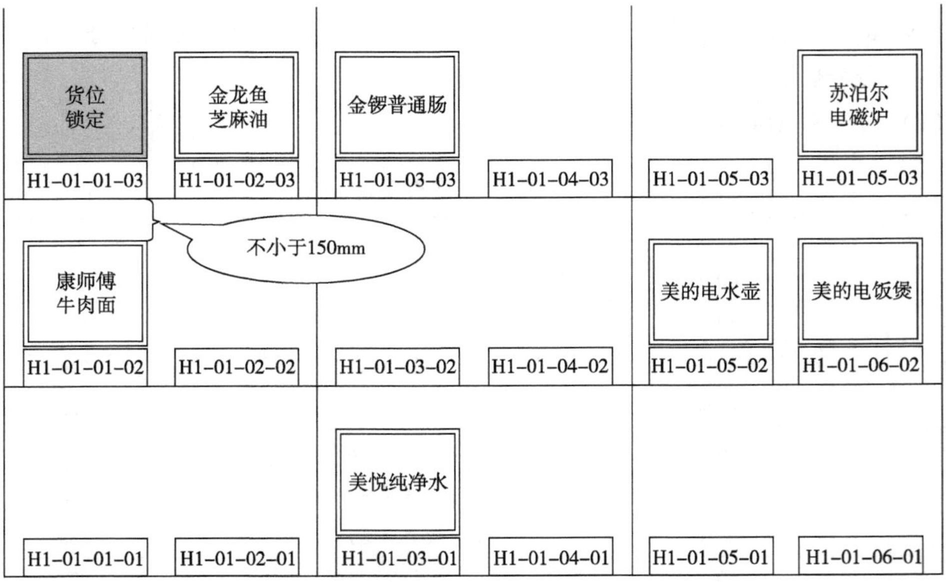

（4）托盘码放示意图绘制的规定。

托盘码放示意图绘制要遵循如下规定并至少包含下列信息：画出托盘码放的奇数层俯视图和偶数层俯视图；在图上标出托盘的长、宽尺寸（以毫米为单位）；用文字说明堆码后的层数；用文字说明此类商品所需托盘的个数；托盘码放时，货物包装物边缘不允许超出托盘边缘20毫米。

（5）平置库入库任务。

今收到供货商发来入库通知单，计划到货日期为明天上午10点，内容如下：计划入库一批仪器，包装规格为400毫米×250毫米×320毫米，包装标志限高6层，入库总量为2 000箱，单体毛重45千克。地坪载荷2 500千克/平方米，库高5米。

要求：

①如果该批货物入库后就地码垛堆存，计算出堆垛层数。

②计算至少需要多大的存储面积?

③如果仓库可用宽度为5米，计算计划堆成重叠堆码的平台货跺的垛长、跺宽及跺高各为多少箱?

4. 制订入库作业计划。以小组为单位，制订入库作业计划。主要包括如下内容：

（1）入库操作分工；

（2）物动量ABC分类；

（3）绘制托盘码放奇偶层示意图；

（4）计算所需货架与托盘的数量；

（5）货物上架示意图；

（6）计算地坪库最少占用面积及堆垛方法。

5. 入库作业操作。每组学生根据本组入库作业计划进行操作，教师考核操作过程。

学生首先进行入库检验，然后将入库货品码放在托盘上，并根据物动量 ABC 分类结果选择货位，利用装卸搬运设备、RF 手持和 WMS（仓储管理信息系统）完成物品入库。

6. 入库完成后，将所有工具放回原处，完成场地的 5S 整理工作。

7. 总结评价。教师总结学生在本次实训中的表现，并完成考核评价工作。

三、实训作业

1. 以小组为单位，每组上交一份《入库作业计划》。

2. 每人上交一份实训报告。

四、实训条件

1. 物流实训室；

2. 托盘、货架、装卸搬运设备、计算器；

3. 模拟货物；

4. RF 手持终端、WMS（仓储管理信息系统）、计算机。

五、考核标准

入库作业实训项目考核评分表

<table>
<tr><th>序号</th><th>评分项</th><th>评分标准</th><th>满分</th><th>得分</th></tr>
<tr><td>1</td><td>实训过程表现</td><td>出勤、实训纪律</td><td>20</td><td></td></tr>
<tr><td>2</td><td>入库作业计划</td><td>ABC 分类结果正确、托盘示意图正确及所用托盘数量计算正确、货架上架位置合理、平置库面积及堆垛方法正确</td><td>20</td><td></td></tr>
<tr><td rowspan="6">3</td><td rowspan="6">入库作业操作</td><td>入库检验过程严谨认真，记录检验结果</td><td>10</td><td rowspan="6"></td></tr>
<tr><td>托盘堆码正确，无掉箱、倒箱，能够遵循由远及近的码放原则，无野蛮操作</td><td>10</td></tr>
<tr><td>正确使用搬运设备，操作符合规范</td><td>10</td></tr>
<tr><td>按计划上架，正确使用堆高车上架，操作符合规范</td><td>10</td></tr>
<tr><td>5S 管理（整理、整顿、清洁、清扫、素养）</td><td>10</td></tr>
<tr><td>团队精神</td><td>10</td></tr>
<tr><td colspan="3">总　　分</td><td>100</td><td></td></tr>
</table>

项目五

在库作业管理

项目说明

在库作业管理是仓储管理最核心的环节，主要包括储位规划、堆码、苫垫作业、保管养护、盘点、库存控制等。此环节的合理作业能够保证仓储物品数量和质量完好无损，减少出入库的操作时间，提高效率，降低仓储成本，方便拣选和搬运。因此，必须重视在库作业和保管过程。

知识目标：

1. 掌握储位规划的原则与方法；
2. 掌握仓库编码的方法；
3. 了解保管与养护的内容，掌握温湿度控制方法、虫鼠害防治方法、霉腐防治方法、金属制品养护方法等；
4. 了解物品堆垛和苫盖的方式方法；
5. 了解盘点的目的和原则，掌握盘点的分类、盘点方法、盘点前的准备及盘点问题的处理。
6. 了解常见库存控制的方法；
7. 掌握仓库安全管理的内容。

能力目标：

1. 具备储位分配与管理的技能；
2. 具备码放垛形的能力；
3. 具备物品养护手段的技能；
4. 具备物品盘点的工作技能；
5. 具备使 ABC 分类法进行库存管理的能力；
6. 具备安全管理的能力。

项目任务

某物流公司仓储中心2号库是电子货品专用库，主要储存货品有计算机显示器、主机、照相机、液晶电视、投影仪等。2018年12月8日，仓储中心2号库仓库经理马总接到仓管员小李发来的通知：在盘点时，发现客户特美电子贸易公司2018年11月17日储存在2号库的T1002－T1006货位的5个托盘中的5件微波炉的外包装有污损霉变，并有10件微波炉丢失。在获知以上情况后，马总指示小李查找微波炉污损霉变及丢失的原因。经调查，外包装有霉变首先是由于储位紧靠仓库拐角，连续几天的大雨使得仓库的排雨管道排雨不畅所致；微波炉丢失原因尚未查明。

在发现问题后，仓库经理马总决定将2号仓库的货品进行全面盘点。仓管员小李及该库区所有工作人员需要完成如下任务：

1. 做好盘点准备工作、盘点过程的组织、盘后现场整理及盘点问题处理等工作。

2. 查看是否还有其他货物存在霉变污损或数量问题，查找问题的原因并对问题货物进行处理；

3. 加强仓储货品的日常保管养护工作。

知识准备

任务一　储位管理

一、储位规划

（一）储位划分考虑的因素

储位划分是指在储存空间规划设计后，将货位按一定的方式和原则分配给货物储存。储位划分的目的一方面是提高仓库平面和空间利用率，另一方面是提高物品保管质量，方便出入库作业，从而降低物品的仓储处置成本。仓库物品存放要科学、合理，必须根据物品的自然属性和仓库的建筑设备条件，采取仓库分区管理，物品分类存放，并且按顺序编码。储位划分考虑的因素有：

1. 物品所需的储存条件

仓库中储存的物品在理化性质和生物特性上存在较大差异，理化性质及生物特性不同的物品对储存环境有着不同的要求。在确定储位时必须考虑物品自身的特性及物品之间的特性差异，应严格遵守“四一致原则”，即属性一致、养护方法一致、作业手段一致、消防方法一致。

2. 仓库空间利用率

仓库空间利用率的高低是衡量仓库经营管理水平的重要指标。对物品储位进行划分时，在保证物品安全的前提下，要尽可能提高仓库的空间利用率，降低成本，提高企业利润。

3. 地坪载荷

地坪载荷是指每单位面积地坪所能承受的最大设计压力（吨/平方米）。地坪载荷一般为2吨/平方米，加强型地坪载荷为5吨/平方米以上，所以在对粗大笨重物品确定货位时，一定要考虑地坪的承受能力。若地坪载荷承受不了巨大的压力，地坪会塌陷，造成货架或物品倾覆。地坪载荷的大小是在规划和设计仓库时，根据仓库储存对象规划确定的，并不是越大越好，地坪载荷越大，仓库施工费用越高。每个仓库的地坪载荷可以不同，一般仓储企业可以按地坪载荷不同划分不同的区域。

4. 仓库设施条件

仓库设施条件也是在对物品进行储位划分时所要考虑的一个重要因素。由于物品在属性、尺寸、单位重量、包装形态上存在差异，有些可在露天堆码存放，有些必须入库上架存储，有些可在常温常湿条件下存储，有些存储时需要严格的恒温恒湿。在对储位进行划分时，一定要充分考虑到现有的仓库设施条件，既能做到科学地分区分类，又能经济、合理、高效地利用仓储设施设备。

（二）储位划分的方法

1. 按物品种类和性质划分储位

按照物品大类、性质及其连带性的不同，可将物品分为若干类，分类集中存放，以利收发货与保管业务的进行。以物品特性为基础分配储位是将同一种货物储存在同一保管位置，物品性能类似或互补的物品放在相邻位置。相关性大的物品在订购时经常被同时订购，所以应尽可能存放在相邻位置。这样可以缩短提取路程，减缓工作人员疲劳，简化清点工作。为确保物品质量安全，选择货位时应注意以下几个方面的问题：

（1）易燃、易爆、有毒、腐蚀性及放射性的危险品必须存放在具有高度防护作用的独立空间内，且必须安装适当的防火设备；

（2）易霉腐、易潮、易锈蚀的物品，以及需要恒温、恒湿、冷藏、冷冻等温湿度控制的物品，需要存储在配备特殊保管设备的库区；

（3）易污损物品需与其他物品隔离；

（4）高值物品必须隔离封闭管理，放置于加强了安全防护的储区。

（5）消防灭火方法不同的物品要分开货区储存。

（6）同一货区储存的物品要考虑有无虫害感染的可能，外包装含水量过高的物品会影响邻垛物品的安全，性能相互抵触或有挥发性、串味的物品不能同区存储。

2. 按物品周转率划分储位

计算物品的周转率，将库存物品周转率进行排序，然后将排序结果分段或分列。将周转率大、出入库频繁的物品储存在接近出入口或专用线的位置，以加快作业速度，减少搬运距离，缩短客户订货周期，提升客户服务水平；周转率小的物品存放在远离出入口处；在同一段或同列内的物品，则可以按照定位或分类储存法存放。物动量ABC分类法可以实现根据周转量划分储位的目的，在储位优化中常被仓库管理者使用。

3. 按物品相关性划分储位

有些库存的物品具有很强的相关性，相关性大的物品通常被同时采购或同时出仓，对这类物品应尽可能规划在同一储区或相近储区，以缩短搬运路径和拣货时间。

4. 按物品体积、重量特性划分储位

在仓库布局时，必须同时考虑物品体积、形状、重量单位的大小，以确定物品所需堆码的空间。通常，重大的物品保管在地面上或货架上下层位置。为了适应货架的安全并方便人工搬运，人的腰部以下的高度通常宜储放重物或大型物品。

5. 按物品先进先出的原则划分储位

先进先出是指先入库的物品先安排出库，这一原则对寿命周期短的物品尤其重要，如食品、化学品等。在运用这一原则时，必须注意在物品形式变化少、物品寿命周期长、质量稳定不易变质等情况下，综合考虑先进先出所引起的管理费用的增加，而对食品、化学品等易变质的物品，应考虑“先到期的先出货”。

6. 按不同货主划分储位

当仓库为几个大货主服务时，为方便货主物品的存取，避免和减少物品混淆，往往需要根据货主的不同划分储位。

7. 按物品流向分类储位

这种方式多适用于短期中转储存的物品，如在各种场、站、码头、机场的中转库一般采用这种方式。

8. 按物品的流时分区分类

这种方式主要适用于长期储存物品和短期储存物品混存在同一仓库时，将长期储存物与短期储存物严格分开。一般短期储存物存放在离库门较近的地方，方便物品出入。

除上述原则外，为了提高储存空间的利用率，还必须利用合适的积层架、托盘等工具，使物品储放向空间发展。储放时尽量使货物面对通道，以方便作业人员识别标号、名称，提高货物的活性化程度。保管物品的位置必须明确标示，保管场所必须清楚，易于识别、联想和记忆。另外，在规划储位时应注意保留一定的机动储位，以便当物品大量入库时可以调剂储位，避免打乱正常储位安排。

二、储位管理的原则

（一）标识明确

货物的保管位置应该给予明确表示。此原则的主要目的是简化存取作业，减少错误。尤其在临时人员、高龄作业人员多的配送中心，此原则更为必要。

（二）储区定位有效

储区分配后，在具体储存作业时要严格根据预先分配好的储位进行，确保货物被有效地放置在规划好的储位上。

（三）发生移动时要及时记录

在货物的储存过程中，由于出货、货物更新，或是受其他作业的影响，可能会发生位置或数量的变化，此时需要及时、准确地记录货物变动情况，以使账面资料与实际情况完全吻合。

三、储存策略

储存作业要最大限度地利用空间，最有效地利用劳动力和设备，更安全经济地搬运货物，对货物进行良好的保护和管理。良好的储存策略可以减少出入、移动距离，缩短作业时间，充分利用储存空间。常见的储存策略有以下几种。

（一）定位储放

采用定位储放方法，每一项储存的货物都有固定储位，不同货物不能共用储位，因此每项货物的储位容量不得小于其可能的最大在库量。

1. 选用定位储放的原因

（1）储区安排需要考虑货物的尺寸及重量。

（2）储存条件对货物储存非常重要，例如，有些货物必须控制温度。

（3）易燃易爆等危险品必须限制储放于特定的区位。

（4）物品特性及管理的要求，比如，饼干和肥皂、化学原料和药品必须分开储放。

（5）保护重要物品。

2. 定位储放的优缺点

（1）优点：每项货物都有固定的储放位置，拣货人员容易熟悉货物储位。货物的储位可按周转率大小（畅销程度）安排，以缩短出入库搬运距离。可针对各种货物的特性安排和调整储位，将不同货物特性间的相互影响减至最小。

（2）缺点：储位划分必须按各项货物的最大在库量设计，因此储区空间平时的使用效率较低。

总之，定位储放容易管理，所使用的总搬运时间较少，却占用较多的储存空间。此方法较适用于库房空间大、储放的货物量少且品种多的情况。

（二）随机储放

在随机储放策略下，货物的储存位置是随机指定的，而且可经常改变。也就是说，任何货物都可以被存放在任何可利用的位置。货物一般是由储存人员按习惯来储放的，且通常可按货物入库的时间顺序储放于靠近出入口的储位。随机储放具有以下优缺点。

1. 随机储放的优点

由于储位可共用，因此库容只需按所有库存货物最大在库量设计即可，储区空间的使用效率较高。

2. 随机储放的缺点

（1）货物的出入库管理及盘点工作困难程度较高。

（2）周转率高的货物可能被储放在离出入口较远的位置，增加了出入库的搬运距离。

（3）具有相互影响特性的货物可能相邻储放，造成对货物的伤害或发生危险。

若能运用计算机协助随机储放的库存管理，将仓库中每项货物的储存位置交由计算机记录，则不仅进出货查询储区位置时可使用，而且也能借助计算机来调配进货储存的位置空间，依计算机所显示的各储区储位剩余空间来配合货物储位的安排，必要时也能调整货物储放位置。

（三）分类储放

在分类储放方法下，所有的储存货物按照一定特性加以分类，每类货物都有固定存放的位置，而同属一类的不同货物又按一定的规则来指派储位。分类储放通常按物品相关性、流动性、物品尺寸、重量、物品特性来分类。分类储放的优缺点如下。

1. 分类储放的优点

（1）便于周转率大货物的存取，具有定位储放的各项优点。

（2）各分类的储存区域可根据货物特性再做设计，有助于货物的储存管理。

2. 分类储放的缺点

储位必须按各项货物最大在库量设计，因此储区空间的平均使用效率低。分类储放较定位储放具有弹性，但也有与定位储放同样的缺点，因而适用于物品相关性大、经常被同时订购、货物周转率差别大、物品尺寸相差大的货物。

（四）分类随机储放

在分类随机储放方法下，每一类货物都有固定存放的储区，但在各类储区内，每个储位的指派是随机的。分类随机储放的优缺点如下。

1. 分类随机储放的优点

分类随机储放具有分类储放的部分优点，可以节省储位数量，提高储区利用率。

2. 分类随机储放的缺点

货物出入库管理及盘点工作的困难程度较高。分类随机储放兼具分类储放及随机储放的特色，需要的储存空间量介于两者之间。

（五）共同储放

在确定知道各货物进出库时间的情况下，不同的货物可共用相同储位，这种储放方法称为共同储放。共同储放的管理虽然较复杂，但所占用的储存空间及搬运时间却更经济。

四、储位指派方式

储位指派方式根据计算机化的程度可分 3 种：人工分配方式、计算机辅助分配方式及计算机全自动分配方式。

（一）人工分配方式

人工分配方式是凭借管理者的知识和经验，以人工进行储位分配，它要求分配决策者必须熟记储位分配原则，并且能够灵活运用。人工对物品进行储位分配，首先必须经过一番规划，制定出一套自己公司所保存物品的特性需求规则表；其次要求仓储人员必须严格遵守分配者的指示，将物品存放于指定的储位上，并且及时更新储位信息。当库存物品较多时，人工分配方式效率低，容易出差错。

（二）计算机辅助分配方式

计算机辅助分配方式是在物流中心储位管理中，依靠现代信息技术，利用计算机来分配储位。它是利用自动读取设备来读取资料，通过无线电或网络，再配合储位监控或储位管理软件来控制储位分配。计算机辅助分配方式提供给储位分配者实时查询功能，差错率低，不会受太多人为主观因素影响，因此在执行上效率高于人工分配方式。但因为还是由人工下达储位分配指示，所以仍需要调仓作业。

（三）计算机全自动分配方式

计算机全身的分配是利用一些图形监控及储位管理软件，经收集在库储位信息及其他入库指示后，由计算机运算来下达储位分配指示。由于是计算机自动下达储位分配指示，任何时段都可以保持储位处于合理分配中，所以不需要调仓作业。

五、储位编码

储位编码是将库房、货场、货棚、货垛及货架按物品存放的具体位置顺序，统一编列号码，并做出明显标志。

（一）储位编码的原则

1. 标志设置要适宜

货位编码的标志设置要因地制宜，采用适当的方法，选择适当的地方。例如，无货架的库房内，走道、支道、段位的标志一般都刷置在水泥或木板地坪上；有货架的库房内，货位标志一般设置在货架上。为了方便管理，货位编码和货位规划可以绘制成平面布置图。通过图板管理，不但可以全面反映库房和货场的物品储存分布情况，还可以及时掌握物品储存动态，方便仓库调整安排。

2. 标志制作要规范

货位编码的标志如果随心所欲、五花八门，很容易造成单据串库、物品错收、错发等事故。要统一使用阿拉伯字码和英文字母来制作标志。为了将库房及走道、支道、段位等加以区别，可在字码大小、颜色上进行区分，也可在字码外加上括号、圆圈等符号加以区分。

3. 编码顺序要一致

编排货位的顺序号码应按照便于掌握的原则确定编码先后顺序。应采用统一的方法进行编码，每一货位的号码必须使用统一的形式、统一的层次和统一的含义编排。所谓统一的形式，是指所用的代号和连接符号必须一致；统一的层次是指货位编码中每种代号的先后顺序必须固定；统一的含义是指货位编码中的每个代号必须代表特定的位置。在同一仓库内，编码规则必须相同，以便于查找和防止错乱。整个仓库范围内的库房，货场内的走道、支道、段位的编码一般都以进门的方向左单右双或自左向右顺序编码的规则进行。

4. 段位间隔要恰当

段位间隔的宽窄应取决于货种及批量的大小，同时应注意的是，走道、支道不宜经常变更位置、变更编码，因为这样不仅会打乱原来的货位编码，而且会使保管员不能迅速收发货物。

（二）货位编码方法

货位编码是在物品分区分类储存的基础上，将仓库范围的房、棚、场，以及库房的楼层、仓间、货架、走道等，按照地点、位置顺序编列号码，以便物品进出库可按号存取。货位编码应按一定的规则和方法进行。首先确定编码的先后顺序规则，规定好库区、编排方向及顺序排列；其次要采用统一的方法进行编排，要求在编排过程中所用的代号、连接符号必须一致，每种代号的先后顺序必须固定，每一个代号必须代表特定的位置。

1. 常见的货位编码方法

（1）区段编码法，就是把保管区分成几个区段，再对每个区段进行编码。这种方法是以区段为单位，每个编码代表的储区较大，区域大小根据物流量而定。

（2）地址编码法，即利用保管区的参考单位，建筑物的第几栋、区段、排、行、层、格等，按相关顺序编码。常用的方法是“四号定位法”。

（3）品类群编码法，即把相关物品集合后分成几个品类群，对每个品类群进行编码。这种方式适合于品牌差距大的物品，如服饰群、食品群等。

2. 仓库（储存场所）的编码

整个仓库的编码是根据仓库建筑结构及其分布状况来进行的。它把整个仓库（包括库房、货棚、货场）根据各储存场所的地面位置，按一定的顺序（自左向右或自右向左）各自连续编码，同时应有明显区别。

（1）库房的编码。库房的编码一般写在库房的外墙上或库门上，字体要统一、端正，色彩鲜艳、清晰醒目、易于辨认（见图5-1）。

图5-1 库房编码

（2）货棚、货场的编码。货场、货棚的编码一般写在场地上或货棚上，书写的材料要耐摩擦、耐雨淋、耐日晒。货场、货棚编码有两种方法，一是以进入仓库正门的方向，按左面单号右面双号的顺序排列；二是以进入仓库正门的方向，按货场远近、自左而右的顺序排列。

为了防止库房、货棚、货场在有相同编码的情况下造成错觉，可在第一位数字后加上拼音的第一个字母“K”“P”“C”来表示。如13P-15-2-28即为13号货棚、15号货架、第2层、第28号储位。储位号要记入保管账、卡的“储位号”栏中，如果物品调整了储位，账、卡号的储位号应同时调整，这样可以做到“见账知物”和“见物知账”。

3. 库房内货区编码

根据库内业务情况，按照库内主干道、支干道分布，划分为若干货位，按顺序以各种简明符号与数字来编制货区、货位的号码，并标于明显处（见图5－2）。

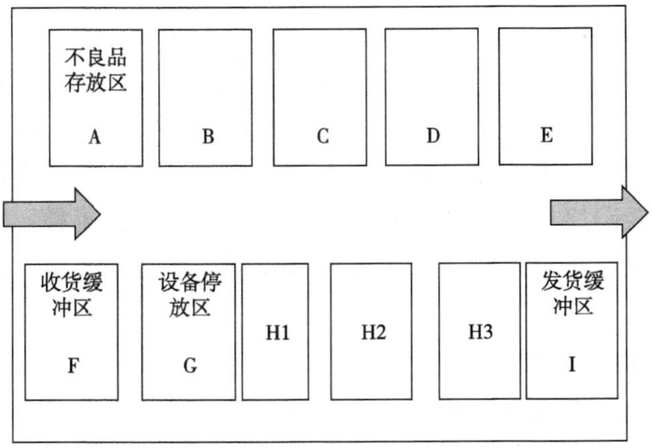

图5－2　库房内货区编码

4. 货架上货位（货格）的编码

往往一个库房中有许多货架，每个货架有许多格作为存货的货位。可先按一个仓库内的货架进行编码，然后再对每个货架的货位按层、位进行编码（见图5－3）。常用的是“四号定位”方法，即第一位表示库序号，第二位表示货架号，第三位表示货架层号，第四位表示货位号。按从上到下（也有企业从下到上）、从左到右、从里到外的顺序编排。

图5－3　货架及货位（货格）的编码

任务二 保管养护

一、货物保管养护概述

（一）货物保管养护的基本要求

货物储存在仓库里，表面上看是静止不变的，实际上每时每刻都在发生变化，这些变化会损害货物的使用价值和价值。仓库货物的保管与养护要遵照物品保管的操作规程和技术要求，采取相应的组织管理和技术措施，创造适宜的环境条件，以有效地抑制内外因素对货物的不利影响，尽量减少货物变化带来的损失。具体来讲，应做好以下几个方面的工作。

1. 严格验收入库物品

严格验收入库物品，首先要弄清物品及其包装的质量状况，防止物品在储存期间发生各种不应有的变化。对吸湿性物品要检测其含水量是否超过安全水分，对其他有异常情况的物品要查清原因，针对具体情况进行处理并采取救治措施，做到防微杜渐。如果是危险物品入库，如爆炸性物品、氧化剂、遇水燃烧物品、压缩气体和液化气体、易燃液体、易燃固体、腐蚀性物品、毒害性物品、放射性物品，必须包装完整，重量正确，并标有符合物品品名和危险性质的明显标记。

2. 适当安排储存场所

由于不同物品性能不同，对保管条件的要求也不同。例如，怕潮湿或易霉变、生锈的物品，应储存在干燥的仓库内；易溶化、挥发的物品，应储存在温度较低的仓库内；性能相互抵触或易串味物品也不能在同一库房混存，以免相互产生不良影响。尤其对于化学危险物品，要严格按照有关部门的规定，分区分类安排储存地点。

3. 妥善进行堆码苫垫

地面潮气对物品质量影响很大，要切实做好货垛下垫垛隔潮工作，存放在货场的物品，货区四周要有排水沟，以防积水流入垛下；货垛周围要遮盖严密，以防雨淋日晒。应根据各种物品的性能和包装材料，确定货垛的垛形与高度，并结合季节气候等情况妥善堆码。含水率较高的易霉物品，热天应码通风垛；容易渗漏的物品，应码间隔式的行列垛。除此之外，库内物品堆垛时应留出适当的距离，对易燃物品还应留出适当防火距离。库房存放怕潮物品，垛底应适当垫高，露天存放更应垫高防水。同时，应视物品性质选择适宜的苫盖物料，如硫黄等腐蚀性物品不宜用苫布盖，用苇席苫盖为宜。

4. 控制好仓库温湿度

仓库的温湿度对物品质量变化的影响极大。各种物品由于其本身的特性，对温湿度一般都有一定的适应范围。因此，应根据库存物品的性能要求，适时采取密封、通风、吸潮和其他控制与调节温湿度的办法，力求把仓库温湿度保持在适合物品储存的范围内，以维护物品质量安全。

5. 认真对物品进行在库检查

做好物品在库检查对维护物品安全具有重要作用。库存物品质量发生变化，如不能及时发现并采取措施进行救治，容易造成或扩大损失。因此，对库存物品的质量情况应进行定期或不定期的检查。

6. 保持好仓库清洁卫生

储存环境不清洁，易引起微生物、虫类滋生繁殖，危害物品。因此，对仓库内外环境应经常清扫，彻底铲除仓库周围的杂草、垃圾等物，必要时使用药剂杀灭微生物和潜伏害虫。对容易遭受虫蛀、鼠咬的物品，要根据物品性能和虫鼠的生活习性及危害途径，及时采取有效的防治措施。

（二）物品的损耗

1. 造成物品保管损耗的原因

（1）物品的自然损耗。物品的自然损耗是指物品在库期间，因物品性能、自然条件、包装情况、装卸搬运设备、技术操作等所造成的不可避免的损耗与自然减量，如物品发生干燥、风化、挥发、黏结、潮解、漏损、破碎等现象，以及在搬运、装卸、检验、更换包装、倒垛等过程中产生的损耗。

（2）人为因素或自然灾害造成的损耗。人为因素或自然因素造成的损耗是指因操作或业务人员的失职和保管不善，致使物品发生霉烂、变质或丢失而造成的损失，或由于水灾、地震等自然灾害而造成的损耗。

（3）磅差。磅差是指物品在进出库时，由于计量工具之间精度上的差别而造成的物品数量差异。

2. 物品损耗标准

物品损耗标准一般用标准损耗率来表示。为了判定物品的损耗是否合理，一般对不同情况、不同物品规定相应的合理损耗标准。某种物品在库期间，保管这种物品所允许发生的自然损耗称为标准损耗率，通常以百分数表示。在评价某种物品在库保管期间的损耗水平时，要计算物品保管损耗率。物品保管损耗率是指在一定的保管条件和保管期内，其自然损耗量与该种物品库存量的比值。某种物品保管损耗率若低于该物品标准损耗率的，为合理损耗，高于该物品标准损耗率的部分为不合理损耗。物品保管损耗率是判断是否做好物品保管工作的标准。

3. 物品损耗的处理

（1）物品有变质迹象或发生变质时，应按维护保养要求查明原因，采取措施进行维护保养。

（2）对超过保质期或虽未超过保质期但质量不能保证的物品，应通知存货人或物品所有人及时采取措施或进行处理。

（3）对数量有出入的物品，应弄清情况、查明原因，分清责任并通知有关人员。

（4）对已破损的物品，应查明原因，与存货人或物品所有人协商处理。

（5）对霉烂、变质、残损的物品，应采取积极措施挽救，尽量减少损失。

（三）影响仓储物品质量变化的因素

影响库存物品质量的因素很多，主要有两个方面：一是物品内在的因素，二是物品外在的因素。外在因素通过内在因素起作用，对此必须有全面的了解，方能掌握库存物品变化的规律，科学地进行物品保管工作。

1. 仓储物品质量变化的内在因素

物品在储存期间发生各种变化，起决定作用的是物品本身的内在因素。引起物品质量变化的内在因素主要有以下几个方面。

（1）物品的化学性质。物品的化学性质是指物品的形态、结构，以及物品在光、热、氧、酸、碱、湿度、温度等作用下发生改变物品本质的性质。与物品储存密切相关的物品的化学性质包括：化学稳定性、毒性、腐蚀性、燃烧性、爆炸性等。

（2）物品的物理性质。物品的物理性质主要包括导热性、耐热性、吸湿性、含水率、透气性等。物理性质是决定和判断物品品质、种类的依据，也能反映物品种类、品种的特征，特别是能判断许多食品品质优次和正常与否。

（3）物品的机械性质。物品的机械性质是指物品的形态、结构在外力作用下的反应，主要包括物品的弹性、塑性、强度等。物品的这种性质与其质量关系极为密切，是体现适用性、坚固耐久性和外观的重要内容。

2. 仓储物品质量变化的外在因素

（1）温湿度。温度的变化会使物质微粒的运动速度发生变化，高温能促进物品挥发、渗漏、熔化等物理变化及一些化学变化，低温易引起物品的冻结、沉淀等变化，同时温度适宜时会给微生物和仓库害虫的生长与繁殖创造有利条件。同样，湿度的变化也会影响物品的含水量、化学成分、外形或体态结构发生变化。所以，在物品保管与养护过程中，一定要控制和调节仓储的温湿度，尽量创造适合物品储存的温湿度条件。

（2）日光照射。太阳光含有热量、紫外线、红外线等，对物品起着正反两方面的作用：一方面，日光能加速受潮物品的水分蒸发，杀死微生物和物品害虫，有利于物品养护；另一方面，某些物品在光的照射下会发生物理化学变化，如挥发、老化、退色等。所以，要根据不同物品的特点，注意避免或减少日光的照射。

（3）微生物及虫鼠害的侵害。微生物和虫鼠会使物品发生霉腐、虫蛀、鼠咬现象。微生物可使物品产生腐臭味和色斑霉点，影响物品的外观，同时使物品受到破坏、变质，丧失其使用价值。虫鼠在仓库不仅蛀食动植物性物品和包装，有的还会危害塑料、化纤等化工合成物品，甚至毁损仓库建筑物。

（4）有害气体的影响。有害气体主要来自燃料燃烧时放出的烟尘，以及工业生产过程中产生的粉尘、废气。物品储存在有害气体浓度大的空气中，其质量变化明显，特别是金属物品，必须远离二氧化硫气体的发源地。

（5）臭氧和氧的作用。仓库内一定量的臭氧可以高效、快速、广谱地杀菌，也能够起到物品防护保鲜的作用，但是若含量过高，对人和物都会造成损伤；氧很活跃，空气中21%左右的气体是氧气，能和许多物品发生作用，对物品质量变化影响很大。所以，在物品保管养护中，要对受臭氧和氧影响较大的物品，采取一定的方法进行隔离。

（6）卫生条件。卫生条件不好，不仅使灰尘、油垢、垃圾等污染物品，造成某些外观瑕疵和感染异味，而且还为微生物、仓库害虫创造了活动场所，所以在储存过程中一定要搞好储存环境卫生，保持物品本身的卫生，防止物品间的感染。

另外，社会因素也是引起物品质量变化的外在因素，主要包括：国家的方针政策，经济形势，技术水平，以及企业管理、人员素质与规章制度等。所有这些影响因素都会直接或间接造成物品的变质和损坏。因此，必须采取有效措施，防止有害因素的影响，保证物品的储存安全。

（四）仓储物品变化的类型

由于物品本身性能特点的不同，以及受各种外界因素的影响，物品在储存期间有可能发生各种各样质量上的变化及价值的变化。

1. 质量变化

（1）物理、机械变化。物品的物理变化是指物品仅改变其本身的外部形态（如气体、液体、固体“三态”之间发生的变化），在变化过程中没有新物质生成，而且可以反复进行变化的现象。物品的机械变化是指物品在外力的作用下发生形态上的变化。物理、机械变化后，结果不是数量损失就是质量降低，甚至使物品失去使用价值。物品常见的物理、机械变化有：挥发、熔化、溶化、渗漏、串味、玷污、破碎与变形等。

（2）化学变化。物品的化学变化是指构成物品的物质发生变化后，不仅改变了物品本身的外观形态，也改变了其本质，并有新物质生成现象。物品发生化学变化，即物品质变的过程，严重时会使物品完全丧失其使用价值。常见的化学变化有氧化、分解、锈蚀、风化、燃烧与爆炸、老化等。

（3）生化变化。生化变化是指有生命活动的有机体物品，在生长发育过程中，为了维持它们的生命，本身所进行的一系列生理变化，如粮食、水果、蔬菜、鲜鱼、鲜肉、鲜蛋等有机体物品，在储存过程中受到外界条件的影响和其他生物作用，往往会发生这样或那样的变化。这些变化主要有呼吸、发芽、胚胎发育、后熟、霉腐、虫蛀等。

2. 价值变化

（1）呆滞损失。物品如果储存的时间过长，虽然原物品的使用价值未变化，但是社会需要发生变化，从而使该物品的效用降低，无法按照原价值继续在社会上流通，成为长期聚集在储存领域的呆滞物品。这些物品最后要进行降价处理或者报废处理，这个过程会形成呆滞损失。

（2）时间价值损失。物品储存实际上也是货币储存的一种形式。储存的时间越长，利息支付越多，或者储存时间越长，资金的机会投资损失越大。这是储存时不可忽视的损失。

二、物品的堆码与苫垫

（一）物品的堆码

根据《物流术语》（GB/T18354—2006），堆码是指将物品整齐、规则地摆放成货垛的作业。它是根据物品的性质、形状、轻重等因素，结合仓库储存条件，将物品堆码成一定的货垛。

1. 物品堆码的要求

在物品堆码前，要结合仓储条件做好准备工作，在分析物品的数量、包装、清洁程度、属性的基础上，遵循合理、牢固、定量、整齐、节约、方便等基本要求，进行物品堆码。

（1）合理。包括搬运活性合理、分垛合理、垛型合理、重量合理、间距合理、顺序合理。

（2）牢固。适当选择垛底面积、堆垛高度和垫衬材料，提高货垛的稳定性，保证堆码的牢固、安全，不偏不歪、不倚不靠（不倚靠墙、柱）和物品不受损害。

（3）定量。为便于检查和盘点，能使保管人员过目成数，在物品堆码时，垛、行、层、包等数量力求整数，每垛应有固定数量，通常采用“五五堆码”。对某些过磅称重物品不能成整数时，必须明确地标出重量，分层堆码，或成捆堆码，定量存放。

（4）整齐。堆垛排列整齐有序，同类物品垛形统一，形成良好的库容。货垛横成行、纵成列，物品包装上的标志一律朝外，便于查看和拣选。

（5）节约。坚持一次堆码，减少重复作业；节约各品用料，降低消耗；充分利用空间，节省货位，提高仓库空间利用率。

（6）方便。便于装卸搬运，便于收发保管，便于日常维护保养，便于检查点数，便于灭火消防，利于物品保管和安全。

2. 货垛的五距要求

物品的堆码要保持通常所说的货垛“五距”，即墙距、柱距、顶距、灯距和垛距（见图5-4）。“五距”的主要作用是通风、防潮、散热、安全、方便。货垛五距的确定要严格遵守《中华人民共和国消防法》和《危险品安全管理条例》的要求，不得随意修改。

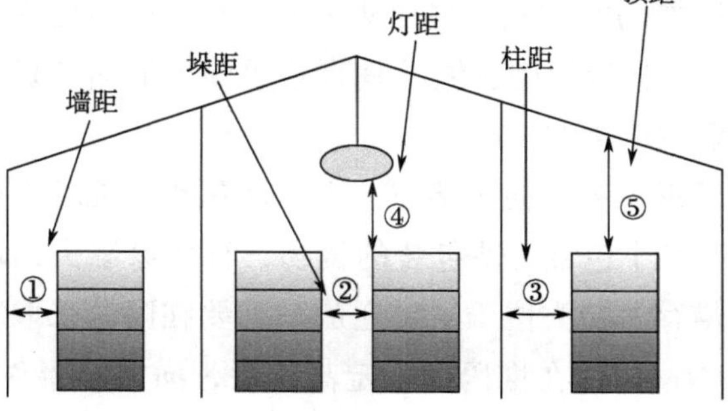

图5-4　货垛的五距

（1）墙距。库内货垛与隔断墙之间墙距不得小于0.3米；外墙距不得小于0.5米。

（2）柱距。货垛或货架与库房内支撑柱子之间应留有不小于0.2米~0.3米的距离。

（3）顶距。平房仓库顶距应不小于0.3米；多层库房顶距不得小于0.5米；人字形屋架库房，以屋架下檐（横梁）为货垛的可堆高度，即垛顶不可以触梁。

（4）灯距。货垛与照明灯之间的必要距离称为灯距。灯距必须严格规定不得小于0.5米，但对危险物品应按其性质另行规定。

（5）垛距。它是指货垛与货垛或货架与货架之间的必要距离。库房的垛距应不小于0.5米；货架与货场货垛间距均应不小于0.7米。

3. 货垛的垛高

货垛的垛高会直接影响仓库的容量、安全和货垛的稳定性。普通物品货垛的垛高主要受物品性质和包装的影响；轻泡货的垛高主要受仓库空间高度的影响；而重货的垛高受仓库地坪载荷的影响；有一些物品受其自身承重和包装层数限制而影响垛高。所以在确定垛高时，要综合考虑仓库空间高度、仓库地坪设计载荷及物品自身特性和包装对垛高的要求3项指标。

$$H = \min\{H_{地坪}, H_{货高}, H_{库高}\}$$

式中：H——指货垛高度；

$H_{地坪}$——指地坪载荷允许货垛高度；

$H_{货高}$——指物品包装允许堆高高度；

$H_{库高}$——指仓库空间允许货垛高度。

实际货垛高度（H）具体由$H_{地坪}$、$H_{货高}$、$H_{库高}$三个指标共同确定，选用三者中的最小值，才能在保证库场地坪安全以及物品本身不会损坏的前提下实现仓库空间利用的最大化。

4. 垛形的设计

垛形是指货物在库场码放的形状，垛形的确定根据货物的特性和保管的需要，能方便、迅速实现作业，并充分利用仓容的原则。仓库常见的垛形有以下几种。

（1）平台垛。平台垛是先在底层以同一个方向平铺摆放一层货物，然后垂直继续向上堆积，每层货物的件数、方向相同，垛顶呈平面，垛形呈长方体。当然，在实际堆垛时并不是采用层层加码的方式，往往从一端开始，逐步后移。平台垛适用于包装规格单一的大批量货物，包装规则、能够垂直叠放的方形箱装货物，大袋货物，规则的软袋成组货物，托盘成组货物。

平台垛的优点是垛形整齐、便于清点、占地面积小、堆垛作业方便；缺点是该垛形的稳定性较差，特别是小包装、硬包装的货物，有货垛端头倒塌的危险，所以在必要时（如太高、长期堆存、端头位于主要通道等）要在两端采取稳定的加固措施。对于堆放很高的轻质货物，往往在堆码到一定高度后，向内收半件货物后再向上堆码，以保证货垛稳固。

（2）起脊垛。先按平台垛的方法码垛到一定的高度，以卡缝的方式逐层收小，将顶部收尖成屋脊形。起脊垛是用于堆场场地堆货的主要垛型，货垛表面的防雨遮盖从中间起向下倾斜，便于雨水排泄，防止水湿货物。

起脊垛的优点是操作方便、占地面积小，适用于平台垛的货物都可以采用起脊垛堆垛；其缺点是，起脊垛由于顶部压缝收小，形状不规则，无法在垛堆上清点货物，顶部货物的清点需要在堆垛前以其他方式进行。另外，由于起脊的高度使货垛中间的压力大于两边，因而采用起脊垛时，库场使用定额要以脊顶的高度来确定，以免中间底层货物或库场被压损坏。

（3）立体梯形垛。立体梯形垛是在最底层以同一方向排放货物的基础上，向上逐层同方向减数压缝堆码，垛顶呈平面，整个货垛呈下大上小的立体梯形形状。立体梯形垛用于包装松软的袋装货物和上层面非平面而无法垂直叠码的货物的堆码，如横放的桶装、卷形、捆包货物。为了增加立体梯形垛的空间利用率，在堆放可以立直的筐装、矮桶装货物时，底部数层可以采用平台垛的方式堆放，在一定高度后才用立体梯形垛。

立体梯形垛优点是极为稳固，可以堆放得较高，仓容利用率较高。对于在露天堆放的货物采用立体梯形垛时，为了排水需要，也可以在顶部起脊。

（4）行列垛。行列垛是将每票货物按件成行或列排放，每行或列一层或数层高，垛形呈长条形。行列垛适于存放货物批量较小的库场码垛使用，如零担货物。为了避免混货，每批独立开堆存放。

长条形的货垛使每个货垛的端头都延伸到通道边，可以直接作业而不受其他货物阻挡。但每垛货量较少，垛与垛之间都需留空，垛基小而不能堆高，使得行列垛占用库场面积大，库场利用率较低。

（5）井形垛。井形垛用于长形的钢材、钢管及木方的堆码。它是在以一个方向铺放一层货物后，再以垂直的方向铺放第二层货物，货物横竖隔层交错逐层堆放，垛顶呈平面。井形垛垛形稳固，但层边货物容易滚落，需要捆绑或者收进。井形垛的作业较为不便，需要不断改变作业方向。

（6）梅花形垛。对于需要立直存放的大桶装货物，先按行列垛的方式排好第一行货物（其个数就是宽度方向的个数），第二行的每件靠在第一行的两件之间卡位，第三行同第一行一样，然后每行依次卡缝排放，形成梅花形垛（行数就是长度方向的个数）。梅花形垛货物摆放紧凑，充分利用了货件之间的空隙，可节约库场面积的使用。

5. 码垛方法

（1）重叠式堆垛。重叠式堆垛是逐件逐层向上重叠码高而成货垛。此垛形是机械化作业的主要垛形之一，适于中厚钢板、集装箱等物品。堆码板材时，可缝十交错，以便记数。这种垛形的优点是操作简单、计数容易、收发方便，缺点是稳定性差，易倒垛，因而常采用绳子、绳网、塑料弹性薄膜等辅助材料来防塌。

（2）纵横交错式堆垛。将长短一致、宽度排列能够与长度相等的物品，一层横放，一层竖放，纵横交错堆码，形成方形垛。这种形式的优点是稳定性较好，其缺点是只能用于正方形托盘，是机械化作业的主要垛形之一。例如，长短一致的锭材、管材、棒材、狭长的箱装材料均可用这种垛形。

（3）仰伏相间式堆垛。对于钢轨、槽钢、角钢等物品，可以一层仰放、一层伏放，仰伏相间而相扣，使堆垛稳固；也可以伏放几层，再仰放几层，或者仰伏相间组成小组再码成垛。但是，角钢和槽钢仰伏相间码垛，如果是在露天存放，应该一头稍高，一头稍低，以利于排水。

（4）压缝式堆垛。将垛底底层排列成正方形、长方形或环行，每层物资有规则地排列，使每件物资跨压下层两件以上的物资，上下层每件物资形成十字交。压缝式堆垛适于阀门、缸、建筑卫生陶瓷等用品。

（5）通风式堆垛。需要通风防潮的物品堆垛时，物品之间需要留有一定的空隙。其优点是有利于通风、透气，适宜物品的保管养护，其缺点是空间利用率低。

（6）栽柱式堆垛。码放物品前先在堆垛两侧栽上木桩或者铁棒，然后将材料平铺在柱中，每层或间隔几层在两侧相对应的柱子上用铁丝拉紧，以防倒塌。这种堆垛方式多用于金属材料中的长条型材。

（7）衬垫式堆垛。在每层或每间隔几层物品之间夹进衬垫物，利用衬垫物使货垛的横断面平整，物品互相牵制，以加强货垛的稳固性。衬垫物需要视物品的形状而定。这种堆垛方式适用于四方整齐的裸装物品，如电动机。

（8）鱼鳞式堆码。将环形货物半卧，其一小半压在另一件货物上，依次排列。第一件和最后一件直立堆成柱形，码第二层时的方法与第一层相同，但排列方向相反。鱼鳞式堆码适用于轮胎、钢圈、电缆等。

（9）“五五化”堆垛。“五五化”堆垛就是以五为基本计算单位，一个集装单元或若干个货垛的物品总量是五的倍数，大的物品堆码成五五成方，小的物品堆码成五五成包，长的物品堆码成五五成行，短的物品堆码成五五成堆，带眼的物品堆码成五五成串。这种堆垛方式过目成数，清点方便，数量准确，不易出差错，收发快，效率高，适用于按件计量的物品（常见的码垛方式见图5－5）。

（二）物品的苫盖

苫盖是指采用专用苫盖材料对货垛进行遮盖，以减少自然环境中的阳光、雨、雪、风、露、霜、尘、潮气等对物品的侵蚀和损害，并使物品由于自身理化性质所造成的自然损耗尽可能地减少，保护物品在储存期间的质量。

1. 苫盖的要求

物品苫盖的基本要求是顶面必须倾斜，避免雨雪后积水渗入货垛，苫盖物不能苫到地面，苫盖物的下端应离开地面 1 厘米以上，避免阻碍货垛通风和对地面雨雪积水产生虹吸现象。苫盖物必须捆扎牢固，防止被风刮落。

苫盖的具体要求有：

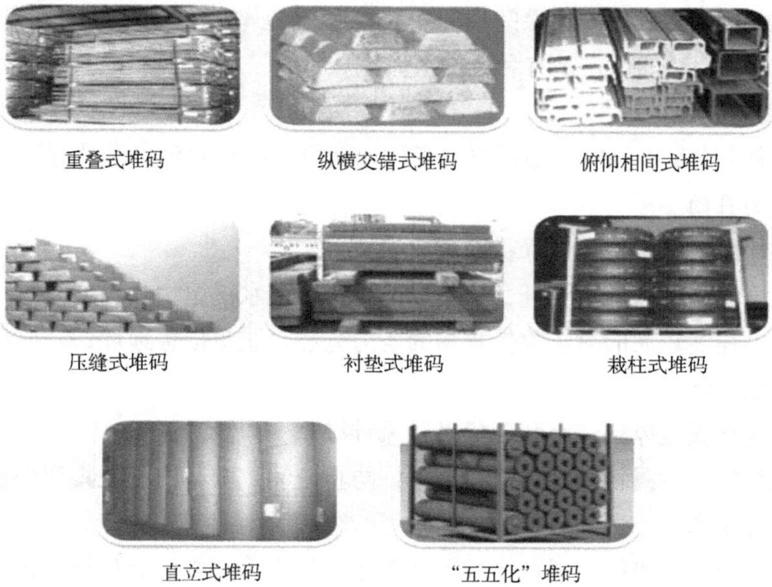

图5-5 码垛方式

（1）选择合适的苫盖材料。应从苫盖材料本身对物品是否会发生不良反应、从成本上考虑苫盖材料与物品是否匹配、从苫盖物是否适合当地气候等方面来选择。

（2）苫盖要牢固，特别是露天库场存放的物品。若在经常受台风袭击的地区，贵重物品、散装粉末类物品尽量避免在露天货场存放。

（3）苫盖接口要紧密。由于物品或场地的需要，苫盖物必须有接口时，要拴牢或压实，要有一定深度的互相叠盖，不能留迎风接口或留空隙；苫盖必须拉挺、平整，不得有折叠和凹陷，防止积水。苫盖物的底部与垫垛平齐，不远离、不拖地。

2. 苫盖的方法

（1）就垛苫盖法。直接将大面积苫盖材料覆盖在货垛上遮盖。该法适用于起脊垛或大件包装物品。一般采用大面积的帆布、油布、塑料膜等材料。就垛苫盖法操作便利，但基本不具有通风条件，因此，就垛苫盖法适合于对通风要求不高的物品，要注意地面干燥。

（2）鱼鳞式苫盖法。将苫盖材料从货垛的底部开始，自下而上呈鱼鳞式逐层交叠围盖。该法一般采用面积较小的席、瓦等材料苫盖。鱼鳞式苫盖法具有较好的通风条件，但每件苫盖材料都需要固定，操作比较烦琐。

（3）固定棚架苫盖法。该法是用预制的苫盖骨架与苫叶合装成的简易棚架，但不需基础工程，可随时拆卸和通过人力移动。

（4）活动棚架苫盖法。该法与固定棚架不同的是，棚架四周及顶部铺围苫盖物，在棚柱底部装上滚轮，整个棚架可沿固定轨道移动。活动棚本身需要占用仓库位置，固定轨道要占用一定使用面积，需要较高的购置成本。

（5）隔离苫盖法。此方法与简易苫盖法的区别在于苫盖物不直接摆放在货垛上，而是采用隔离物使苫盖物与货垛间留有一定空隙。隔离物可用竹竿、木条、钢筋、钢管、隔离板等。此法的优点是有利于排水通风。

（三）物品的垫垛

垫垛是指在物品码垛前，在预定的货位地面位置使用衬垫材料进行铺垫。

1. 垫垛的目的

（1）使地面平整，保证货垛稳固；

（2）使堆垛物品与地面隔开，防止地面潮气和积水浸湿物品；

（3）通过强度较大的衬垫物使重物的压力分散，避免损害地坪；

（4）使地面杂物、尘土与物品隔开；

（5）形成垛底通风层，有利于货垛通风排湿；

（6）使物品的泄漏物留存在衬垫之内，防止流动扩散，便于收集和处理。

2. 垫垛的要求

（1）所使用的衬垫物与拟存物品不会发生不良影响，并具有足够的抗压强度；

（2）地面要平整坚实，衬垫物要摆放平整，并保持同一方向；

（3）衬垫物间距适当，直接接触物品的衬垫面积与货垛底面积相同，衬垫物不伸出货垛外；

（4）要有足够的高度，露天堆场要达到0.3米~0.5米，库房内0.2米即可。

3. 垫垛的材料

垫垛的材料应根据货位位置及到货物品的特性进行合理选择。主要材料包括：枕木、方木、木板、石条、水泥墩、防潮纸及各种垫板等。要注意危险品衬垫有严格要求，如易燃气体应采用木垫，不宜采用石块、水泥条和铁架等易产生撞击火花的材料。

三、库区的5S管理

（一）5S管理的含义

5S管理是指在物品保管现场进行整理、整顿、清扫、清洁、素养5项活动，对人员、机器、材料、方法、信息等生产要素进行有效管理。5S管理是起源于日本的一种现场管理方法，首先提出于20世纪50年代，由5个日文词汇组成，这五个日文词汇的罗马拼音的首字母均为“S”。近年来，随着人们对这一管理理念认识的不断深入，有人又添加了“安全（Safety）、节约（Save）、学习（Study）”等内容，分别称为6S管理、7S管理、8S管理。

（二）5S管理的方法

1. 整理

整理是指做出要与不要的决定。明确区分要与不要，将要的留下来，不要的清除掉。实施整理的目的是节省空间，防止误发误用，防止积压变质，只管理需要的商品，以提高管理质量和管理效率。

2. 整顿

整顿是指将要的东西留下来，不要的东西处理掉。第一，把需要的商品以合理的方式分类摆放，并明确标记，以利于准确、快速地查找，减少混乱错发现象。要做到：凡物必分类，有类必有区，有区必有标记。第二，把不要的商品处理掉。实施整顿的目的是便于查找。

3. 清扫

清扫是指将环境清理干净。在整理、整顿后，要进行彻底打扫，杜绝污染源。实施清扫的目的是因为干净明亮的工作环境有利于提高产品质量。

4. 清洁

清洁是指随时保持整洁。清洁是一种状态，是维持整理、整顿、清扫的结果。实施清洁的目的是因为清洁的环境能使人心情愉快，积极乐观。

5. 素养

素养是指不断追求完美。所谓素养，是指养成遵守既定事项的好习惯，不论是在家里或是在其他地方。素养是4S 的继续和升华。实施素养的目的是培养遵纪守法、品德高尚、具有责任感的员工，营造团队精神。

（三）5S 管理的效用

1. 改善和提高企业形象

整齐、整洁的工作环境容易吸引顾客，让顾客心情舒畅；同时，由于口碑的相传，企业会成为其他公司的学习榜样，从而大大提高企业的威望。

2. 提高效率

良好的工作环境和工作氛围，再加上有修养的合作伙伴，员工们可以集中精神，认认真真地干好本职工作，必然能大大地提高效率。

3. 改善零件在库周转率

需要时能立即取出有用的物品，供需间物流通畅，就可以极大地减少那种寻找所需物品时所滞留的时间，因此能有效地改善零件在库房中的周转率。

4. 减少直至消除故障，保障品质

优良的品质来自优良的工作环境。只有通过经常性的清扫、点检和检查，不断地净化工作环境，才能有效避免污损物品或损坏机械，维持设备的高效率，提高生产品质。

5. 保障企业安全生产

整理、整顿、清扫，必须做到储存明确，东西摆在定位上。工作场所内都应保持宽敞、明亮，通道随时都是畅通的，地上不能摆设不该放置的东西。工厂有条不紊，意外事件的发生自然就会相应地大为减少，安全就会更有保障。

6. 降低生产成本

一个企业通过实行或推行5S 管理，能极大地减少人员、设备、场所、时间等这几个方面的浪费，降低生产成本。

7. 改善员工的精神面貌，使组织充满活力

通过5S管理，明显地改善员工的精神面貌，使组织焕发强大的活力。员工都有尊严和成就感，对自己的工作尽心尽力，并带动改善意识形态。

8. 缩短作业周期，确保交货

企业生产能相应地非常顺畅，作业效率必然就会提高，作业周期必然相应地缩短，确保交货日期万无一失。

四、仓库温湿度的控制

（一）温湿度的基础知识

1. 温度

库外露天的温度叫气温；仓库里的温度一般叫库温；货垛物品的温度叫做垛温。气温对库温有直接影响，对库温、垛温有间接影响。库温除受气温影响外，还受仓库建筑材料和地势及仓库周围环境的影响；垛温除受库温的影响，还受物品本身的性质和堆码结构的影响。

库温变化规律如下：

（1）气温逐渐升降，仓库温度也随之逐渐升降，仓库温度主要随气温变化而变化。

（2）仓库温度变化的时间总是落在气温变化之后1～2小时。气温在日出前的瞬间为最低，14时温度为最高；而仓库温度则以日出后1小时为最低，15时为最高。

（3）仓库温度与气温相比，夜间仓库温度高于气温，白天仓库温度低于气温。

（4）仓库温度变化的幅度比气温变化的幅度小。假如气温变化的幅度为10℃，则仓库温度变化的幅度仅为5℃～6℃，所以，仓库的最高温度值常比气温的最高温度值低，仓库的最低温度值则比气温的最低温度值高。

（5）仓库内温度还受仓库建筑结构、材料、外表面颜色等多种因素的影响。

物品温度直接反映了物品安全储存的状况，而仓库温度的变化又直接决定物品温度的状态，大气温度又影响着仓库温度的高低。大气温度具有不可控性，所以关键在于控制仓库温度来实现对物品温度的控制。

2. 湿度

库外露天的湿度叫空气湿度，它是指空气中水蒸气含量的程度。通常以绝对湿度、饱和湿度、相对湿度等指标来衡量。

（1）绝对湿度。绝对湿度是指单位体积空气中实际所含水蒸气的重量，即每立方米的空气中含多少克的水汽量。

（2）饱和湿度。饱和湿度是指在一定气压、气温的条件下，单位体积空气中所能含有的最大水蒸气重量。

（3）相对湿度。相对湿度是指空气中实际含有水蒸气量与当时温度下饱和蒸

气量的百分比，即绝对湿度与饱和湿度的百分比，它表示在一定温度下，空气中的水蒸气距离该温度时的饱和水蒸气量的程度。相对湿度越大，说明空气越潮湿；反之，则越干燥。在仓库温湿度管理中，检查仓库的湿度大小，主要是观测相对湿度。

$$相对湿度 = （绝对湿度 \div 饱和湿度） \times 100\%$$

（4）露点。露点是指含有一定量水蒸气（绝对湿度）的空气，当温度下降到一定程度时，所含的水蒸气就会达到饱和状态（饱和湿度），并开始液化成水，水蒸气开始液化成水时的温度叫做“露点温度”，简称“露点”。

表 5－1　几种货物的相对温湿度要求

种类	温度（℃）	相对湿度（%）	种类	温度（℃）	相对湿度（%）
金属及制品	5～30	≤75	重质油、润滑油	5～35	≤75
碎末合金	0～30	≤75	轮胎	5～35	45～65
塑料制品	5～30	50～70	布电线	0～30	45～60
压层纤维塑料	0～35	45～75	工具	10～25	50～60
树脂、油漆	0～30	≤75	仪表、电器	10～30	70
汽油、煤油、轻油	≤30	≤75	轴承、钢珠、滚针	5～35	60

由此可见，在温度不变的情况下，空气绝对湿度越大，相对湿度越大；绝对湿度越小，相对湿度越小。在空气中水蒸气含量不变的情况下，温度越高，相对湿度越小；温度越低，相对湿度越大。

（二）温湿度的控制方法

温湿度管理是物品养护的重要日常工作，是维护物品质量的重要措施。要做好仓库的温湿度管理工作，需要观测和掌握库内外温湿度变化规律，为库内温湿度控制和调节提供依据。常用的控制和调节仓库温湿度的方法有以下几种。

1. 通风

通风是根据空气自然流动的规律，有计划地使库内外空气互相流通交换，以达到调节库内空气温湿度的目的。通风既能起到降温、降潮和升温的作用，又可排除库内的污浊空气，使库内空气适宜于储存物品的要求。

通风的方法有自然通风和机械通风。自然通风一般是在温室顶部或侧墙设置窗，依靠热压或风压进行通风，并可通过调节开窗的幅度来调节通风量。机械通风就是在库房上部装设出风扇，在库房下部装置进风扇，利用机械进行通风，以加速库房内外的空气交换。机械通风的优点在于温室的通风换气量受外界气候影响很小。

2. 密封

密封就是将物品严密封闭，减少外界因素对物品的不良影响，切断感染途径，达到安全储存的目的。密封是温湿度管理的基础，它是利用一些不透气、能隔热、隔潮的材料，把物品严密地封闭起来，以隔绝空气，降低或减少空气温湿度变化对物品的影响。它要求密封前要检查物品的含水量、温度、湿度，选择绝热、防潮材料（沥青纸、塑料薄膜、芦席等），确定密封时间，封后加强管理。

密封的形式可以是整库密封、整垛密封、整柜密封、整件密封。密封是进行通风、吸湿等的有效保证。

3. 吸湿

吸湿就是利用吸湿剂减少库房的水分，以降低库内湿度的一种方法，尤其在梅雨季或阴雨天，库内湿度过大，不宜通风散潮，但为保持库内干燥，可以放置吸湿剂吸湿。

常用的吸湿剂有生石灰、木炭、炉灰、氯化钙、硅胶、氯化锂等。生石灰学名为氧化钙，吸湿性较强，价格便宜，使用时用木箱盛装，放于库房墙角处。对一些怕潮物品，还要将生石灰放在堆垛边。木炭和炉灰也有一定的吸湿性，使用木炭时，同生石灰一样；炉灰可铺在墙角或堆垛下，上面可盖一层薄席，与物品隔离开来。氯化钙和硅胶的吸湿能力强，但价格较高，一般只用于较贵重物品的吸湿。

（三）温湿度管理方法

温湿度管理方法主要有以下几项：

（1）在库内外适当地点设立干湿球温度计。

（2）指定专人每天按时观察和记录。观察时间一般上下午各一次，记录的内容包括：干湿球温度计所表示的温度，并依据换算表对当时的相对湿度、绝对湿度和饱和湿度进行换算，同时记录气候变化情况。每个大中型仓库都可以在库外设置气候通知牌，有关人员每天上下午及时将库外气候变化情况通知仓库保管人员，以便根据库内外温湿度情况，及时控制和调节库内温湿度。

（3）按月、年对记录进行分析。统计该时期内最高、最低和平均温湿度，为改进仓库管理积累历史资料。

（4）当发现库内温湿度超过要求时，应立即采取相应措施，以达到物品安全储存的目的。

五、虫鼠害的防治

（一）虫害的防治

仓库的害虫不仅蛀蚀动植物物品和包装，而且还会危害塑料、化纤等化工合成物品。因此，仓库虫害的防治工作是物品养护中一项十分重要的工作。

1. 杜绝仓库害虫的来源

加强入库验收工作，将物品依据具体情况，分别入库，隔离存放；在物品储存期间，要定期对易染虫害的物品进行检查，做好预测、预报工作；做好仓库内部及仓库周边日常清洁卫生工作，铲除库区周围的杂草，清除附近沟渠的污水；同时辅以药剂进行消毒，在库房四周一米范围内用药剂喷洒防虫线，以有效杜绝害虫的来源。

2. 物理防治

物理防治是利用物理因素（热、光、电、冷冻、超声波、远微波、红外线及高频振荡等）破坏害虫的生理机能与机体结构，使其不能生存或抑制其繁殖。

3. 化学防治

化学防治就是利用化学药剂直接或间接毒杀害虫的方法。在化学防治中，应严格遵守药物使用规定，注意人身安全和被处理物品、库房建筑以及用具的安全。应采取综合防治与轮换用药等方法，以防害虫形成抗药性。

（二）鼠害的防治

危害仓储物的鼠类有很多种，危害及破坏力极强。鼠类性格机警狡猾，适应能力强，且具有非常强的繁殖能力。仓库鼠害的防治主要有两种方法。

1. 物理灭鼠

物理灭鼠就是使用鼠夹、鼠笼、粘鼠板、超声波驱鼠器等器械防治鼠害。

2. 化学灭鼠

化学灭鼠又称药物灭鼠，包括胃毒剂、熏杀剂、驱避剂和绝育剂等。

除了利用物理和化学手段灭鼠之外，仓库管理人员还要做好库内卫生，断绝其食物来源和栖身之处，库房窗户和通风孔要安装防鼠网，库门安装防鼠板。

六、霉腐的防治

霉变是仓储物品的主要质量变化形式。要想防治霉变，必须根据霉菌的生理特点和生长繁殖的环境条件，采取相应的措施，抑制或杀灭霉菌微生物。

（一）常规防霉

常规防霉可以采用低温防霉法与干燥防霉法。低温防霉法就是根据物品的不同性能，控制和调节仓库温度，使物品温度降至霉菌生长、繁殖的最低温度界限以下，抑制其生长、繁殖；干燥防霉法就是降低仓库环境中的湿度和物品本身的含水量，使霉菌得不到生长、繁殖所需要的水分，以达到防霉变的目的。

（二）药剂防霉

药剂防霉是将对霉变微生物具有杀灭或抑制作用的化学药品辙加或喷洒到物品上，如苯甲酸及其钠盐对食品的防腐、甲基托布津对果菜的防腐保鲜。另外，还有水杨酰苯胺及五氯酚钠等对各类日用工业品及纺织品、服装鞋帽等的防腐。

防霉药剂能够直接干扰霉菌的生长、繁殖。理想的防霉药剂应当是灭菌效果好，对人的毒害小。常用的防霉药剂有水杨酰苯胺、五氯酚钠、氯化钠、多菌灵及甲基托布津等。

（三）气相防霉

气相防霉就是利用气相防霉剂散发出的气体，抑制或毒杀物品上的霉菌。它是一种较先进的防霉方法，用法是把挥发物放在物品的包装内或密封垛内。

对于已经发生霉变但可以救治的物品，应立即采取措施进行救治，根据物品性质可选用晾晒、加热消毒、烘烤及熏蒸等办法，以减少损失。

七、金属制品的养护

金属制品在储存期间发生锈蚀是常见的现象，它不仅会影响其外观质量，造成物品陈旧，而且使其机械强度下降，从而降低其使用价值，严重者甚至报废。各种刀具因锈蚀会使其表面形成斑点、凹陷，难以平整并保持锋利；精密量具锈蚀，可能影响其使用的精确度。因此，要对其进行养护处理。金属制品的养护处理措施有以下五个方面。

（一）选择适宜的保管场所

保管金属制品的场所不论是库内还是库外，均应清洁干燥，不得与酸、碱、盐类、气体和粉末状物品混存。不同种类的金属制品在同一地点存放时，也应有一定的间隔距离，防止发生接触而腐蚀。

（二）保持库房干燥

相对湿度在60%以下，就可以防止金属制品表面凝结水分，生成电解液层而遭受电化学腐蚀。但相对湿度60%以下较难达到，一般库房湿度应控制在65%~90%左右。

（三）塑料封存

塑料封存就是利用塑料对水蒸气及空气中腐蚀性物质的高度隔离性能，防止金属制品在环境因素的作用下发生锈蚀。

（1）塑料薄膜封存。它是指在干燥环境中，用塑料薄膜直接封装金属制品，或封入干燥剂以保持金属制品的长期干燥，不致锈蚀。

（2）收缩薄膜封存。它是将薄膜纵向或横向拉伸几倍，处理成收缩性薄膜，使包装物品时其会紧紧黏附在物品表面，既防锈又可减少包装体积。

（3）可剥性塑料封存。它是将塑料作为成膜物质，加入稳定剂、缓蚀剂、增塑剂及防霉剂等加热熔化或溶解，喷涂在金属表面，待冷却或挥发后在金属表面可形成保护膜，以阻隔腐蚀介质对金属制品的作用，达到防锈的目的。

（四）涂油防锈

涂油防锈是金属制品防锈的常用方法。它是指在金属制品表面涂刷一层油脂薄膜，使物品在一定程度上与大气隔离开来，达到防锈的目的。涂油前必须清除金属表面的灰尘污垢，涂油后要及时包装封存。这种方法省时、省力、节约、方便，且防锈性能较好。

（五）气相防锈

气相防锈是指利用挥发性缓蚀剂，在金属制品周围挥发出缓蚀气体来阻隔腐蚀介质的腐蚀作用，以达到防锈的目的。

气相缓蚀剂在使用时不需要涂在金属制品表面，只用在密封包装或容器中，因它是一种挥发性物质，在很短的时间内就能充满包装或容器内的各个角落和缝隙，既不影响物品外观，又不影响使用，也不污染包装，是一种有效的防锈方法。

金属制品的养护处理方法不同，在选择防锈材料及方法时，应根据其特点、储存环境、储存期的长短等因素，同时还要考虑相关成本及防锈施工的难易等进行选择，以收到较好的防锈效果。

任务三 盘点管理

一、盘点的概念与目的

（一）盘点的概念

所谓盘点，是指定期或临时对库存物品的实际数量进行清查、清点的作业，即为了掌握货物的流动情况，对仓库现有物品的实际数量与保管账上记录的数量相核对，以便准确地掌握库存数量。

（二）盘点的目的

（1）掌握本盘点周期内的亏盈状况；

（2）掌握准确的目前的库存金额；

（3）掌握损耗较大的营运部门、物品大组以及个别单品，以便在下一个营运年度加强管理，控制损耗；

（4）发现并清除滞销品、临近过期物品，整理环境，清除死角；

（5）掌握目前物品的存放位置，缺货状况；

（6）了解存货水平、积压物品的状况及物品的周转状况；

（7）根据盘点情况，可加强管理、防微杜渐，同时遏阻不轨行为。

（三）盘点的原则

1. 真实

要求盘点所有的点数、资料必须是真实的，不允许作弊或弄虚作假，掩盖漏洞和失误。

2. 准确

盘点的过程要求准确无误，无论是资料的输入、陈列的核查、盘点的点数，都必须准确。

3. 完整

所有盘点过程的流程，包括区域的规划、盘点的原始资料、盘点点数等，都必须完整，不要遗漏区域、遗漏物品。

4. 清楚

盘点过程属于流水作业，不同的人员负责不同的工作，所以所有资料必须清楚，人员的书写必须清楚，货物的整理必须清楚，才能使盘点顺利进行。

5. 团队精神

盘点是全店人员都参加的营运过程。为减少停业损失，加快盘点时间，各个部门都必须有良好的配合协调意识，以大局为重，使整个盘点过程按计划进行。

二、盘点的分类

（一）按照盘点范围分类

1. 全面盘点

全面盘点是对整个仓储物资进行全面彻底的清查盘点。全面盘点一般安排在月末、季末、年末，视企业的具体情况而定。

2. 局部盘点

局部盘点是对部分仓储物资进行盘点。这是一种有针对性的盘点，所需要的时间和人力、物力较少，对企业的正常生产工作影响不大，必要时可随时进行，对解决局部突发问题效果明显。

（二）按时间不同分类

1. 定期盘点

定期盘点即仓库的全面盘点，是指在一定时间内，一般是每月度、每季度、每半年或年终财务结算前进行一次全面的盘点。由公司财务部门派人会同仓储中心保管员一起进行盘点对账。

2. 临时盘点

临时盘点即当仓库发生货物损失事故，或保管员更换，或仓储中心有权人员认为有必要盘点对账时，组织一次局部性或全面的盘点。

（三）按照人机配合程度不同分类

1. 人机配合盘点

人机配合盘点通常是在自动化立体仓库和自动分拣线上进行，用 WMS（仓储管理系统）的盘点系统，利用电子标签和 RF 手持终端进行人机配合盘点。

2. 人工盘点

人工盘点作业常用三人小组法。三人小组法的操作要领和作业细节如下：

（1）盘点人员要熟知企业盘点制度。

（2）选择盘点人员，每组 3 人，根据工作量和时间要求组成小组若干。

（3）提供盘点货位配置图。

（4）接受盘点作业任务。

（5）每组分工后，1 人按配置图进行每一物品盘点，并将盘点结果记入盘点表，第 2 人对第 1 人所完成的作业进行复盘，第 3 人负责核查前两人的盘点数据，如结果一致，则将盘点结果记入盘点调整表的盘点数栏；如不一致，则由第 3 人再盘一次，将结果与前两人的盘点结果对照，如一致，则将结果记入盘点调整表。

（6）盘点时有可能出现盘盈或盘亏，不论盘盈还是盘亏，都要认真查找原因，有时可能会出现混货和错货，应认真核对并进行调整。

（7）根据盘点结果填制盘点盈亏汇总表。

（8）根据盘点盈亏汇总表制作盘点卡。

（四）按是否实物盘点分类

1. 账面盘点

账面盘点又称永续盘点，是把每天入库及出库货品的数量及单价记录在计算机或账簿，而后不断地累计加总算出账面上的库存量及库存金额。账面盘点法不必实地盘点即能随时从计算机或账册上查悉货品的存量。

2. 现货盘点

现货盘点亦称实地盘点或实盘，就是实际清点调查仓库内的库存数，再依货品单价计算出实际库存金额的方法。现货盘点依盘点时间频度的不同又分为期末盘点和循环盘点。

（1）期末盘点。期末盘点是指在会计计算期末统一清点所有物品数量的方法。由于期末盘点是将所有物品一次点完，因此工作量大，要求严格。通常采取分区、分组的方式进行，其目的是明确责任，防止重复盘点和漏盘。

（2）循环盘点。循环盘点是指在每天、每周清点一小部分物品，一个循环周期将每种物品至少清点一次的方法。循环盘点通常对价值高或重要的物品检查的次数多，而且监督也严密一些，而对价值低或不太重要的物品盘点的次数可以尽量少。循环盘点一次只对少量物品盘点，所以通常只需保管人员自行对照库存资料进行点数检查，发现问题按盘点程序进行复核，并查明原因，然后调整。循环盘点也可以采用专门的循环盘点单登记盘点情况。

三、盘点的步骤

（一）盘点前的准备

盘点前的准备工作是否充分，直接关系到盘点作业能否顺利进行，甚至盘点是否成功。盘点的基本要求是必须做到快速、准确。为了达到这一基本要求，应做如下准备工作：

（1）制订盘点工作计划；

（2）确定盘点方法；

（3）确定盘点时间；

（4）做好盘点前账务处理；

（5）准备好盘点用表单［如盘点记录表（见表 5 - 2），盘点盈亏报告表（见表 5 - 3）］；

（6）准备盘点用基本工具；

（7）盘点人员的安排与培训；

（8）盘点的环境准备；

（9）预先进行停业通告。

为使盘点工作得以顺利进行，盘点时必须增派人员协助进行，由各部门增援的人员必须组织化，并且施以短期训练，使每位参与盘点的人员充分发挥其作用。

表 5－2　盘点记录表

编码：　　　　　　　　　　　　　　　　　　　　　　　　　盘点日期：年　月　日

序号	物品编码	品名	规格	单位	初盘数量	复盘数量	确认数量	备注

初盘员：　　　　　　　　　　复盘员：

表 5－3　盘点盈亏报告表

经管部门：　　　　　　　　　　　　　　　　　　　　　　　盘点日期：年　月　日

<table>
<tr><td rowspan="2">品名</td><td rowspan="2">物品编码</td><td rowspan="2">规格</td><td rowspan="2">单位</td><td rowspan="2">单价</td><td rowspan="2">账面数量</td><td rowspan="2">盘点数量</td><td colspan="2">盘盈</td><td colspan="2">盘亏</td><td rowspan="2">差异原因说明</td><td rowspan="2">拟处理对策及建议</td></tr>
<tr><td>数量</td><td>金额</td><td>数量</td><td>金额</td></tr>
<tr><td></td><td></td><td></td><td></td><td></td><td></td><td></td><td></td><td></td><td></td><td></td><td></td><td></td></tr>
<tr><td></td><td></td><td></td><td></td><td></td><td></td><td></td><td></td><td></td><td></td><td></td><td></td><td></td></tr>
<tr><td></td><td></td><td></td><td></td><td></td><td></td><td></td><td></td><td></td><td></td><td></td><td></td><td></td></tr>
<tr><td></td><td></td><td></td><td></td><td></td><td></td><td></td><td></td><td></td><td></td><td></td><td></td><td></td></tr>
<tr><td rowspan="2">财务总监</td><td rowspan="2"></td><td colspan="2">经理</td><td colspan="2">库房主管</td><td>制表</td><td rowspan="2">经管部门</td><td rowspan="2"></td><td>经理</td><td>库房主管</td><td colspan="2">经管人</td></tr>
<tr><td colspan="2"></td><td colspan="2"></td><td></td><td></td><td></td><td colspan="2"></td></tr>
</table>

（二）盘点作业过程

盘点时可以采用人工抄表计数，也可以用电子盘点计数器。盘点工作不仅工作量大，而且非常烦琐，因此，除了加强盘点前的培训工作外，盘点作业时的指导与监督也非常重要。

（1）盘点的顺序为：从上到下、从左到右。

（2）盘点表在领取时是连号，每一货架要求使用一张盘点表，如发生损坏，需重新领取，并将原损坏的盘点表附在正确的盘点表后面，并标有“作废”字样。

（3）盘点作业的初盘和复盘。初次盘点由责任人进行，对初点的结果要进行复点。复点要互换责任人，复点后将结果用红笔记录在盘点单上。

（4）盘点作业检查。对各小组和各责任人员的盘点结果，仓库和财务负责人要认真加以检查，检查的重点是：每一类物品是否都已记录到盘点单上，并已盘点出数量和金额，对单价高或数量多的物品，需要将数量再复查一次，做到确实无差错；复查劣质物品和破损物品的处理情况。

（三）盘后工作

1. 盘点现场的清理

（1）物品整理。将货架上因盘点导致排列混乱的物品，按照原先的陈列方式或陈列原则进行整理。

（2）环境整理。对仓库环境进行清洁、清扫工作。

（3）善后整理。对盘存中发现的问题进行整改，对没有到位的货位卡进行补充和更换。

2. 查找盘点差异的原因

一般而言，产生盘点差异的原因主要有如下几个方面：

（1）记账员登录数据时发生错登、漏登等情况；

（2）账务处理系统管理制度和流程不完善，导致货品数据不准确；

（3）盘点时发生漏盘、重盘、错盘现象，导致盘点结果出现错误；

（4）盘点前数据未结清，使账面数不准确；

（5）出入作业时产生误差；

（6）由于保管人员不尽责导致货物损坏、丢失等。

3. 盘点结果的处理

盘点结果的处理是指对通过检查盘点发现的问题进行处理，又分以下几种情况：

（1）规定标准内的盈亏。规定标准内的盈亏又称“合理盈亏”，是指盈亏数量不超过规定标准，处理办法是经部门主管领导批准后核销。

（2）超过标准的盈亏。超过标准的盈亏应查明原因，做出分析，写出报告，按审批程序报上级备案后，按合同中的有关规定处理。

（3）质量变化。盘点时发现货物的质量发生变化，要查明原因，做好记录，在采取挽救措施的同时，通知货主尽快调拨。对完全变质、失效的，除按有关规定提出报废外，更应查明变质原因，是保管不善所造成还是物资超过规定储存期限所致，以便分清责任、总结经验。

（4）调整价格。除了数量上的盈亏，有些物品还将通过盘点进行价格的调整，可以经主管审核后在系统中进行更正。

（5）积压物资。盘点中如发现长期无动态的积压物资或超过保管期限的物资，应立即向货主发出通知，催促处理。

任务四　库存管理

一、库存管理的概念

（一）库存的概念

库存是指企业在生产经营过程中为销售或者耗用而储备的物品。一般来讲，库存是处于储存状态的物品，但广义的库存还包括处于制造加工状态和运输途中的物品。企业的原材料、燃料、低值易耗品、在物品、半成品、产成品等都属于库存范畴。库存按其作用可分为周转库存、安全库存、转运库存等。

（二）库存管理的概念

库存管理就是对库存物料的进货与使用进行计划、组织、协调与控制。库存管理的目标是：在满足生产经营需要的基础上，合理确定库存物资数量，减少存货资金占用，持续不断地降低各项存货成本。

库存管理常常被误认为是“仓库管理”。实际上，库存管理应该体现在库存的计划与风险管理之中，而不仅仅局限于仓库管理。库存管理不仅应该确保信息准确，满足客户和市场的需求，还有一项重要任务就是控制库存量，加速库存周转，降低库存资金占用，从而降低库存成本。库存管理是与库存物料计划及控制相关的所有业务。

二、库存管理的内容

（一）库存信息管理

库存信息管理既包括库存物品本身的信息，也包括市场、用户对库存物品的需求信息，还包括与库存业务有关的信息，如入库和出库日期、存货数量、库存成本等。

（二）库存控制

库存控制是指在保障供应的前提下，使库存物品的数量合理所进行的有效管理的技术经济措施，如库存物品的入库或发出的时间、地点，以及库存物品的品种、数量、质量、构成、订购方式的确定等。

（三）库存管理水平的衡量

一定时期内采用的库存管理方式是否恰当，应给予评价和衡量，以帮助企业对库存管理进行及时和最优的调整。这不仅关系到企业的经济效益，也关系到下一阶段库存管理策略的重大问题。

三、库存管理的目标与意义

（一）库存管理的目标

库存管理的目标就是防止超储和缺货，以最合理的成本为用户提供所期望的服务水平。即在达到顾客期望的服务水平上，尽量将库存成本减少到可以接受的水平。最好的库存管理就是平衡库存成本与库存收益的关系，确定合适的库存水平，使库存占用资金带来的收益比投入其他领域的收益更高。

（二）库存管理的意义

1. 有利于资金周转

在某些特殊情况下，可以做到将库存需求的投资额规定为零。为此，可以使经营活动更加灵活，把用于建立原材料、制成品、成品等常备库存所需要占用的资金转为经营其他项目，这样就有可能使经营活动向更新、更高的阶段发展。

2. 促使生产管理更为合理

库存管理工作的目标之一就是必要的物资，即在需要时按需求量供应。生产管理较为混乱的主要原因在于一些急需的物资不能及时供应，要从根本上杜绝此类现象，就要认真做好库存管理。

3. 有利于顺利地进行运输管理，也有助于有效地开展仓库管理工作

通过库存管理，废旧物料堆放整齐，报废的设备及时运出，可使企业的作业环境整洁一新。

（三）零库存管理给企业带来的好处

如果企业能够在不同的环节实施零库存管理，其效益是显而易见的，主要包括以下几个方面：

（1）减少库存占用资金，优化应收和应付账款，加快资金周转。实行零库存将降低企业流动资金的占用，使企业有更多的可支配资金，有效提高资金使用率，为企业创造更多的利润，保持企业资金链健康正常的运转。

（2）减少库存积压、物品淘汰带来的损失。现在市场竞争激烈，物品更新换代越来越快，尤其是电子行业，库存管理稍有不当就会导致物品滞销，或者因为物品更新换代而不得不降价处理，这些都会给企业带来很大的损失。

（3）降低人工成本。实行零库存会使仓库存货大大减少，货物周转率提高，很多时候货物不经过仓库直接被运送到厂房门口，因此，仓储管理所需的人手较少，为此支付的员工工资也比以前少。

（4）降低采购成本。因为零库存要求集中采购、批量采购，并设置专人进行价格审查，这样就避免了传统采购中的一些漏洞和不必要的损失，使采购成本有效降低。

四、常用的库存管理方法

（一）基本经济订货批量（EOQ）法

企业每次订货数量的多少直接关系到库存水平和库存总成本，因此，企业希望找到一个合适的订货数量，使它的库存总产本最小，经济批量模型就能满足这一要求。该方法是通过平衡采购进货成本和保管仓储成本，确定一个最佳订货批量 Q^* 来实现最低总库存成本。年总库存成本的计算公式如下：

年总库存成本 = 购进成本 + 订货成本 + 保管成本

$$TC = DP + \frac{D}{Q}C + \frac{Q}{2}H \qquad (1)$$

式中：TC——年总库存成本；

D——年总需求量；

P——单位物品的购入成本；

C——每次订货成本；

H——单位物品年储存成本；

Q——批量货订货量；

$Q/2$——年平均库存量。

经济订货批量 Q^* 是通过对公式（1）中的 Q 求导数，让导数等于零，求解得到的。经济订货批量 Q^* 的公式为：

$$Q^{*}=\sqrt{\frac{2CD}{H}}=\sqrt{\frac{2CD}{PF}} \tag{2}$$

在需求率已知，连续、交货期已知和固定、不发生缺货的条件下，可采用公式（2）计算经济批量。将公式（2）代入年总库存成本的公式中，即可得出最低年总库存成本。

年订购次数：

$$n^{*}=\frac{D}{Q^{*}} \tag{3}$$

平均订货间隔周期：

$$T=\frac{365}{n}=\frac{365Q^{*}}{D} \tag{4}$$

（二）资金占用 ABC 分类法

ABC 分类管理法又称帕累托分析法，就是将库存物资按重要程度分为特别重要的库存（A 类库存）、一般重要的库存（B 类库存）和不重要的库存（C 类库存）三个等级，然后针对不同的级别分别进行管理和控制。

1. 资金占用 ABC 分类标准

A 类物品：资金占用量占在库物品资金总量的 65% ~80%，物品品目占在库总品目的 10% ~15%；

B 类物品：资金占用量占在库物品资金总量的 20% ~30%，物品品目占在库总品目的 20% ~30%；

C 类物品：资金占用量占在库物品资金总量的 5% ~10%，物品品目占在库总品目的 60% ~80%；

2. 资金占用 ABC 分类的步骤

（1）收集仓库内各个品目物品的年资金占用额、物品单价等数据；

（2）对原始数据进行整理并按照要求进行计算。

第一步，按照资金占用额从大到小排序；

第二步，品目数累计计算；

第三步，品目数累计百分比计算；

第四步，资金占用额累计计算；

第五步，资金占用额累计百分比计算；

第六步，按照分类标准进行 ABC 分类。

（3）制作 ABC 分类表（见表 5 -4）。

表 5 -4　资金占用 ABC 分类表

序号	物品名称	品目数（种）	品目数累计（种）	品目数累计百分比（%）	资金额（万元）	资金额累计（万元）	资金额累计百分比（%）	分类结果
1	电视机	10	10	4. 88	96	96	52. 89	A
2	洗衣机	20	30	14. 63	44	140	77. 13	B
3	电动车	15	45	21. 95	18	158	87. 05	B

续表

序号	物品名称	品目数（种）	品目数累计（种）	品目数累计百分比（%）	资金额（万元）	资金额累计（万元）	资金额累计百分比（%）	分类结果
4	儿童车	25	70	34.15	12	170	93.66	C
5	电水壶	60	130	63.41	6	176	96.97	C
6	香皂	40	170	82.93	4	180	99.17	C
7	花露水	35	205	100	1.5	181.5	100	C

3. 资金占用ABC分类管理策略

根据ABC分类结果，对ABC三类货物采取不同的管理策略，参见表5－5。

表5－5 资金占用ABC分类管理策略

	管理要点	订货方式	检查方式
A类	投入较大力量精心管理，将库存压缩到最低水平	计算每种物品的订货量，按最优批量订货，采用定期订货的方式	经常检查
B类	按经营方针调节库存水平，集中大量订货，以较高的库存来减少订货费用	计算每种物品的订货量，按最优批量订货，采用定期订货和订量订货方式，当库存降到最低点时发出订货，订货量为经济批量	一般检查
C类	集中大量订货，以较高的库存来减少订货费用	采用双堆法，用两个库位储存，一个库位货发完了，用另一个库位发，并补充第一个库位的存货	按年或季度检查

（三）CVA管理法

有些企业发现ABC分类并不令人满意，因为C类物资往往得不到应有的重视。例如，经销鞋的企业会把鞋带和鞋油作为C类物资，但是鞋带和鞋油短缺将会严重影响鞋的销售。汽车制造厂往往会把螺丝钉作为C类物资，但缺少一个螺丝钉往往会导致整个汽车生产线中断，因此，企业管理者们认为，对关键的零件而言，不管它的金额大小，都不能短缺，因此可采用关键因素分析法（Critical Value Analysis，CVA）。

CVA管理法的基本思路是把存货按照其关键性分为3～5类，分别如下：

（1）最高优先级。这是经营的关键性物资，不允许缺货。

（2）较高优先级。这是经营活动中的基础物资，允许偶尔缺货。

（3）中等优先级。这多属于比较重要的物资，允许合理范围内缺货。

（4）较低优先级。经营中需要这些物资，但可替代性高，允许缺货。

CVA管理法比ABC分类法有着更强的目的性，但人们通常倾向于制定高的优先级，结果高优先级物资种类过多，从而哪种物资都无法得到应有的重视。实践中通常将CVA管理法和ABC分类法结合使用，这样就能对库存进行有效的管理和控制，首先能对存货进行处理，其次还可以达到分清主次、抓住关键的目的。

（四）供应商管理库存

根据《物流术语》（GB/T18354—2006），供应商管理库存（VMI）是指按照双方达成的协议，由供应链的上游企业根据下游企业的物料需求计划、销售信息和库存量，主动对下游企业的库存进行管理和控制的库存管理方式。VMI 是一种以用户和供应商双方都获得最低成本为目的，在一个共同的协议下由供应商管理库存，并不断监督协议执行情况和修正协议内容，使库存管理得到持续改进的合作性策略。

VMI 管理模式是从快速反应（QR）和有效客户反应（ECR）基础上发展而来的，其核心思想是供应商通过共享用户企业的当前库存和实际耗用数据，按照实际的消耗模型、消耗趋势和补货策略进行有实际根据的补货。由此，交易双方都变革了传统的独立预测模式，尽最大可能地减少因独立预测的不确定性导致的商流、物流和信息流的浪费，降低了供应链的总成本。这种运作模式具有如下特征：

（1）供应商共享用户企业的库存及耗用量；

（2）供应商代替客户维持库存水平；

（3）供应商自行对客户的库存进行有效补货；

（4）供应商管理库存的所有权根据双方的合同来约定。

任务五　安全管理

仓储安全管理工作是企业管理的一项重要内容，也是仓储管理中的一项重要任务。实现这一任务对保证仓储工作的顺利进行具有特殊意义。

一、仓库消防安全管理

（一）仓库消防存在的问题

1. 仓库建筑防火间距不足

一些企业在原有仓库的基础上私自进行改建，或搭建天棚等临时建筑，占用和阻塞消防通道及疏散走道，缩小防火间距，致使建筑防火分区扩大，不符合《建筑设计防火规范》《仓库防火安全管理规则》的要求，如果发生火灾，极易形成火烧连营，酿成重大火灾事故。

2. 消防水源缺乏

仓库普遍分布于远离中心城区的地方，消防水源主要以天然水源为主，由于城市规划，资金、人力和财力资源等问题，城市消火栓系统不能及时铺设到位，导致当地消防水源缺乏。

3. 建筑耐火等级低

有些旧仓库的建筑墙体结构虽然为砖墙，但屋顶结构多为尖顶木结构，建筑耐火等级普遍为三级，一旦发生火情，容易造成大面积的火灾事故。

4. 消防安全意识淡薄

目前，一部分仓储企业，特别是外包的仓库，日常管理混乱，消防安全意识淡薄。主要表现在以下几个方面：

（1）仓库内物品超量堆放现象严重，物品堆放不规范，没有留出足够的防火间距，如果发生火灾，容易造成火势的迅速蔓延，而且对火灾的扑救工作会带来很大的困难。

（2）仓库内电气装置、电气设备、电气线路铺设不符合国家有关消防法规技术标准和规范要求。许多仓库的电气线路直接铺设在建筑的吊顶、屋面、墙面和屋架上，未设置防雷、防静电设施，没有采取必要的保护措施，容易引起电气火灾。

（3）仓库管理人员及新职工没有经过消防安全专门培训，无证上岗。

（4）各项消防安全责任制度落实不到位。

（5）仓库内“三合一”现象未完全杜绝，且在仓储区域私自设置办公、生产、生活区，擅自改变建筑的使用性质，破坏原有的防火间距，人为地增加了火险隐患，增加了发生火灾的可能性。

（二）消防监督管理的对策

1. 严把建审第一关

对新建、改建建筑，在建筑审核阶段应严格按照国家法律、法规和有关建筑消防技术标准的要求进行审核，明确消防水源、建筑耐火等级、建筑层数、建筑长度、防火防烟分区、消防通道、储存物品危险性质等情况。

2. 加强监督管理力度

应当对仓库定期进行检查指导，特别是对仓库建筑集中、火险隐患严重的地方，应进行集中整治。对火险隐患突出的单位要坚持原则，抓住不放。积极消除各种火险隐患，落实消防安全责任制和各项防范措施，加强仓库消防安全工作，预防重特大火灾事故的发生。

3. 重点解决“三合一”现象

目前，仓库范围内设置生活区的情况已较少，但设置生产、办公区的情况仍较普遍。所以在防火监督检查过程中，主要解决的问题是：建筑使用性质不明确，生产、办公、仓储混乱工作的情况。应切实消除隐患，加强消防安全责任制的落实，避免重特大火灾事故的发生。

（三）仓库防火防爆的方法

仓库的防火防爆工作是仓库安全工作的重中之重，只有掌握防火防爆工作的基本原理，才能避免事故发生，即使出险，也能采取有效措施，避免造成更大损失。仓库防火防爆的具体措施如下。

1. 控制可燃物

控制可燃物的具体手段包括：限制可燃物储运量；选择仓库建筑材料时，尽量用不燃或难燃材料代替可燃材料；通风、降尘，降低可燃气体或蒸气、粉尘的浓度；利用阻燃剂对可燃材料进行阻燃处理，改变材料的燃烧性能等。

2. 隔绝空气

隔绝空气的具体手段包括：将可燃物品装进密闭的容器和设备中进行存放和运输；在储存和运输危险物品时，将易燃易爆物品置于充满惰性气体的容器中；采用隔绝空气等特殊方法储存和运输有燃烧爆炸危险的物品；隔离与酸、碱、氧化剂等接触能够燃烧爆炸的可燃物和还原剂等。

3. 消除引火源

消除引火源的具体手段包括：消除和控制明火源；防止撞击火星和控制摩擦生热；防止电气火花的产生，危险品库里的电灯要安装防爆灯；防止日光照射和聚光作用，仓库要安装防止阳光照射的装置等。

4. 阻止火势蔓延

阻止火势蔓延的具体手段包括：存放的物品之间要留足防火间距，在仓库设置防火分隔带；仓库要设置阻火器、安全液封；有压力的容器设备，要安装防爆膜（片）、安全阀，防止失火时发生爆炸；内部能形成爆炸介质的建筑，要设置泄压门窗、轻质屋盖等。

另外，对占地面积大于1 000平方米的棉、毛、丝、麻、化纤、毛皮及其制品的仓库，占地面积大于500平方米的火柴仓库，邮政楼中建筑面积大于500平方米的空邮袋库，建筑面积大于500平方米的可燃物品地下仓库，二类可燃物品库房，应安装自动喷水灭火系统。

（四）常见储存物品灭火须知

仓库消防安全工作是仓库管理的重要工作之一，一旦不慎发生火灾，不要惊慌，要冷静地根据仓库所存物品，选择适宜的消防器材灭火。常见储存物品的灭火方式如表5－6所示。

表5－6　常见储存物品的灭火方式

存储物品	应选择的灭火方式	不应选择的灭火方式
纸张	干粉灭火器	水
木材	水、泡沫灭火器	—
家电	干粉灭火器	水
精密仪器	二氧化碳灭火器	水
包装食品	水、泡沫灭火器	—
酒	干粉、泡沫灭火器	用水并站在离火源较近的地方
油	泡沫灭火器	水
棉花	水	干粉灭火器
油漆	泡沫灭火器	水
粮食	水	干粉灭火器

二、仓库作业安全管理

仓库作业安全管理的基本内容主要包括仓库作业人员人力安全操作基本要求和仓储人员操作机械设备基本要求。

（一）人力安全操作基本要求

（1）人力操作仅限制于轻负荷的作业；

（2）尽可能采用人力机械作业；

（3）只在适合作业的安全环境中进行作业；

（4）做好作业人员的安全防护工作；

（5）合理安排作息时间；

（6）必须有专人在现场指挥和安全指导。

（二）机械安全作业要求

（1）使用合适的机械设备进行作业；

（2）所使用的设备具有良好的工况；

（3）设备作业要有专人进行指挥；

（4）汽车装卸时，注意保持安全间距；

（5）载货移动设备上不得载人运行；

（6）移动吊车必须在停放稳定后方可作业。

三、仓库治安保卫管理

仓库治安保卫管理是仓库管理的重要组成部分，是仓库为了防范、制止恶性侵权行为的发生，减少意外事故对仓库及仓储财产造成的破坏和侵害，维护稳定安全的仓库环境，保证仓储生产经营的顺利开展所进行的管理工作。它不仅涉及财产安全、人身安全，执行国家的安保卫管理法规和政策，同时也涉及仓库能否按合同如约履行各项义务，降低和防止经营风险等。在仓库治安保卫管理工作中，应主要做好如下几个方面的工作。

（一）建立治安保卫管理制度

仓库需要依据国家法律、法规，结合仓库治安保卫的实际，以保证仓储生产高效率进行、确保仓储安全、防止治安事故的发生为目的，科学制定治安保卫规章制度。仓库治安规章制度有安全防火责任制度，安全设施设备保管使用制度，门卫值班制度，人员、车辆进出库管理制度，保卫人员值班巡查制度等，为了使治安保卫规章制度得以有效执行，规章制度需要具有相对稳定性，但规章制度也要根据情况变化进行相应的修改。

（二）搞好仓库大门和要害部门的守卫工作

仓库大门的守卫是维持仓库治安的第一道防线。大门守卫除了要负责开关大门，限制无关人员接近，接待入库办事人员，并及时审核身份与登记以外，还要检查入库人员是否携带火源、易爆易燃物品，检查入库车辆的防火条件，指挥车辆安全行驶、停放，登记入库车辆。检查出库车辆，核对出库货物与放行条件是否相符，收留放行条，查问和登记出库人员随身携带的物品，特殊情况下有权查扣物品、封闭大门。对于危险品仓、贵重品仓、特殊品仓等要害部位，需要安排专职守卫看守，限制无关人员接近，防止危害、破坏和失窃。

（三）做好治安检查工作

治安责任人应按规章、准则检查治安保卫工作，治安检查实行定期检查与不定期检查相结合的制度。班组每日检查、部门每周检查、仓库按月检查，及时发现治安保卫漏洞和安全隐患，并通过有效手段消除隐患。

（四）加强巡逻检查工作

巡逻检查一般由两名保安人员共同进行，是保安人员携带保卫器械和强力手电筒不定时、不定线、经常地巡视整个仓库的安全保卫工作。保安员应查问可疑人员，检查各部门的防卫工作，关闭无人逗留的办公室、关好仓库门窗、关闭电源，禁止挪用消防器材，检查仓库内有无异常现象，停留在仓库内过夜的车辆是否符合规定等。如果发现不符合治安保卫制度要求的情况，应采取相应的措施处理或者告知主管部门处理。

（五）配备和使用防盗措施

仓库的防盗措施大至围墙、大门、防盗门，小到门锁、窗户，仓库应该根据法律规定和治安保管的需要设置和安装这些设施。仓库使用的防盗设备除了专职保安员的警械外，还要有视频监控设备、自动报警设备等，仓库应该按照规定合理配置设备，专人负责操作和管理，确保其有效运作。

（六）制定治安应急预案

治安应急预案是指仓库发生治安事件，采取紧急措施，防止和减少事件造成损失的制度。治安应急预案应明确确定应急人员的职责，规定发生事件的信息发布和传递方法，在平时经常演习。

项目小结

本项目主要介绍了储位管理、物品保管与养护的方法、盘点管理、库存管理、安全管理 5 个方面的内容。储位管理主要讲解了储位划分的原则与方法、储位编码的方法，四号定位法是常用的编码方法。物品的保管与养护主要介绍了物品堆垛的垛形及堆垛形式，物品苫盖的方法，物品温湿度控制、霉腐防治、虫鼠害防治、金属制品养护等问题。仓库盘点具有重要意义，要做好盘前准备和盘后处理工作。零库存是很多企业库存管理的目标，要采用合理的方法进行库存控制。仓库日常保管需要加强消防安全管理、生产安全管理及治安管理。

复习思考题

1. 简述储位划分的原则与方法。
2. 简述四号定位法的原理。
3. 物品垛形有哪些?
4. 简述苫盖的方法。
5. 简述温湿度控制的方法。
6. 简述霉腐防治的方法。
7. 盘前准备包括哪些工作?
8. 简述盘点差异的原因。

案例分析

亚马逊存储管理　破解混沌之道

亚马逊，全球最大互联网零售商，是采用混乱无序的方法存储其货物的，即混沌存储管理。混沌存储的仓库有时也称为随机存放，本质上是一个放产品的货架系统。

一、混沌存储方式

从商品分区开始，仓库工作人员把进货运至货架系统，找个空的货架位放下。每个货架和每个商品位都有唯一的编码。工作人员用手持扫描仪扫描货架位和对应商品，然后电脑就会存储下商品位置。当订单下来需要提货时，电脑会输出一个提货单。根据数据库，这个提货单将工作人员带至准确的存放对应商品的货架位。为保持数据库最新，每个物件从货架取下时都要再扫描一次。

混沌存储并不意味着自动管理。自动操作一个混沌存储系统是可能的，但这并不总是最佳选择。例如，亚马逊需要很多人力参与，因为一项模拟存储进程的实验发现，雇佣仓库人员比自动化更经济。

二、混沌存储的优势

1. 比起传统仓库管理，混沌存储更加灵活

混沌存储能根据各种产品的变化做出更迅速的反应。这就减少了计划的工作量，因为在混沌存储中，无论各种产品整体数量还是某种商品销售量，都不需要提前计划。

2. 混沌存储能更有效地管理可用的存储空间

因为空出的位置可以马上重新放货，而在固定位置的存储系统中，一些货架位是预留给某个物件的，即使那个物件的实际存货非常少。

3. 混沌存储能节省时间。

这不仅体现在来订单取货时，存货时也可节省时间。进仓的货物是简单放置在货架上空余位置的。不管什么时候有人来取货，电脑都会计算出最佳路径并显示在提货单上。这种方法使工作人员的工作距离缩短，而且亚马逊的提货单不是通过筛选订单

得到的，也就是说，需要出库的货物必须通过一个额外的步骤与发货联系在一起。

4. 混沌存储减少对新员工的培训量

混沌存储不需要新员工记住仓库的整体布局或是某种存储位置等，更容易实现员工新老替换，或是在旺季雇佣季节工。

混沌存储依靠稳定、可靠的仓库管理系统，所有的商品都必须有条形码，并录入数据库；所有的存储位也要同样处理；电脑需要有种类似仓库地图的东西，使其能够计算最佳提货路径，如果电脑死机或丢失数据，仓库运转可能就要中止，直到问题解决。这种存储类型尤其适合那些处理总量大且每种货物存货又小的分派中心。这往往是互联网零售遇到的情况。而且订单往往涉及不同种类的物品，所以分类存放不会有多少好处。相反，亚马逊的工作人员故意不将同种商品相邻放置，因为混合的货架物品间相似度更小，提高了提货的准确性。

“混沌存储”一词只是从人类的观点理解，对计算机来说一点也不混沌。对于一个仓库管理软件，混沌存储管理系统无非就是一系列计算和数据库操作。

思考题：

1. 亚马逊实现混沌管理的原因是什么？
2. 实施混沌管理需要哪些必备条件？
3. 通过本案例，请总结实施混沌管理的好处。

技能拓展

技能训练 5－1　储位规划实训

一、实训目的

1. 掌握仓库编码和货位编码的一般方法。
2. 能够根据商品特点和仓库条件规范地完成储位指派。
3. 通过本项目实训操作，培养和提高学生进行货位编码的基本操作技能。

二、实训内容与步骤

1. 实训布置。实训教师带领学生到物流实训室（实训基地），并布置本次实训的目的、内容及注意事项。

2. 教师提供企业仓库案例资料，学生需要完成以下任务。

（1）根据储位划分的影响因素，对仓库分区，并进行储位分配；

（2）根据案例资料选择合适的存货策略；

（3）为整个仓库（包括库房、货棚、货场）进行编码；

（4）为货架编码；

（5）为货位编码；

三、实训作业

以个人为单位，每人上交一份《储位规划方案》。

四、实训条件

1. 物流综合实训室。

2. 机房。

五、考核标准

储位规划实训项目考核评分表

序号	评分项	评分标准	满分	得分
1	实训过程表现	出勤、小组合作、实训纪律	20	
2	储位规划	储位分配合理	10	
		存货策略适合该仓库情况	10	
		整个仓库（包括库房、货棚、货场）进行编码，编码规范、统一、明确	20	
		货架编码规范、统一、明确	20	
		货位编码规范、统一、明确	20	
总　分			100	

技能训练 5-2　盘点作业实训

一、实训目的

1. 能够掌握盘点作业的步骤，理解盘点作业的含义与目的；

2. 能够有效地做好盘点前的准备工作，按要求对盘点现场进行及时的清理；

3. 能够根据物品的特点与要求，选择合适的盘点方法；

4. 能够正确识读和使用盘点所用的各种表单；

5. 能够准确计算盈亏差异，对盘点结果进行合理分析，正确进行盘盈、盘亏处理；

6. 树立责任意识，理解盘点工作的重要性及其责任。

二、实训内容与步骤

1. 实训布置。实训教师带领学生到物流实训室（实训基地），并布置本次实训的目的、内容及注意事项。

2. 学生自由组合盘点作业小组（每3人一组）。

3. 确定作业小组的作业顺序。

4. 学生抽取作业任务单。

5. 根据作业任务单进入作业区域。

6. 小组第一人按货位顺序进行每一物品的盘点，并将盘点结果记入盘点单，第二人对第一人所完成的作业进行复盘，第三人负责核查前两人的盘点数据，如结果一致，则将盘点结果记入盘点调整表的盘点数栏；如不一致，则由第三人再盘一次，将结果与前两人的盘点结果对照，如一致，则将结果记入盘点调整表。

7. 盘点结果分析。

8. 盘盈、盘亏处理。

三、实训作业

以个人为单位，每人上交一份实训总结报告。

四、实训条件

1. 物流综合实训室。
2. 物品（选择20种以上物品名称、规格、型号、数量）；
3. 货架（位）（3种以上类型）；
4. 作业任务单（满足上述要素条件和作业要求的单据）；
5. 作业场地应满足8组学生同时进行作业；
6. 条码识读器；
7. 计算机；
8. 两种颜色水笔、计算器等；
9. 盘点表单。

五、考核标准

盘点实训项目考核评分表

绩效考核人员名单			
被考核人员			
考核地点		考核时间	
考核项目	考核内容	分值	得分
盘点作业	盘点前期准备工作充分	5	
	填写盘点卡认真、准确、清晰	10	
	填写盘点记录表认真、准确、熟练	10	
	采用正确的方式修改填写错误的盘点表	10	
	复核、填写复盘数据认真、准确	10	
	采用正确的复核确认方式处理初盘、复盘有差异的盘点数据	10	
	盘点作业流程完整，没有遗漏	5	
盘盈、盘亏处理	账目核对严谨、认真、准确	10	
	编制盈亏报表及时、认真、正确、熟练	10	
	盈亏原因分析合理、全面	10	
	采用正确的方式处理盘点盈亏数据	5	
	对在盘点中发现的物资差额、错误、变质、损耗和呆滞等结果，能提出合理的处理意见及纠正、预防措施	5	
合计		100	

项目六

出库作业管理

项目说明

物品出库是仓储作业管理的最后一个环节，它使仓储作业与运输部门、物品使用单位直接发生联系。出库作业是仓库根据业务部门或存货单位开出的物品出库凭证（提货单、调拨单），按其所列物品名称、规格、型号、数量等项目，组织物品出库的一系列工作的总称。做好出库作业对改善仓储经营管理、降低作业成本、提高服务质量有重要的作用。

知识目标：

1. 掌握物品出库的要求，并在此基础上了解物品出库的原则；
2. 明确物品的出库作业流程；
3. 明确拣货作业的概念、拣货作业方式；
4. 掌握物品补货的形式；
5. 熟悉出库复合点交的内容；
6. 理解物品出库过程中出现的问题及应对措施。

能力目标：

1. 具备运用拣货技术对仓储货物进行分拣作业的能力；
2. 具备能够遵循物品出库基本要求进行发货的能力；
3. 具备物品出库作业审核凭证、信息处理的能力；
4. 具备应对物品出库过程中突发问题的能力。

项目任务

某第三方物流公司负责某知名品牌家电在北京地区的存储服务。今日收到客户的发货通知，要向北京一家代理商发送500台电视机。仓库业务人员根据发货通知进行库存查询，得知其所需要型号的电视机货物充足，则通知该客户可以发货。仓库的工作人员需要完成以下工作任务：

1. 根据出库通知制定出库单；
2. 做好发货准备；
3. 搬运出库并复核点交；
4. 合理配载。

知识准备

任务一　出库作业准备

物品出库是仓储经营人根据存货人或仓单持有人所持有的仓单，按其所列物品的编号、名称、规格、型号、数量等项目，组织物品出库的一系列活动。对于物品出库，要求准确、及时、保质保量地交给仓单持有人；出库的物品必须包装完整、标记清楚、数量准确；要杜绝凭信誉或无正式手续的发货。不论在何种情况下，仓库都不得擅自动用或变相动用、外借货主的库存物品。

一、物品的出库要求

（一）三不、三核、五检查

三不，即未接单据不翻账、未经审单不发货、未经复核不出库；三核，即在发货时，要核对凭证、核对账卡、核对实物；五检查，即对单据和实物要进行品名检查、规格检查、包装检查、数量检查、重量检查。具体地说，物品出库要严格执行各项规章制度，杜绝差错事故，以提高服务质量，让用户满意。

（二）做好发放准备

为使物品及时流通，合理使用，必须快速、及时、准确地发放。为此，必须做好发放的各项准备工作，如“化整为零”、集装单元化、备好包装、复印资料、组织搬运人力、准备好出库的各种设施设备及工具。

（三）按程序作业，手续必须完备

物品出库必须按规定程序进行，领料单、仓单等提货凭证必须符合要求，物品出库时必须有正式凭证，保管人员应根据凭证所列品种和数量发货。

（四）“先出”原则

在保证库存物品的价值和使用价值不变的前提下，坚持“先进先出”的原则；同时要做到有保管期限的先出，保管条件差的先出，容易变质的先出，近失效期的先出，包装简易的先出，回收复用的先出，目的在于避免物品因库存时间过长而发生变质或影响其价值和使用价值。

（五）发货和记账要及时

保管员接到发货凭证后，应及时发货，不压票；物品发出后，应立即在物品保管账上核销，并保存好发料凭证，同时调整垛牌或料卡。

（六）保证安全

物品出库作业要注意安全操作，防止损坏包装和震坏、压坏、摔坏物品，同时还要保证运输安全，做到物品包装完整，捆扎牢固，标志清楚正确，性能不相互抵触和影响，保障物品质量安全。仓库作业人员必须经常注意物品的安全保管期限等，对已变质、过期失效或已失去原使用价值的物品，不允许出库。

（七）无差错

保管人员发货时应按照发货凭证上列明的物品品名、产地、规格、型号、价格、数量、质量准确发货，当面点清数量和检验质量，确保出库物品品名数量准确、质量完好、包装牢固、标志正确、发运及时安全，避免发生运输差错和损坏物品的事故。

二、物品的出库形式

（一）送货

仓库根据货主预先送来的出库通知或出库请求，凭仓单通过发货作业，把应发物品交由运输部门送达收货人，这种发货形式通常称为送货制。送货具有“预先付货、按车排货、发货等车”的特点。

仓库实行送货具有多方面的好处：仓库可预先安排作业，缩短发货时间；收货人可避免因人力、车辆等不便而发生的取货困难；在运输方面，可合理使用运输工具，减少运输费用。仓储部门实行送货业务，应考虑货主不同的经营方式和供应地区的远近，既可向外地送货，也可向本地送货。

（二）收货人自提

收货人自提是由收货人或其代理人持仓单直接到仓库提取物品，仓库凭单发货，这种发货形式通常称为提货制。它具有提单到库、随到随发、自提自运的特点。为划清交接责任，仓库发货人与提货人在仓库现场对出库物品当面交接并办理签收手续。

（三）取样

取样是货主出于对物品质量检验、样品陈列等需要，到仓库提取货样而形成部分物品的出库。货主取样时必须持有仓单，仓库必须根据正式取样凭证才能发给样品，并做好账务登记和仓单记载。

（四）过户

过户是一种就地划拨的出库形式，物品虽未出库，但是所有权已从原存货户头转移到新存货户头。仓库必须根据原存货人开出的正式过户凭证，才能予以办理过户手续。日常操作时，往往是仓单持有人的转让，这种转让要经过合法手续。

（五）转仓

货主为了方便业务开展或改变储存条件，需要将某批库存物品自某仓储企业的甲仓库转移到该企业的乙仓库，这就是转仓的发货形式。转仓时货主必须出示仓单，仓库根据货主递交的正式转仓申请单办理转仓手续，同时在仓单上注明有关信息资料。

三、核查出库凭证

（一）出库凭证核查的内容

仓库接到出库凭证（仓单），即出库单后，必须对出库凭证进行审核。审核的内容如下：

（1）审核提货单的合法性和真实性；

（2）核对物品的品名、型号、规格、单价、数量及有效期等；

（3）核对收货单位、到货站、开户行和账号是否齐全和准确。

如属收货人自提出库，则要核查提货单有无财务部门准许发货的签章。提货单必须是符合财务制度要求的具有法律效力的凭证。

（二）出库凭证审核中的问题处理

（1）凡出库凭证超过提货期限而客户前来提货，必须先办理手续，按规定缴足逾期仓储保管费后方可发货。任何白条都不能作为发货凭证。提货时，客户发现规格开错，保管员不得自行调换规格发货，必须通过制票员核查无误，重新开票方可发货。

（2）凡发现出库凭证有疑点，或者情况不清楚，应及时与出具出库单的单位或部门联系，妥善处理；发现出库凭证有假冒、复制、涂改等情况时，应及时与仓库保卫部门联系，严肃处理；触犯法律的，应依法移交公安机关处理。

（3）物品进库未验收或者期货未进库的出库凭证，一般暂缓发货，并通知货主，待货到并验收后再发货，提货期顺延，保管员不得代发代验。

（4）如客户因各种原因将出库凭证遗失，客户应及时与仓库管理人员和财务人员联系挂失；如果挂失时货已被提走，仓管员不承担责任，但有义务协助货主找回物品；如果物品没有被提走，经仓库管理人员和财务人员查实后做好挂失登记，将原凭证作废，缓期发货。

任务二　备货作业

一、拣选作业

（一）拣选作业的概念

拣选作业就是将客户所订的货物从储存保管处取出，按客户分类、集中、处理和放置。拣选作业的目的在于正确而迅速地集合客户所订购的货物，其动力的产生来自客户的订单。根据订单，仓库选择适当的拣选设备，按拣选作业过程的实际情况，运用一定的方法策略组合，采取切实可行且高效的拣选方式，提高作业效率，提升作业速度与能力。

（二）拣选作业的方法

拣选作业按方法的不同，可分为按单拣选、批量拣选及复合拣选三种作业类型。

1. 按单拣选作业

按单拣选作业也称为摘果式拣选，是根据每一个用户订单上所列明的物品品种、规格及数量，逐一拣选，将配齐的物品放置到发货场所指定的货位后再进行下一个要货单位的拣选作业。

（1）按单拣选作业的特点。

①作业方法简单，通常采用人工作业。仓库接到出库订单即可进行拣选作业，作业的前置时间短，作业较灵活。

②作业对象明晰。

③拣货后不需要进行分类作业，适用于配送批量大的用户。

④多品种拣选适应性差。当拣选对象为多用户、多品种，尤其是多品种小批量时，拣选作业较困难，作业时拣货区域会扩大，拣货过程复杂，传输路径延长，拣选效率较低。如采用自动拣选系统，系统设计较困难，系统成本增加。

（2）按单拣选作业的适用条件。

①少量用户的拣选作业。少量用户订单通常有批量小、品种多，或批量大、品种少两种情况，临时性订单的数量较多。

②季节性订单的拣选作业。季节性强的订单也可采用订单拣选作业。如家用电器、夏令物品等都可运用此方法来拣货。

2. 批量拣选作业

批量拣选作业也称为播种式拣选，是指将多张订单汇集在一起，依据不同用户订单上同种物品集中进行拣选作业的方法。例如：作业人员将每批订单上的相同货物累加起来，通过拣选设备或自动化拣选系统将物品从储存货位上取出，集中送作业区，然后根据每个客户的发送量分放，如此反复进行，直至用户需要的所有货物都分放完毕。

（1）批量拣选作业方式的特点。

①适合多用户订单。多用户订单上同种物品的大批量拣选作业可以采用此法。

②拣选作业效率高。对同种物品集中进行拣选作业，可以缩短拣选物品的时间，拣选量大，拣货作业效率高。

③需要累积订单。批量拣选方法必须当订单累积到一定数量时，才能做一次性的处理。因此，订单需要有一定的累积时间，作业过程可能因此发生停滞。

（2）批量拣选作业方式的适用条件。

①订单（配送单）内容与数量较稳定。适合订单（配送单）内容变化较小、订单数量稳定的拣选作业。

②拣选物品的品种与数量相对稳定。拣选作业对象通常是包装较规范、品种较固定的物品，如箱装物品、袋装物品等。

③需要加工物品的拣选。需要进行流通加工的物品也适合批量拣选，作业时通常采用先批量加工再拣选的作业方法，如先成组或组装再拣选，这样有利于提高拣货效率。

3. 复合拣选作业

单一拣选作业或多或少存在一定的局限性，为了更有效地进行拣选作业，更多地是采用按单拣选和批量拣选方法的组合方式，这种将两种方法组合起来进行拣选作业的方法称为复合拣选作业。复合拣选作业是根据订单的品种、规格、数量及出库频率，有针对性地采取相应的拣选作业方式，以提高拣选作业的效率。

复合拣选作业最大的优点是整个拣选作业的准确性较高、差错率低、效率高，提高了用户的满意度，降低了作业成本。因此，大型配送中心多采用复合拣选作业。

（三）拣选信息

拣选信息能够指示拣选人员在既定的拣货方式下正确而迅速地完成拣选作业，是拣选作业的源动力。拣选信息传送方式有传票拣选、拣选单拣选、标签拣选、电子标签辅助拣选、RF 辅助拣选等。

1. 传票拣选

传票拣选是直接利用客户的订单或公司的交货单作为拣选依据，是一种最原始的拣选方式。拣选员一面看着订货单的品名，一面寻找客户订的物品。这种拣选信息通常没有按照货位编号加以重新排序，拣选员需来来回多趟才可拣足一张拣选单。

传票拣选的优点是无须利用计算机等设备处理拣选信息，适用于订购品项数少或少量订单的情况。传票拣选的缺点包括：此类传票容易在拣选过程中受到污损，或因存货不足、缺货等注释直接写在传票上，导致作业过程中发生错误或无法判别确认。未标示货物的货位，必须靠拣选人员的记忆在货架中寻找存货位置，更不能引导拣选人员缩短拣选路径，无法通过拣选策略提高拣选效率。

2. 拣选单拣选

拣选单拣选是目前最常用的拣选方式，它是将原始的客户订单输入计算机后进行拣选信息的处理，并打印拣选单。拣选单的品名按照货位编号重新编号，让拣选员来回一趟就可拣足一张订单。拣选单上印有货位编号，拣选员可以按地址寻找货物，使不熟悉货物放置位置的新手也能拣选。拣选人员根据拣选单的顺序拣选，拣选时将货物放入搬运器具内，同时在拣选单上做记号，然后再执行下一货位的拣选。

拣选单拣选的优点有：

（1）避免传票在拣选过程中受到污损，在检验过程中使用原始传票查对，可以修正拣选作业中发生的错误。

（2）货物的货位显示在拣选单上，同时可以按到达先后次序排列货位编号，引导拣选人员按最短路径拣选。

（3）可充分配合分区、订单分割、订单分批等拣选策略，提升拣选效率。

拣选单拣选的缺点有：

（1）拣选单的处理打印工作耗费人力、时间。

（2）拣选完成后仍需经过货物检验过程，以确保其正确无误。

3. 标签拣选

标签拣选是指接单之后经过计算机处理，依据货位的拣选顺序排列打印拣选标签，订购几箱（件）货物则打印几张标签，标签张数与订购数一样，拣选人员根据拣选标签上的顺序拣选。利用标签上的条码来自动分类，效率非常高。拣选时将货物贴标之后放入拣选容器内，标签贴完了则表示该项货物已经拣选完成。

标签拣选大部分被应用在整箱拣选及单品拣选上，整箱拣选的标签与单品拣选的标签内容不一样，整箱拣选的标签除了单品拣选标签上的内容外，还包括客户地址及配送路线等，因此可以直接当作出货标签使用，必要时也可以增加条码的打印，以提高作业效率。而单品拣选之后大部分都必须装入纸箱或塑料箱内，因此必须配加出货标签，客户地址及配送路线的资料在出货标签上打印，而单品拣选的标签则可以省略这部分内容。

标签拣选的优点有：①结合拣选与贴标签的动作，可以减少流通加工作业与往复搬运检核的动作，缩短整体作业时间。②可以在拣选时清点拣选数量，提高拣选的正确性（若拣选未完时标签即贴完，或拣选完成但标签仍有剩余，则表示拣选过程有错误发生）。

标签拣选的缺点有：①若要同时打印价格标签，必须统一下游客户的货物价格和标签形式。②操作环节比较复杂，拣选费用高。

4. 电子标签辅助拣选

电子标签辅助拣选是在每一个货位安装数字显示器，利用计算机的控制将订单信息传输到数字显示器，拣选人员根据数字显示器所显示的数字拣选，拣完货之后按确认钮即完成拣选工作，故也称为电子标签拣选。

电子标签设备主要包括电子标签货架、中继器、计算机辅助拣选台车、条码、无线通信设备等。拣选员在货架通道行走，看到灯亮的电子标签就停下来，并按显示数字拣取该货物所需的数量。此种拣选方式可用于批量拣选，也可用于按单拣选，但货物品项太多时则不太适合，会使成本过高。

电子标签辅助拣选的优点有：

（1）沿特定拣选路径，看电子标签灯亮就停下来，并按显示数字拣选，不容易拣错货物，错误率较低。

（2）可省去来回寻找待拣货物的时间，拣选速度可提高 30% ~50% 。

（3）只要寻找电子标签灯亮的货位并按显示数字拣选，使不熟悉货物放置位置的新手也能完成拣选。

5. RF 辅助拣选

RF 辅助拣选也是计算机辅助的一种拣选方式，其原理是利用掌上电脑终端、条码扫描器及 RF 无线电控制装置的组合，将订单资料由计算机主机传输到掌上终端，拣选人员根据掌上终端所指示的货位，扫描货位上的条码，如果与计算机的拣选资料不一致，掌上终端就会发出警告声，直到找到正确的货物货位为止；如果与计算机的拣选资料一致，就会显示拣选数量，根据所显示的拣选数量拣选，拣选完成之后按确认钮即完成拣选工作。拣选信息利用 RF 传回计算机主机，同时将料账扣除。

此种拣选方式适用于按单拣选和批量拣选方式，成本低且作业弹性大，尤其适用于货物品项很多的场合，与拣选台车搭配使用最为常见。

（四）拣选策略

拣选策略是影响拣选作业效率的重要因素，对不同的订单需求，应采取不同的拣选策略。决定拣选策略的 4 个主要因素是：分区、订单分割、订单分批及分类。这四个主要因素交互运用，可产生多个拣选策略。

1. 分区策略

分区就是将拣选作业场地作区域划分。按分区原则的不同，又有以下 4 种分区方法：

（1）按工作分区。在相同的拣选方式下，将拣选作业场地再做划分，由一个或一组固定的拣选人员负责拣选某区域内的货物。该策略的主要优点是拣选人员需要记忆的存货位置和移动距离减少，拣选时间缩短，还可以配合订单分割策略，运用多组拣选人员在短时间内共同完成订单的拣选，但要注意工作平衡问题。

（2）按拣选单位分区。按拣选单位分区就是将拣选作业区按拣选单位划分，如箱装拣选区，单品拣选区，或是具有特殊货物特性的冷冻品拣选区等。其目的是使储存单位与拣选单位分类统一，以方便拣选与搬运单元化，使拣选作业单纯化。一般来说，按拣选单位分区形成的区域范围是最大的。

（3）按拣选方式分区。在不同的拣选单位分区中，按拣选方法和设备的不同，又可以分为若干区域，通常以货物销售的 ABC 分类为原则，按出货量的大小和拣选次数的多寡做 ABC 分类，然后选用合适的拣选设备和拣选方式，其目的是使拣选作业单纯一致，减少不必要的重复行走时间。在同一单品拣选区中，按拣选方式的不同，又可分为台车拣选区和输送机拣选区。

（4）按货物特性分区。按货物特性分区就是根据货物原有的性质，将需要特别储存搬运或分离储存的货物进行分区，以保证货物的品质在储存期间保持一定。

2. 订单分割策略

当订单上订购的货物项目较多，或是拣选系统要求及时快速处理时，为使其能在短时间内完成拣选处理，可将订单分成若干子订单，交由不同拣选区域同时进行拣选作业。将订单按拣选区域进行分解的过程称为订单分割。

订单分割一般是与拣选分区相对应的，对采用拣选分区的配送中心，其订单处理过程的第一步就是要按区域进行订单分割，各个拣选区根据分割后的子订单进行拣选，各拣选区子订单拣选完成后，再进行订单的汇总。

3. 订单分批策略

订单分批是为了提高拣选作业效率而把多张订单集合成一批，进行批次拣选作业。其目的是缩短拣选时平均行走搬运的距离和时间。若再将每批次订单中的同一货物品项加总后拣选，然后再把货物分给每一个客户订单，则形成批量拣选，这样不仅缩短了拣选时平均行走搬运的距离，也减少了重复寻找货位的时间，从而提高了拣选效率。但如果每批次订单数目过多，则必然耗费较多的分类时间，甚至需要有强大的自动化分类系统的支持。订单分批的原则如下：

（1）按时窗分批。当从订单到达到拣选完成出货所需的时间非常紧迫时，可利用此策略开启短暂而固定的时窗，再将此时窗中所到达的订单作为一批，进行批量拣选。这种订单分批方式常与分区及订单分割联合运用，特别适合于到达时间短而平均的订单，且订购量和品项数也不宜太大。各拣选区利用时窗分批同步作业时，会因各区工作量不平衡和时窗分批拣选量不平衡而产生作业等待，如能将这些等待时间缩短，可以大大提高拣选效率。这种分批方式适合密集频繁的订单，且较能应付紧急插单的需求。

（2）按总合计量分批。在进行合计拣选作业前，应累计所有订单中每一货物项目的总量，再根据总量进行拣选，以将拣选路径缩至最短，同时储存区域的储存单位也可以单纯化，但需要有功能强大的分类系统来支持。这种订单分批方式适用于固定点之间的周期性配送，可以将所有的订单在中午前收集，下午做计量分批拣选单据的打印等信息处理，第二天进行拣选分类等工作。

（3）固定订单量分批。订单分批按先到先处理的基本原则，当累计订单量达到设定的固定量时再开始进行拣选作业。这种订单分批方式更注重维持较稳定的作业效率，所以处理的速度较前者慢。

（4）智能型分批。智能型分批是将订单汇总后经过计算机较复杂的计算，将拣选路径相近的订单分成一批同时处理，这样可以大大缩短拣选行走搬运距离。采用这种分批方式的配送中心通常将前一天的订单汇总后，经计算机处理，在当天下班前产生次日的拣选单据，因此对紧急插单作业的处理较为困难。

除以上分批方式外，还有其他方式，如按配送的地区、路线分批，按配送的数量、车趟次、金额分批，或按货物内容、种类、特性分批等。

二、补货作业管理

（一）补货的含义

补货是在拣货区的存货低于设定标准的情况下，将货物搬运到动管拣货区的工作，并要做相应的账面处理。其目的是将正确的货物在正确的时间和地点，以正确的数量和最有效的方式送到指定的拣货区。

（二）补货的基本方式

补货作业的方式可以按不同标准进行分类，主要有以下几种：

1. 按照补货区域的不同分类

（1）货区补货。货区补货系统由储存货架区与流动式货架（即流利架）组成。当配送区缺货时，从储存货架区取货，向流动式货架补货。

（2）上下货架补货。将高层货架的上层作为储存区，下层作为拣货区，物品由上层货架向下层货架进行，这种补货方式称为上下货架补货。这种补货方式适合于体积不大、存货量不多，且多为中小量出货的货物。仓储式配送中心、销售型配送中心、购物中心等大多采用这种补货方式。

2. 按补货时机不同分类

（1）批量补货。批量补货是指每天由计算机计算所需货物的总拣取量，在查询动管区存货量后得出补货数量，从而在拣货之前一次性补足，以满足全天拣货量。这种一次补足的补货原则，较适合一日内作业量变化不大、紧急插单不多，或是每批次拣取量大的情况。

（2）定时补货。定时补货是指把每天划分为几个时点，补货人员在固定时段内检查动管拣选区货架上的货物存量，若不足，则及时补货。这种方式适合分批拣选时间固定且紧急订单处理较多的配送中心。

（3）随机补货。随机补货是指指定专门的补货人员，随时巡视动管拣选区的货物存量，发现不足随时补货。这种方式较适合每批次拣取量不大、紧急插单多以至于作业量不易事先掌握的情况。

3. 按每次补货数量不同分类

（1）整箱补货。整箱补货是指由货架保管区以箱为单位补货到流动货架的货区。这种补货方式的保管区为货架储放，动管拣选区为两面开放式的流动拣选区，拣货时，拣货员从拣选区拣取货物单品放入浅箱（篮）中，而后放入输送机并运到发货区。当动管区的存货已低于设定标准时，则进行补货作业。其补货方式为作业员到货架保管区取货箱，以手推车载箱至拣货区，由流动拣选区后方补货。整箱补货方式较适合体积小且少量多样出货的货物。

（2）托盘补货。托盘补货方式是以托盘为单位进行补货。托盘由地板堆放保管区运到地板堆放动管区，拣选时把托盘上的货箱置于中央输送机送到发货区。当存货量低于设定标准时，立即补货；使用堆垛机把托盘由保管区运到拣选动管区，也可以把托盘运到货架动管区进行补货。这种补货方式适合体积大或出货量多的货物。

4. 其他补货方式

（1）直接补货。直接补货是指补货人员直接在进货时将货物运至拣选区，货物不再进入保管区的补货方式。对于一些货物周转非常快的中转型配送中心，直接补货是常用的补货方式。

（2）复合式补货。复合式补货是指拣选区的货物采取同类货物相邻放置的方式，而保管区采取两阶段的补货方式。第一保管区为高层货架，第二保管区位于拣选区旁，是一个临时保管区。补货时，货物先从第一保管区移至第二保管区，当拣选区存货降到设定标准以下时，再将货物从第二保管区移到拣选区，由拣货人员在拣选区将货物拣走。在自动化作业的配送中心或仓库中，按照事先确定的补货方式，通过计算机发出指令，可以自动进行补货作业。

三、配货作业

拣选作业完成以后进行的是配货作业。配货作业的基本流程为分类—复核—包装。

（一）分类

配货作业首先要对分拣出来的物品根据客户或配送路线进行分类，集中放置在缓冲区。分类的方法主要有人工分类、旋转货架分类以及自动分类机分类等。

（二）复核

为防止差错，备货后应立即进行复核。出库的复核形式主要有专职复核、交叉复核和环环复核 3 种。除此之外，在发货作业的各个环节都贯穿着复核工作。例如，理货员核对单货、门卫凭票放行、财务员核对账单等。这些分散的复核形式具有分头把关的作用，有助于提高仓库发货业务的工作质量。复核的主要内容包括品种数量是否准确、物品质量是否完好、配套是否齐全、技术证件是否齐各、外观质量和包装是否完好等。经复核，不符合要求的物品应停止发货，对不符合要求的情况应及时查明原因。

（三）包装

物品出库前还要进行重新包装。配货作业中的包装主要是指物流包装，其主要作用是保护物品，并将多个零散物品放入大小合适的箱子中，以实现整箱集中装卸、成组化搬运等，同时减少搬运次数，降低货损、货差，提高配送效率。同时，包装也是物品信息的载体，通过在外包装上书写物品名称、重量、产品条码、发货人信息、收货人信息等，便于收货人员和送货人员识别物品。通过扫描包装上的条码，还可以进行物品跟踪，根据包装上的装卸搬运说明，可以指导作业人员对物品进行正确操作。

任务三　发货作业

一、发货交接

出库物品经复核和包装后，要向提货人员点交，同时应将出库物品及随行证件逐笔向提货人员当面核对。在点交过程中，对有些重要物品的技术要求、使用方法、注意事项，保管员应主动向提货人员交代清楚，做好技术咨询服务工作。物品移交清楚后，提货人员应在出库凭证上签名。物品点交后，保管员应在出库凭证上填写“实发数”“发货日期”“提货单位”等内容并签名。

二、货物配载

在配送作业流程中需要安排配装，即把多个客户的货物或同一客户的多种货物进行搭配装载，满载于同一车辆。合理配载不但能降低送货成本，提高企业的经济效益，还可以减少交通流量，改善交通拥挤状况。合理的货物配载要能够充分利用运输工具（货车、轮船等）的载重量和容积，提高车辆利用率。

合理配载应注意的问题有：

（1）充分利用车辆的容积和载重量，做到满载满装，尽量降低运输成本。

（2）尽量做到“先送后装”“后送先装”。

（3）包装不同的货物应尽量分开装载。

（4）重不压轻，大不压小。

（5）外观相近、容易混淆货物分开装载。

（6）外形突出的货物应分开装载或使用隔板，避免损伤其他货物。

（7）尽量不将散发粉尘的货物与清洁货物混装。

（8）不将散发臭味的货物与吸臭性货物混装。

（9）切勿将渗水货物与易受潮货物混装。

（10）易滚动的卷装、桶状物要垂直摆放。

装载完毕，在门端处采取适当的稳固措施，以免开门货物倾倒。根据送货计划所确定的最优路线，在规定的时间内及时、准确地将物品送到目的地。

项目小结

本项目主要介绍了物品出库的要求、出库的形式、出库凭证的核查方法、拣选策略、补货方法及点交符合等内容。货物出库时一定要做到“三不、三核、五检查”。在接到出库通知之后，仓库应当选择适当的拣选设备，按拣选作业过程的实际情况运用一定的方法策略组合，采取切实可行且高效的拣选方式，提高作业效率，提升作业速度与能力。

复习思考题

1. 简述物品出库的基本要求。
2. 简述物品出库的形式。
3. 物品拣选的策略有哪些？
4. 简述批量拣选方式的优缺点。
5. 简述按单拣选方式的优缺点。
6. 简述补货的几种不同形式。
7. 简述车辆配载的注意事项。

案例分析

长虹公司的流动仓库

长虹电器公司是一家集彩电、背投、空调、视听、数字网络、电源、器件、平板显示、数字媒体网络等产业研发、生产和销售的多元化综合型跨国企业。其在美洲、大洋洲、东南亚、欧洲均设立了子公司，在美国、法国、俄罗斯等10多个国家和地区开设了商务中心，经贸往来遍及全球100多个国家和地区。

长虹电器在一地就拥有40多个原材料库房，50多个成品库房，200多个销售库房。过去的仓库管理主要由手工完成，各种原材料信息通过手工录入，效率低，差错率高，在出库频率提高的情况下，问题更为严重。虽然应用了ERP系统，但有关原材料的各种信息记录在纸面上，而存放地点完全依靠工人记忆。由于库存信息的滞后性，让总部无法做出及时、准确的决策。为了解决上述问题，长虹电器选择了美国讯宝科技公司（Symbol Technologies Inc.，Enterprise Mobility Company™）及其合作伙伴高立开元公司共同提供的企业移动解决方案。该解决方案采用讯宝科技的条码技术，并以Symbol MC3000作为移动处理终端，配合无线网络部署，进行仓库数据的采集和管理。

一、出库操作

一个完整的出库操作包括下架、封装、发货等操作。通过使用无线网络，长虹电器的仓库管理人员可以在下架时实时查询待出库产品的库存状态，实现先进先出操作，为操作人员指定需发货的产品库位，并通过系统下发动作指令，实现路径优化。封装时，系统自动记录包装内的货物清单并自动打印装箱单。发货时，系统自动记录发货的产品数量，并自动修改系统库存。通过这些步骤，长虹电器可以在系统中追踪到每个订单产品的发货情况，实现及时发货，提高服务效率和客户响应时间。仓库操作人员收到仓库数据中心的发货提示，会查阅无线终端上的任务列表，并扫描发货单号和客户编码，扫描无误后确认发送，中心收到后关闭发货任务。

二、盘点操作

长虹电器会定期对库存物品进行盘点。在未使用条码和无线技术之前，长虹电器的仓库操作人员清点完物品后，将盘点数量记录下来，将所有的盘点数据单提交给数据录入员输入计算机。

由于数量清点和计算机录入工作都需要耗费大量的时间且不能同时进行，因此往往会出现计算机录入员无事可做，然后忙到焦头烂额的情况；仓库人员则是盘点时手忙脚乱，而后围在计算机录入员身边等待盘点结果。这样的场面几乎每个月都要发生一次。部署了讯宝科技的企业移动解决方案后，长虹杜绝了这种现象。仓库操作人员手持Symbol MC3000移动终端，直接在库位上扫描物品条码和库位，系统自动与数据库中记录进行比较，通过移动终端的显示屏幕将盘点结果返回给仓库人员。通过无线解决方案可以准确反映货物库存，实现精确管理。

思考题：

1. 长虹电器仓储效率低的最重要原因是什么？
2. 长虹电器是如何进行盘点的？
3. 长虹电器出库操作流程是怎样的？

技能拓展

技能训练 6-1　电子标签拣选实训

一、实训目的

1. 掌握拣货的流程；
2. 学习电子标签拣货系统的工作原理及操作技巧；
3. 学会现场拣货、装货等技能操作。

二、实训内容与步骤

1. 实训布置。实训教师带领学生到物流实训室（实训基地），并布置本次实训的目的、内容及注意事项。

2. 分组。全班同学分成若干学习小组，3~5人为宜，选出组长。

3. 教师讲解与操作示范。实训指导教师现场讲解电子标签拣选的基本原理、电子标签拣选设备的构成及设备与软件的操作方法。

4. 学生根据指导教师的要求，熟悉电子标签设备及软件的使用特点，并能做到熟练规范的操作电子标签拣选设备；掌握拣货策略和拣货作业的方法；学习电子标签拣货系统的信息传递方式。

5. 能够现场按订单拣选客户所需的物品名称、数量和储存仓位，将物品从货垛或货架上拣选出来。

6. 在学生训练过程中，教师需要监督并指导学生的练习，对每个小组提出的疑惑或问题进行及时解答，必要时再进行设备操作示范。

7. 以小组为单位，教师考核学生电子标签拣选作业。

三、实训作业

以个人为单位，每人上交一份的实训总结报告。

四、实训条件

1. 物品（选择20种以上物品名称、规格、型号、数量）；
2. 电子标签拣选设备；
3. 仓储管理信息系统；
4. RF手持终端；

5. 计算机。

五、考核标准

电子标签拣选实训项目考核评分表

考核人员名单				
考核地点		考核时间		
考核项目	考核内容		分值	得分
电子标签拣选实训	出勤、实训纪律		20	
	拣选设备操作正确		20	
	拣选货品的品目和数量正确		20	
	软件操作正确		20	
	5S 管理		10	
	团队协作		10	
合　　计			100	

技能训练 6－2　出库作业实训

一、实训目的

本次实训以培养学生具备以下能力为目标。

1. 根据订单分析现有库存的能力；
2. 根据订单制作出库拣选单的能力；
3. 编制出库作业计划的能力；
4. 合理使用出库设备进行出库作业的能力。

二、实训内容与步骤

1. 实训教师带领学生到物流实训室，并强调本次实训的目的、内容及注意事项。

2. 分组。将学生分成若干个小组，每组 3～5 人。

3. 学生根据获得的实训资料（包括客户订单、客户基本信息、现有库存信息、货架存储信息、装卸搬运设备信息及月台信息等）所提示的信息，完成出库作业计划的制订。教师对出库作业计划的制作进行讲解，对学生完成过程进行组织、监督和指导。

4. 制订出库作业计划。以小组为单位，制订出库作业计划。主要包括如下内容：

（1）客户订单有效性分析；

（2）客户优先权分析；

（3）库存分配计划表；

（4）制作拣选单；

（5）月台码放示意图。

教师对学生的出库作业方案的制作进行监督和指导，随时答疑。

5. 出库作业操作。每组根据本组出库作业计划进行操作，教师考核操作过程。学生按照出库作业计划操作出库工具，按照拣选单进行拣选，并将拣选完的货物按照客户进行分类，放置于出库月台。

6. 出库完成后，将所有工具放回原处，完成场地的5S整理工作。

7. 总结评价。教师总结学生在本次实训中的表现，并完成考核评价工作。

三、实训作业

1. 以小组为单位上交一份的《出库作业计划》。

2. 每人上交一份实训报告。

四、实训条件

1. 物流实训室；

2. 托盘、货架、装卸搬运设备、计算器；

3. 物品；

4. RF 手持终端、WMS（仓储管理信息系统）、计算机。

五、考核标准

出库作业实训项目考核评分表

序号	评分项	评分标准	满分	得分
1	实训过程表现	出勤、实训纪律	20	
2	出库作业计划	正确完成客户订单有效性分析、客户优先权分析、库存分配计划表、制作拣选单、月台码放示意图	20	
3	出库作业操作	出库货位及出库物品的品名、数量正确	10	
		复核、打包过程操作正确	10	
		正确使用出库装卸搬运设备，操作符合规范	10	
		按照出库区划分，将货同一客户的货物正确放在月台	10	
		5S 管理（整理、整顿、清洁、清扫、素养）	10	
		团队精神	10	
总　分			100	

项目七

仓储商务管理

项目说明

仓储商务管理是仓储经营人对仓储商务所进行的计划、组织、指挥和控制的过程，是独立经营的仓储企业对外商务行为的内部管理，属于企业管理的一个方面。仓储商务管理涉及企业的经营目标、经营收益，因而更重视管理的经济性、效益性。相对于其他企业项目管理，仓储商务管理具有外向性，围绕仓储企业与外部发生的经济活动进行管理；仓储商务管理又具有整体性，商务工作不仅是商务职能部门的工作，涉及仓储企业整体的经营和效益，也是其他部门能否获得充足工作量的保证。仓储商务管理是仓储企业高层管理的核心工作，也是企业其他各部门应关心的工作和需要各部门支持的工作。

知识目标：

1. 了解仓储商务的含义及内容；
2. 理解仓储商务管理的含义及特征；
3. 掌握仓储商务管理的内容；
4. 了解仓储合同的含义及特征；
5. 了解仓储合同的种类；
6. 掌握仓储合同的条款内容；
7. 理解仓单的功能及内容。

能力目标：

1. 能够妥善处理仓储商务管理事宜；
2. 能够依据原则和买卖双方的权利义务关系编写仓储合同；
3. 能够根据填写规范和注意事项填写仓单。

项目任务

仓储保管合同是否有效

某五金公司与某仓储企业有多年的业务往来。某年5月，五金公司经理王某找到该仓储企业经理张某称，“我公司购回走私彩电500台，有关部门正在追查，想请张经理帮忙，将这批货暂时在仓储企业存放一段时间，待避过风头之后，我公司立即想办法处理。”但仓储企业经理张某说：“咱们都是经营单位，仓储中心目前效益也不好，并且寄存你这批货还要承担很大风险，因此，要适当收取一些仓储费。另外，一旦有关部门将该批货查封、扣押或没收，我单位不承担任何责任。”五金公司王经理表态：“费用按标准支付，签订仓储合同。”双方随即签订了一份仓储保管合同。合同约定，仓储企业为五金公司储存彩电500台，期限6个月，每月仓储费1 000元。10月，该批货在仓储企业存放期间被有关部门查获，并依法予以没收。后来双方当事人为仓储费问题发生争执，经多次磋商未果，仓储企业诉至法院，要求五金公司依约支付仓储费并赔偿损失。

1. 五金公司与仓储企业之间所签订的仓储保管合同是否有效？
2. 五金公司是否应支付仓储费？为什么？

知识准备

任务一　仓储商务管理概述

一、仓储商务的含义

仓储商务是指仓储经营人利用所具有的仓储保管能力向社会提供仓储保管产品和为获得经济收益所进行的交换行为。仓储商务是仓储企业基于仓储经营而进行的对外经济交换活动，它是一种商业性的行为。仓储商务发生在公共仓储和营业仓储中，企业自营仓储则不发生仓储商务。仓储商务活动的内容主要有：仓储商情调查和发现商业机会；市场分析和选择商业机会；商务磋商和签订商业合同；合同履行的协调；争议处理和风险控制；企业形象塑造；制定竞争战略并发展市场；保持企业可持续发展。

二、仓储商务的内容

（一）仓储经营决策

仓储企业根据社会对仓储产品的需要，以及仓储企业所具有的能力和实力，仓储市场的供给水平，遵循充分运用企业资源、满足社会需要和获得最大利润的原则，合理制定实现企业经营发展目标的方法和经营决策。

根据企业所选择的经营方式合理组织商务队伍，制定仓储商务管理和作业规章制度，形成科学、合理的管理体系。

根据需要和能力，仓储企业可以选择租赁经营、公共仓储、物流中心或者配送中心方式经营，或者采用单项专业经营或者综合经营方式，实行独立经营或者联合经营的经营定位。

（二）市场宣传和市场调查

市场调查既是企业经营决策的依据，也是仓储企业的日常经营工作。商务部门需要不断进行市场调查和发现商业机会，建立商业关系。

商务市场调查主要针对市场的供求关系、消费者对产品需求的变化以及将来的发展，进行准确调查和科学预测，以便企业进行经营决策、产品设计和商务宣传。

市场宣传是建立企业形象的一种手段，也是企业获得商业机会的手段之一。商务部门应合理、充分地利用企业的有限资源，采取有针对性的有效措施，对潜在客户和竞争对手的客户进行有效宣传和推广，促进业务关系的建立。市场宣传可以采用广告宣传、企业联系、宣传推广、人员促销等方法进行。

（三）积极营销与妥善选择商机

营销也称为市场营销，是从市场需要出发，构思、设计、定价、促销和分销的规划和实施过程，其核心是交换，即实现双方互利的交换。仓储企业按照市场对产品的需求设计仓储方案并向社会推广，实现交易，达到仓储营销管理的目的。

积极营销就是要细致地开拓市场、分析产品，准确地选择目标市场和产品定位，合理地确定营销组合，严格管理营销的活动过程。仓储推销可以采用人员推销和非人员推销的方式。人员推销是选择合适的员工采取上门推销、柜台推销、会议推销等方式进行面对面的推销；非人员推销则是采用广告、营业推广、公共宣传等方式使产品被社会接受。在获得商机之后，仓储企业应根据自身的经营目标和客户的资信，选择合适的对象开展交易活动。

（四）订立仓储合同

合同是市场经济主体之间期望发生民事关系的手段。需要仓储服务的存货人与经营仓储的保管人通过订立仓储合同，发生了货物保管和被保管的经济关系，并通过仓储合同调整双方关于仓储的权利和义务。仓储合同经过双方要约和承诺的过程，当双方意见一致时，合同成立。

由于仓储保管是双务行为，需要较为完整的合同订立程序，明确地表示合同成立，以及完整的合同形式。由于物资仓储往往需要较长的时间，还可能需要对仓储物进行加工处理、分拆等作业，进行流通管理，为了保证保管人严格按照存货人的要求进行处理，避免时间久远被遗忘而出现争议，以及涉及仓单持有人的第三方关系，仓储合同需要订立较为完备的合同，合同条款尽可能细致。

（五）存货人向仓库存货

存货人应按合同的约定向保管人交付仓储物。存货人交付仓储物是存货人履行合同的行为。存货人交付仓储物时必须对仓储物进行妥善处理，保证仓储物适合仓储。对危险品或者易变质物品，应提供有关资料，说明仓储物的性质和处理方式，对仓储物的状态、质量程度提供相应的证明。存货人须按合同的约定将仓储物准备好，在合同约定的地点或者仓储地点为仓库卸货提供方便。在货物交付给仓库时，与仓库工作人员共同理货、查验货物。合同约定预付仓储费的，存货人在存货时应向保管人支付约定的保管费。

（六）保管人接收货物和保管货物

保管人应按照合同约定在接收仓储物之前准备好仓储场地，使场地适合仓储物存放和保管。保管人在接收仓储物之前必须验收仓储物，对仓储物进行理货检验，确认仓储物的状态、质量以及仓储物的准确数量。

合同约定由保管人负责仓储物装卸、堆放的，保管人应安排并妥善进行卸载、堆放。仓储物接收完毕，保管人应根据约定向存货人签发仓单。约定由存货人卸货存放的，存货人按照仓库的安排，将货物运至指定的地点卸货并按仓库的要求进行堆码摆放。

在仓储物入仓后，保管人应采取合理的方法、有效的措施对仓储物进行妥善的管理和相应的作业。在存放期间，若仓储物发生损害或变化，应及时通知存货人处理，并采取必要的处理措施，减少损失；同意存货人或者仓单持有人检查仓储物或提取样品。

（七）存货人提货

仓储期届满，存货人或者仓单持有人凭仓单向保管人提取仓储物，交付仓储费用和保管人的垫费、仓储物的性质造成的保管人损失、超期存货费和超期加收费等费用。提货人提货完毕，在仓单上签署后，将仓单交回保管人。如果合同未约定存储期限，存货人或者仓单持有人可以随时要求提取仓储物，但应有合理的通知期。

三、仓储商务管理的含义和特征

（一）仓储商务管理的含义

仓储商务管理是仓储经营人对仓储商务所进行的计划、组织、指挥和控制的过程，是独立经营的仓储企业对外商务行为的内部管理，属于企业管理的一个方面。仓储商务管理涉及企业的经营目标、经营收益，因此更重视管理的经济性、效益性。

与其他企业项目管理相比，商务管理具有外向性，是围绕仓储企业的、与外部发生的经济活动的管理。与此同时，商务管理又具有整体性，商务工作不仅是商务职能部门的工作，还涉及仓储企业整体的经营和效益，也是其他部门能否获得充足工作量的保证。

仓储商务管理是仓储企业高层管理的核心工作，也是企业其他各部门关心的工作和需要各部门支持的工作。

（二）仓储商务管理的特征

相对于仓储企业其他项目管理，仓储商务管理具备以下特征。

1. 经济效益性

仓储管理涉及企业的经营目标和经营收益，所以更加重视管理的经济效益性。

2. 外向性

仓储商务管理是围绕仓储企业的、与外部发生的经济活动的管理，因而具有外向性。

3. 整体性

仓储商务工作并不只是仓储企业商务职能部门的工作，由于既涉及仓储企业整体的经营和效益，还关系到其他部门能否获得充足工作量，因此仓储商务管理是仓储企业高层管理的核心工作，同时也是企业其他各部门关心的工作，需要仓储企业各部门的支持与配合。所以说仓储商务管理具有整体性。

四、仓储商务管理的原则

（一）满足社会需要

仓储商务管理就是保持仓储产品社会交换的不断进行，使仓储资源能被最大限度地利用，服务于社会，为社会创造更大的财富。在仓储商务管理中，以社会的需要来组织产品的供应，当产品供不应求时，充分挖掘仓储潜力，发展仓储能力，使需要仓储的物资都能获得必要的储存；当供过于求时，通过组织增值服务，开展多元服务，进一步提高服务质量，使仓储总供给量与市场需求平衡，要避免垄断经营、歧视经营、囤积仓储能力等不满足社会需要的经营方式。随着社会需求的不断发展和不断变化，仓储商务管理也应不断求新、求变，不断创新，跟上社会发展的步伐。

（二）适应市场竞争

市场经济的基本特征就是广泛的市场竞争，没有竞争就没有市场。作为进入门槛较低的仓储业，供给的增长极快，也就必然成为竞争激烈的行业。仓储商务工作面临的是竞争激烈的局面，仓储商务管理就要敢于竞争、善于竞争，既要敢于开展积极的竞争，也要勇于面对竞争的挑战。仓储业需要制定完整的市场竞争策略，建立成本优势、价格优势、服务优势、技术优势，充分利用资本经营手段进行规模化发展，实现规模效应，形成网络服务和竞争优势，在市场竞争中求生存、求发展。

（三）守法、依法进行商务活动

市场经济是法制经济，需要通过法律规范市场，防止恶性竞争和不正当竞争，防止侵害合法权益的现象，维护合法利益。商务工作需要严格遵守法律法规开展，守法商务、依法商务。

商务工作涉及与企业外的经济利益关系，商务管理部门要特别重视利用法律手段维护企业自身的利益，防止合法利益受到侵犯，维护自身的合法权益。

（四）追求效益最大化

追求效益最大化是市场经济主体生产经营的目的。作为商业活动，仓储经营显然也是为了在向社会提供仓储产品的过程中获得最大的经济效益。获得收益最大化是仓储商务管理的基本原则。一方面，在仓储商务管理中，需要通过合理利用企业资源、有效的营销手段和竞争策略、广泛的市场开发、准确的产品定位、优质的服务、以人为本的激励措施促进产品的销售，使仓储资源能被充分、高效率地利用。另一方面，通过不断降低交易成本，控制生产成本，防止责任风险的发生，使得企业成本降低，实现仓储经营的效益最大化，使企业能保持正常经营和进一步发展。

五、仓储商务管理的内容

仓储商务管理是仓储企业管理的组成部分，包括对商务工作的人、财、物的组织和管理，涉及企业资源的使用、制度建设、激励机制以及商务队伍的教育培养和发展提高等各个方面。具体表现如下：

（1）确定仓储商务机构和商务人员的选用和配备，以及商务工作制度、商务管理制度的设立。

（2）有效地组织市场搜寻，广泛收集并高质量地分析市场信息，捕捉有利的商业机会，科学制定竞争策略。

（3）根据市场的发展和需要，科学规划并设计产品营销策略，督促产品推销。

（4）进行科学合理的组织，充分利用先进的技术和传统的有效方法降低交易成本。

（5）准确地进行成本核算，确定合适的价格，提高产品的竞争力。

（6）细致地进行成本分解，促进企业整体成本管理的效果，进一步降低成本。

（7）以优质的服务满足用户的需要，实现企业的经济效益和社会效益。

（8）加强交易磋商管理和合同管理，严格依合同办事，讲信用、保证信誉。

（9）建立风险防范机制，妥善处理商务纠纷和冲突，防范和减少商务风险。

（10）加强商务人员管理，以人为本，充分发挥全体商务人员的积极性和聪明才智；重视商务人员的培养和提高，确保商务人员能跟上时代发展的要求并保持发展后劲。

六、仓储商务管理的作用

仓储商务管理的目的是使仓储企业能够充分利用仓储资源，最大限度地获得经济收入和提高经济效益。具体表现在以下几个方面。

（一）使企业资源得到充分的利用

商务管理的目的是获得大量的产品交换量，使仓储生产的产量达到最大。在良好的仓储管理之下，仓储企业充分利用企业的一切资源，获得大量的商业机会，按时完整提供产品，包括仓储能力和作业能力、生产资金和人力资源，完成生产任务。

（二）最大限度地满足社会需要

满足社会对仓储产品的需要是仓储企业商务管理的最终目的。仓储商务管理的任务就是有效地开发市场，跟随市场的需要改变产品结构，提高服务水平，降低产品价格，提高产品竞争力，促进交易，使产品被更广泛的市场和客户接受。

（三）降低风险

企业的经营风险绝大部分来自商务风险，高水平的商务管理就在于避免发生商务风险，防止责任事故和规避经营风险。建立风险防范机制、及时发现风险隐患、妥善地处理协议纠纷、建立仓储商务质量管理体系是仓储商务管理的重要任务。

（四）减少成本

决定产品能否被社会接受的基本条件是产品生产成本、交易成本的高低。仓储商务管理不仅要尽可能地提高交易回报，更重要的是控制成本，提高产品竞争力。仓储商务管理不仅要采取先进的现代化技术，控制和减少交易成本；还要通过将限定的产品价格分解到每个生产环节，促使仓储生产的每一个环节有针对性地进行成本管理，使整体生产成本得到控制。

（五）提高经营收益

仓储商务管理在提高经营收益方面的作用表现在：一是通过充分利用仓储企业的有效资源，提供满足社会需要的产品，使产品被市场广泛接受，促进产量的提高；二是严格的成本管理、最少的风险承担使得成本降低，促使仓储企业的经济收益提高。提高整体收益、实现仓储企业的可持续发展是仓储商务管理的最终目的。

（六）塑造企业形象

首先，通过以人为本、职责明确的原则建立的商务队伍，在对外商业交往中精明能干，业务熟练，提倡合作和服务的精神；其次，企业整体守合同、讲信用的商务管理，形成仓储企业可信赖、高水平的企业形象。商务管理的每一项工作都会对企业形象产生直接的影响。商务人员的对外交往代表着企业的形象。

任务二　仓储合同

一、仓储合同的含义和特征

（一）仓储合同的含义

所谓仓储合同（也称为仓储保管合同），是指仓储保管人接受存货人交付的仓储物，并进行妥善保管，在仓储期满将仓储物完好地交还，保管人收取保管费的协议。《中华人民共和国合同法》（简称《合同法》）第381条将仓储合同规定为："仓储合同是保管人储存存货人交付的仓储物，存货人支付仓储费的合同。"同时《合同法》第395条规定："仓储合同分则未规定的事项，适用保管合同分则的有关规定。"从《合同法》可以看出，仓储合同是由仓储保管人提供场所，存放存货人的货物、物品，仓储管理人只收取仓储费和劳务费的合同。其中，存货人交付储存物，支付规定的仓储费是仓储合同成立的必要条件，保管人提供储存保管服务、交付保管的货物称为仓储物。

仓储合同有其法定的特点，所以在签订履行时要注意己方权利、义务的内容以及起始时间，这决定着承担责任的内容和开始时间。仓储合同与保管合同的区别在于：首先，二者合同生效时间不同，前者为成立时生效，后者为交付时生效；其次，两者均为有偿，而后者有偿与否由当事人自行约定。仓储合同属于保管合同的一种特殊类型。我国以往的有关合同法规将仓储合同归入保管合同中，统称仓储保管合同，但因其有别于一般保管合同的仓库营业性质，因而《合同法》将其作为独立的有名合同固定下来。

（二）仓储合同的特征

就仓储合同的性质而言，它仍然是保管合同的一种，但又具有与一般保管合同相区别的显著特征。

1. 仓储保管人必须是拥有仓储设备并具有从事仓储业务资格的人

仓储是一种商业行为，有无仓储设备是仓储保管人是否具备营业资格的重要标志。仓储设备是保管人从事仓储经营业务必备的基本物质条件。从事仓储业务的资格是指仓储保管人必须取得专门从事或者兼营仓储业务的营业许可。

2. 仓储保管的对象是动产，不动产不能成为仓储合同的标的物

与一般保管合同的标的物必须是特定物或特定化了的种类物不同，作为仓储物的动产不限于特定物，也可以是种类物。若为特定物，则储存期限届满或依存货人的请求返还仓储物时，需采取原物返还的方式；若为种类物，则只需返还该种类的相同品质、相同数量的替代物。

3. 仓储合同为诺成、双务、有偿合同

由于仓储合同的主体是仓库营业人，即保管人，是以赢利为经营仓库的目的，这就决定了仓储合同应为诺成合同，若双方意思表示一致，合同即告成立。仓储合同的当事人双方于合同有效成立后相互承担义务，保管人提供仓储服务，存货人按约给付报酬和其他费用，双方的义务具有对应性和对价性。所以，仓储合同为双方的有偿合同。

4. 存货人的货物交付或返还请求权以仓单为凭证

仓单具有仓储物所有权凭证的作用。作为法定的提取或存入仓储物的书面凭证，仓单是每一仓储合同中必备的，因此仓单是仓储合同中最重要的法律文件之一。

二、仓储合同的种类

（一）一般保管仓储合同

一般保管仓储合同是指仓库经营人提供完善的仓储条件，接受存货人的仓储物进行保管，在保管期届满，将原先收保的仓储物原样交还给存货人而订立的仓储保管

合同。

一般保管仓储合同的仓储物为确定物，保管人必须原样返还。一般保管合同特别重视仓储物的特定化，且保管人严格承担归还原物的责任，包括仓储物在仓储期间自然增加的利息。

（二）混藏式仓储合同

混藏式仓储合同是指存货人将一定品质数量的种类物交付给保管人，保管人将不同存货人的同样仓储物混合保存，存期满时，保管人只需以相同种类、品质、数量的商品返还给存货人，并不需要原物归还的仓储方式。

混藏式仓储合同具有保管仓储物价值的功能。混藏式仓储方式一般用于粮食、油品、矿石或保鲜期较短的商品的储藏。与一般保管仓储合同不同，混藏式仓储合同的标的物为确定种类物，保管人严格按照约定数量和质量承担责任，且没有合理耗损的权利。

混藏式仓储合同对仓储物的品质、数量需要有极为明确的认定，并在合同中完整地描述。当保管人向提货人交还仓储物时不能按合同描述的，需补偿提货人的损失。

（三）消费式仓储合同

存货人在存放仓储物时，同时将仓储物的所有权转移给保管人，保管期满时，保管人只需将相同种类、品质、数量的替代物归还给存货人。存放期间，仓储物所有权由保管人掌握，保管人可以对仓储物行使所有权。

消费保管的经营人一般具有仓储物消费能力，如加油站的油库仓储、面粉加工厂的小麦仓储、经营期货交易的保管人等。与前两种仓储合同不同的是，消费式仓储合同涉及仓储物所有权的转移（转移到保管人），自然保管人需要承担所有人的权利和义务。消费式仓储经营人的收益，除了约定的仓储费外，更重要的是消费仓储物与到期购回仓储物带来的差价收益。

（四）仓库租赁合同

仓库租赁是仓库所有人将所拥有的仓库以出租的方式开展仓储经营，由存货人自行保管商品的仓储经营方式。仓储人只提供基本的仓储条件，进行一般的仓储管理，如安全管理、环境管理等，并不直接对所存放的商品进行管理。从严格意义上来说，仓库租赁并不是仓储合同，只是财产租赁合同，但是由于出租方具有部分仓库保管的责任，所以具有仓储合同的一些特性。

三、仓储合同当事人、标的及标的物

（一）存货人

存货人是指将仓储物交付仓储的一方。存货人必须是具有仓储处分权的人，可以是仓储物的所有人、拥有仓储权利的占有人，如承运人或受让仓储物但未实际占有仓储物的准所有人，或者有权处分人，如行政机关、法院等；也可以是法人、非法人单位、国家机关、事业单位、民营企业、个体经营户、群众组织、公民等。

（二）保管人

保管人为货物仓储保管一方。保管人可以是独立的企业法人、企业的分支机构或者个体工商户、合伙公司、其他组织等，也可以是专门从事仓储业务的仓储经营者，还可以是贸易货栈、车站、码头的兼营机构，或者是从事配送经营的配送中心。

根据我国《合同法》的规定，保管人必须具有仓储设备和专门从事仓储保管业务的资格。也就是说，保管人必须拥有仓储保管设备和设施，具有仓库、场地、货架、装卸搬运设施、安全、消防等基本条件，并取得相应的公安、消防部门的许可。从事特殊保管的，还要符合特殊保管的条件要求。设备和设施无论是保管人自有的还是租赁的，保管人都必须有有效的经营使用权。同时，从事仓储经营必须具有经营资格，进行工商登记，获得工商营业执照。

（三）标的和标的物

合同标的是指合同关系指向的对象，也就是当事人权利和义务指向的对象。虽然仓储合同约定的是仓储物的保管事项，但合同的标的却是仓储保管行为，包括仓储空间和仓储时间。保管人提供空间和时间保管仓储物，存货人为使用保管人的仓储行为支付仓储费。因此说仓储合同是一种行为合同，一种当事人双方都需要行为的双务合同。

标的物是标的的载体和表现，仓储合同的标的物就是存货人交存的仓储物。仓储物可以是生产资料，如生产原料、生产工具、运输工具、配件、组件等；也可以是生活资料，如一般商品，包括特定物或者种类物。仓储物必须是动产，能够移动到仓储地进行仓储保管，且是有形的实物动产，有具体的物理形状。不动产不能成为仓储物，比如，货币、知识产权、数据、文化等无形资产和精神产品不能作为仓储物；再如，图书可以作为仓储物，但图书的著作权、图书内的专利权不能成为仓储物。

四、仓储合同的订立

（一）仓储合同订立的原则

1. 平等原则

《合同法》第3条规定："合同当事人的法律地位平等，一方不得将自己的意志强加给另一方。"根据这一规定，在订立仓储合同的过程中，合同当事人双方要自觉、有意识地遵循平等原则，不能以大欺小、以强凌弱，杜绝命令式合同，反对一切凭借职位、业务、行政等方面的优势而与他人签订不平等的仓储协议。

当事人双方法律地位平等是合同制度的基础，也是任何合同行为都需要遵循的原则。订立仓储合同的双方应进行平等协商，并且订立公平的合同。任何一方采取强势的态度或者方式订立的合同，都会成为无效合同。平等原则还包括订立合同机会平等，不能采用歧视的方式选择订立合同的对象。

2. 自愿与协商一致原则

《合同法》第4条规定："当事人依法享有自愿订立合同的权利，任何单位和个人不得非法干预。”自愿意味着让存货人与仓储保管人完全依照自己的知识判断并追求最大的利益。协商一致是在自愿基础上寻求利益上的一致，寻求利益的最佳结合点。仓储合同的订立只有在自愿与协商一致的基础上，才能充分体现双方的利益，从而保证双方依约定履行合同。

合同生效的条件是当事人订立合同时完全根据自身的需要和条件，利用各自的知识和能力，并通过广泛的协商，制定双方在整体上接受合同的约定。合同未经协商一致，如果将来在合同履行中发生严重争议，会导致合同无法履行。

3. 公平及等价有偿原则

《合同法》第5条规定：“当事人应当遵循公平原则确定各方的权利和义务。”这一规定要求仓储合同的双方当事人依价值规律来进行利益选择，禁止无偿划拨、调拨仓储物，也禁止强迫仓储保管人或存货人接受不平等利益交换。

仓储合同是双务合同，合同双方都要享受相应的合同利益，承担相应的合同义务。保管人的利益体现在收取仓储费和劳务费上，保管人在仓储过程中投入的劳动和资源也决定了所能获得报酬的多少。

4. 合法、不损害社会公共利益

当事人在订立合同时要严格遵守法律法规，不得进行任何违反法律法规规定的行为，也不能进行公民不能从事的行为，包括不能发生超越经营权、侵害所有权、侵犯国家主权、危害环境等违法行为。

不损害社会公共利益原则要求合同主体在合同行为中不得进行有损社会安定、扰乱社会经济秩序、妨碍人民生活、进行不道德行为等；要尊重社会公德，维护国家形象，有利于精神文明的发展。不损害社会公共利益从内容上说属于道德规范，但在合同法的规范中形成了法律规范，损害社会公共利益已构成违法行为。

（二）仓储合同订立的程序

一般来说，订立仓储合同主要有两个阶段，即准备阶段和实质阶段，实质阶段又包括要约和承诺两个阶段。

1. 准备阶段

在许多场合，当事人并非直接提出要约，而是经过一定的准备，进行一些先期性活动，才考虑订立合同。包括接触、预约和要约邀请，其意义在于使双方当事人相互了解，为双方进入实质的缔约阶段（即要约和承诺阶段）创造条件，扫除障碍。

（1）合同接触。合同接触一般有以下两种形式：一是双方通过会谈、实际调查及实地考察等活动进行单独接触，全面了解；二是通过向开户银行、公证机关、登记主管机关及业务主管机关咨询，了解对方当事人的资信情况、履约能力等，并在此基础上进行可行性分析，做出是否与其订立合同的决定。

（2）合同预约。所谓预约，是指当事人之间约定将来订立一定合同的合同。将来应当订立的合同称为“本约”，而约定订立本约的合同称为“预约”。合同预约的履行结果是订立本约，预约是本约产生的前提和根据，本约是预约履行的必然结果。

《合同法》对合同预约未做规定，但在实践中经常采用。预约合同虽然只是预约，但也是一种合同。依据预约仓储合同，存货人和仓储保管人负有应当订立合同的义务。如果预约的一方当事人不履行其订立本约的义务，则另一方有权请求其履行义务及承担违约责任。在预约仓储合同的情形下，如果存货人或仓储保管人不履行订立本仓储合同的义务，另一方完全有权请求法院强制其订约。

（3）要约邀请。要约邀请又称为邀请要约，是指向不特定的人发出的，希望对方向自己提出订约的意思表示。其特征为：第一，要约邀请仅是订立合同的提议，并不包含合同内容的主要条款。换言之，要约邀请不具备合同基本条款的内容，对其加以承诺并不能成为合同。第二，要约要求是向不特定的人发出的。第三，要约邀请以希望他人向自己提出订约为目的。

在发生要约邀请之后，要约邀请人撤回其邀请，只要没有给善意相对人造成信赖利益的损失，要约邀请人一般不承担法律责任；但要约邀请给对方造成损失时，须负法律责任。因为此时虽未进入实质缔约阶段，但双方已由一般对待关系进入特殊对待关系，基于诚实信用原则而产生了附随义务，违反此种义务，给对方造成损害的，自然应承担赔偿义务。

2. 实质阶段

根据《合同法》的规定，只要存货人与仓储保管人之间依法就仓储合同的有关内容通过要约与承诺的方式达成意思表示一致，仓储合同即告成立。正因为要约与承诺直接关系到当事人的利益，决定合同是否成立，所以将其称为合同订立的实质阶段。

（1）要约。所谓要约，是指向特定人发出的订立合同的意思表示，内容必须确定并表明经特定人同意后合同即告成立，发出要约的当事人称为要约人，而要约所指向的当事人则称为受要约人。一般来说，在仓储合同中，要约的内容至少应当包括以下内容：标的物数量、质量和仓储费用。即使没有具体的数量、质量和仓储费用表述，也可以通过具体的方式来确定这些内容。

根据仓储合同的特点和现实环境，仓储合同的要约最好采用书面形式，特别是大批货物的储存与保管，更要提出可行的储存计划。实践中，如果是长期、固定的货物储存，一般而言，存货人与仓储保管人应当签订长期仓储合同。在分期分批储存时，适宜填写标准格式的仓单，办理具体的仓储手续。

（2）承诺。承诺是指受要约人做出的同意要约内容的意思表示，承诺必须在要约的有效期限或合理期限内做出，并与要约的内容一致。受要约人对要约内容的任何扩充、限制或者其他变更，都构成一项新要约，而非有效的承诺。在仓储合同中，承诺的法律意义在于仓储保管人一旦承诺，仓储合同即告成立且同时生效。

（3）仓储合同的订立。由于仓储合同是诺成合同，合同成立并不以仓储物的交付为条件，这是仓储保管合同不同于普通保管合同之处，仓储合同一旦订立，当事人双方的权利义务就已确定。仓储物的交付是存货人的一项重要义务，但不及时交付仓储物并不影响合同成立，并应负担违约责任。同样，仓储合同订立后，仓储保管人若不能接受仓储合同约定数量的货物，也应承担违约责任。

（三）仓储合同的形式

合同的形式很多，有书面形式、口头形式或其他形式。例如，电报、电传、传真、电子邮件也可以作为书面形式。仓储合同可以采用书面形式、口头形式或者其他形式。同样，订立仓储合同的要约、承诺也可以是书面形式、口头形式或其他形式。由于仓储的存期较长、货量较大，还可能进行配送、流通加工等作业，就会涉及作为仓单持有人的第三人，所以仓储合同使用完整的书面合同较为合适。而且完整的书面合同有利于合同的保存、履行和发生争议时的处理。

合同的其他形式包括通过行为订立合同、签发格式合同等。在未订立合同之前，存货人将货物交给仓储保管人，保管人接收货物，则表明事实上合同已经成立。在公共仓储中，如果周转极为频繁，那么，保管人可以采用预先已设定好条件的格式合同。在格式合同中，没有商定格式合同条款的权利，存货人只有签署或者不签署合同的权利。

五、仓储合同的条款

仓储合同为不要式合同，没有严格的条款规定，当事人可根据需要商定合同事项，且由双方协议采用合同的形式。仓储合同的条款有当事人条款、仓储物条款、仓储条款、价款、当事人的权利和义务、违约责任和争议处理条款，具体包括以下内容。

（一）存货人、保管人的名称和地址

合同当事人是履行合同的主体，需要承担合同责任，需要采用完整的企业注册名称和登记地址，或者主办单位地址。主体为个人的须明示个人的姓名和户籍地或常驻地（临时户籍地）。必要时可在合同中增加通知人，但通知人不是合同当事人，仅履行通知当事人的义务。

（二）保管货物的品种、品类

对于存货人来说，仓储合同的标的物具有特定的用途，保管人不但应妥善保管，以免发生损毁，而且在保管期满后应当按约定将原物及孳息交还给存货人。因此，双方当事人必须在合同中就货物的品种或品名做出明确的规定。在订立仓储合同时，必须明确规定仓储物的全名或品类，必须清晰、明确，如果有代号的，应标明代号的全名，不符合法律规定的物品不能保管。

（三）货物的数量、质量、包装

货物的数量依据保管人的存储能力由双方协商确定，并以法定计量单位计算。在合同中，货物的质量应按国家或者有关部门规定的质量标准标明。如货物有保质期，也应一并标明。在确定仓储物质量时，要采取标准化单位，如果是国际仓储业务，则应尽量使用国际标准。

货物的包装由存货人负责，包装标准有国家或者专业包装标准的，执行规定标准；没有相关标准的，在保证运输和储存安全的前提下，由合同当事人约定。

（四）货物验收的内容、标准、方法及时间

验收存放的货物是保管人的义务和责任。合同中应明确约定验收的内容和标准，通常包括以下 3 个方面的内容：

（1）无须开箱拆捆，即直观可见的质量情况，验收的项目主要有货物的品名、规格、数量、外包装状况等。

（2）包装内的货物品名、规格、数量以外包装或者货物上的标记为准；无标记的，以供货方提供的验收资料为准。

（3）散装货物按国家有关规定或合同的约定验收。

验收的方法有全验和按比例抽验两种，具体采用哪种方法，双方当事人应在合同中明确写明。

验收的期限是自货物和验收资料全部送达保管人之日起，至验收报告送出之日止，日期均以运输或邮电部门的戳记或直接送达的日期为准。超过验收期限所造成的实际损失由仓储保管人负责。如果仓储保管人未能按照合同约定或法律法规规定的内容和方法，在期限内验收仓储物或验收不准确，就应当负责因此所造成的损失。如果存货人未能提供验收资料或提供验收资料不齐全、不及时，应对此所造成的损失负责。

（五）货物的保管和保管要求

仓储合同的标的物即存货人委托储存保管的货物种类繁多，性质各异，因而对保管和保管要求也各不相同。许多货物需要特殊的保管条件和保管方法，在合同中应做出相应的约定。例如，储存易燃、易爆、有毒、有腐蚀性、有放射性等危险物品，或者易变质物品，需要有专门的仓储设备及技术条件，在合同中必须明确约定，必要时，还应向保管方提供储存、保管、运输等方面的技术资料，以便保管方根据货物的性能，按国家或合同规定的要求操作、储存危险品和易腐货物。

（六）货物进出库的手续、时间、地点及运输方式

双方应当详细约定货物进出库的具体交接事项，以便分清责任。作为仓储合同业务的第一道环节，入库是指货物进入仓库时仓库所进行的清点、检验和接收工作，它是履行仓储合同的基础。入库时，仓储保管人要根据合同规定的数量、质量、品种、规格等对入库货物进行清点、验收和接收；验收无误后，向存货人开出仓单，并报仓库入账、登记。

货物入库的方式多种多样，可以由存货人送货到库，也可以由供货单位或运输部门送货到库，还可以由仓储保管人负责到供货单位、车站、码头、港口等处接货入库。一般来说，在合同没有特别约定的情况下，由存货人自己送货入库。总之，无论采用哪种方式，都应按照货物验收规定当面交接清楚，分清责任。

出库时间由双方当事人在合同中约定，对储存期间没有约定或约定不明确的，存货人可随时提取仓储物，仓储保管人也可随时要求存货人提取仓储物，但应给对方必要的准备时间。货物出库一定要当面交接清楚，并做好记录。如果是由仓储保管人代办运输的，仓储保管人应负责向运输部门办理托运、发运手续。

（七）货物损耗标准和损耗处理

货物损耗标准是指货物在储存运输过程中，由于自然因素和货物本身的性质或度量衡的误差，产生的一定数量的毁损或计量误差。尤其当仓储物在经过长期存放和多次作业后，由于挥发、散失、扬尘、氧化、计量方法不同等原因造成的耗损减量，保管人很难承担责任，因此，双方当事人应当在合同条款中约定货物在储存保管和运输过程中的损耗标准和磅差标准。此类标准，有国家或行业标准的，采用国家或行业标准；无国家或行业标准的，双方协商确定。

（八）计费项目、标准和结算方式、时间及银行账号

计费项目包括：仓储费、转仓费、出入库装卸搬运费、车皮、站台、包装整理、商品养护等费用。计费项目、标准是指保管人收取费用的项目和标准，有国家规定的计费项目和标准的，按国家规定 r 标准和项目执行，没有国家规定的，当事人可以协商确定。此条款除了要写明上述费用由哪一方承担外，还应标明各种费用的计算标准、支付方式、地点、时间、开户银行、账号等。

（九）储存场所

储存场所是指双方约定的仓储物存放的仓库或货场及其地理位置。根据仓储物的特性，储存场所可以约定得较为笼统或者极为具体明确。对于特殊商品，必要时要明确保管条件和保管方法。储存场所不仅表达了保管人的保管条件和存货人的保管要求，还确定了运输便利程度和出入库的运输成本。

（十）储存期限

合同一般应规定储存期限，但有的合同也可不规定储存期限，只要存货人按时支付仓储费，合同就继续有效。储存期限，即合同的有效期限，具体是指仓储合同当事人双方约定的仓储物的储存时间，一般有 3 种表示方法：①用期限表示，如储存 3 个月，自货物入库起算；②以日期的方式表示，如 9 月 10 日至 12 月 10 日；③不约定具体的存放期间，但约定到期方式的确定方法，如提前一个月通知等。

储存期限是保管人计收仓储费的基础和承担责任的期间，也是安排库容使用计划的依据。若存货人不能遵守储存期限条款，保管人有权要求存货人承担违约责任。

（十一）仓储物的保险约定

仓储物必须进行保险。若保管人已对仓储物进行了保险，必须告知保管人所投保的保险人、保险金额、保险期间；未保险的，可以委托保管人投保，但仍然由存货人承担保险费。

（十二）责任划分和违约处理

责任划分是指存货人和保管人在仓储物入库、仓储物验收、仓储物保管、仓储物包装、仓储物出库等方面的责任。仓储合同中应明确规定、划清各自的责任。

违约处理是指对保管人和存货人的违约行为如何处理。合同约定存货人未交付货物、未在约定时间交付仓储物的违约责任；保管人不能接收仓储物或者不能在约定的时间接收仓储物的违约责任；存货人未在约定时间提取仓储物的超期费用；仓储物在仓储期间造成保管人或者其他损害的赔偿；违约金标准；补救措施等出现违约行为时的处理方法。

违约处理的方式有协商、调解、仲裁、诉讼等，违约责任的形式有违约金、赔偿金等，这些都必须在合同中明确，包括各种违约项目及违约金数额标准或者计算方法、支付方式等。

（十三）合同变更和解除的期限

在确定变更或解除合同期限时，有国家规定的应按国家规定执行，没有国家规定的，当事人应在仓储合同中明确规定变更或解除的期限。期限的确定应该合理，要考虑国家利益及当事人利益。

（十四）合同变更解除的条件

合同的订立和履行是合同双方期望发生的结果。但因为客观原因发生重大变化或者双方利益的需要，原合同的继续履行可能对双方都不利，可以采用合同变更或解除的方法防止不利局面的发生。当事人在订立合同时就要确定发生不利于履行合同时的具体条件和变更或者解除合同的处理方法，这就是合同变更和解除条款。

（十五）争议处理

有关合同争议的诉讼或者仲裁的约定包括仲裁地点、仲裁机构，或者合同中选择的诉讼地点。

（十六）合同签署

合同签署是合同当事人对合同协商一致的表示，是合同成立的表征。一经签署，就意味着合同开始生效。合同由企业法人代表、代表人签名，注明签署时间，法人或者组织还需要盖合同专用章。个人签订合同时只需签署个人的完整姓名。

六、仓储合同的生效和无效

仓储合同为诺成合同，在合同成立时生效，具体表现为：双方签署合同书；合同确认书送达对方；受要约方的承诺送达对方；公共保管人签发格式合同或仓单；存货人将仓储物交付保管人，保管人接收。

无论仓储物是否交付存储，仓储合同自成立时生效。在仓储合同生效后，发生的存货人未交付仓储物、保管人不能接受仓储物等情况都属于仓储合同的未履行，由责任人承担违约责任。

无效合同是指已订立的合同由于违反了法律规定而被认定为无效。合同无效由人民法院或者仲裁机构、工商行政机关认定，可以认定为合同整体无效或者部分无效，可以采取撤销或者变更的方式处理；合同无效可以在合同订立之后、履行之前、履行之中或者履行之后认定。

产生无效合同的形式有：一方以欺诈、胁迫手段订立合同，损害国家利益的仓储合同；恶意串通，损害国家、集体或者第三人利益的仓储合同；以合法形式掩盖非法目的的仓储合同；损害社会公共利益的仓储合同；违反法律、行政法规强制性规定的仓储合同；无效代理的合同。对于因重大误解订立的合同，在订立合同中显失公平的合同一方当事人有权请求人民法院或者仲裁机构给予变更或者撤销。

无论无效合同在什么时候被认定，都是自始无效，也就是说，因无效合同所产生的民事关系无效。依法采取返还财产、折价赔偿等方式，使因无效合同所产生的利益消亡，并通过违法一方退回所得财产，或者没收未违法一方所得，或者没收双方违法所得，对造成合同无效的违法方给予处罚。

七、仓储合同的变更、解除和终止

合同生效后，当事人应按照约定全面履行自己的义务，任何一方都不得擅自变更和解除合同，这是《合同法》所确定的合同履行原则。仓储经营具有极大的变动性和复杂性，会因为主客观情况的变化而变化，为了避免当事人双方的利益受到更大的损害，变更或者解除已生效的不利合同是更有利的选择。

（一）仓储合同的变更

仓储合同的变更是指对已生效的仓储合同的内容进行修改或者补充，不改变原合同的关系和本质事项。仓储合同当事人一方因为利益需要，向另一方提出变更合同的要求，并要求另一方在限期内答复，另一方可在期限内答复同意变更。如另一方在期限内未做答复，合同也发生变更，双方按照变更后的条件履行。如果另一方在期限内明确拒绝变更，则合同不能变更。合同变更后，应按变更后的合同履行，对变更前已履行的部分没有追溯力，但因为不完全履行而发生的利益损害，受害一方可向对方请求赔偿，或者提出变更合同的条件。

（二）仓储合同的解除

仓储合同的解除是将未履行的合同或合同还未履行部分不再履行，使希望发生的权利义务关系消亡，合同履行终止。

1. 仓储合同解除的方式

（1）存货人与保管人协议解除合同。协议解除合同和协议订立合同一样，是双方意见一致的结果，具有至高的效力。解除合同协议可以在合同生效后、履行完毕之前由双方协商达成；也可以在订立合同时明确解除合同的条款，当约定的解除合同的条件出现时，一方通知另一方解除合同。

（2）出现法律规定的仓储合同解除条件。当事人一方依照《合同法》的规定，有权采取解除合同的法律规定的行为。《合同法》规定：因不可抗力致使合同的目的不能实现，任何一方可通知对方解除合同；一方当事人将发生预期违约，另一方可以行使合同解除权；仓储合同的一方当事人迟延履行合同义务，经催告后在合理期限内仍未履行，另一方可以解除合同；仓储合同一方当事人迟延履行义务或者有其他违约行为，致使合同目的不能实现，另一方可以解除合同。一方依法选择解除合同的，只要书面向对方发出解除合同的通知，当通知到达对方时，合同解除。有权解除合同的一方也可以要求人民法院或仲裁机构确定解除合同。

2. 仓储合同解除后的后果

合同解除后，因为仓储合同所产生的存货人和保管人的权利义务关系消灭，所以对于未履行的合同条款终止履行。合同解除并不影响合同中清算条款的效力，双方仍需要按照清算条款的约定承担责任和赔偿损失，需承担违约责任的一方仍要依据合同约定承担违约责任、采取补救措施和赔偿损失。如违约的存货人需要对仓库空置给予补偿，造成合同解除的保管人要赔偿运输费、转仓费、仓储费差额等损失。

（三）仓储合同的终止

仓储合同的终止是指存货人与仓储保管人之间因仓储合同而产生的权利义务关系由于各种原因而归于消灭，不再对双方具有法律约束力。

仓储合同的当事人之间可以根据一定的法律事实和法律程序设立合同的权利义务关系，也可以根据一定的法律事实和法律程序终止仓储合同。

八、仓储合同当事人的权利和义务

仓储合同当事人的权利与义务是合同当事人在履行合同过程中有权要求对方采取的行为和自身需要进行的行为或不行为。当事人的权利和义务来自合同的约定和法律的规定。合同中权利和义务的规定包括合同明示条款和合同默示条款，明示条款具有绝对效力，当事人应尽可能采用明示条款明确双方的权利和义务；默示条款则是在合同中没有写出的，但是根据订立合同的环境和合同的性质，依据一般的专业知识可以合理地推定得出的当事人在合同履行中所能享受的权利与要承担的义务。

（一）存货人的权利与义务

1. 告知义务

存货人的告知义务包括两个方面：对仓储物的完整明确的告知和瑕疵告知。完整明确告知是在订立合同时，存货人要完整细致地告知保管人仓储物的准确名称、数量、包装方式、性质、作业保管要求等涉及验收、作业、仓储保管、交付的资料，特别是危险货物，存货人还要提供详细的说明资料。存货人未明确告知的仓储物属于夹带品，保管人可以拒绝接受。

瑕疵包括仓储物及其包装的不良状态、潜在缺陷、不稳定状态等已存在的缺陷或将会发生损害的缺陷。保管人了解仓储物所具有的瑕疵后，可以采取有针对性的操作和管理，以避免发生损害和危害。

因存货人未告知仓储物的性质、状态造成的保管人验收错误、作业损害、保管损坏由存货人承担赔偿责任。

2. 妥善处理和交存货物

存货人应对仓储物进行妥善处理，根据性质进行分类、分储，根据合同约定妥善包装，使仓储物适合仓储作业和保管。

存货人应在合同约定的时间向保管人交存仓储物并提供验收单证。交存仓储物不是仓储合同生效的条件，而是存货人履行合同的义务。存货人未按照约定交存仓储物构成违约。

3. 支付仓储费和偿付必要费用

仓储费是保管人订立仓储合同的目的，是对仓储物进行保管所获得的报酬，是保管人的合同权利。存货人应根据合同约定按时、按量地支付仓储费，否则构成违约。如果存货人提前提取仓储物，保管人不减收仓储费。如果存货人逾期提取，应加收仓储费。由于未支付仓储费，保管人可对仓储物行使留置权，即有权拒绝将仓储物交还存货人或应付款人，并可通过拍卖留置的仓储物等方式获得款项。

仓储物在仓储期间发生的应由存货人承担责任的费用支出或垫费，如保险费、货物自然特性的损害处理费用、有关货损处理、运输搬运费、转仓费等，存货人应及时支付。

4. 查验、取样

在仓储保管期间，存货人有对仓储物进行查验、取样查验的权利，能提取合理数量的样品进行查验。由于查验会影响保管人的工作，取样还会造成仓储物的减量，但存货人合理的查验和取样，保管人不得拒绝。

5. 及时提货

存货人应按照合同的约定，按时将仓储物提离。保管人根据合同的约定安排仓库的使用计划，如果存货人未将仓储物提离，会使保管人已签订的下一个仓储合同无法履行。存货人未在约定的时间提离仓储物，保管人可以向提存机关要求提存该仓储物。提存是一种民事义务的履行方式，由义务人向国家提存机关履行民事义务，或者义务人要求国家提存机关证明其已履行义务。

（二）仓储保管人的权利和义务

1. 合适的仓储条件

仓储保管人经营仓储保管的先决条件就是具有合适的仓储保管条件，有拟保管的货物的保管设施和设备，包括适合的场地、容器、仓库、货架、作业搬运设备、计量设备、保管设备、安全保卫设施等；同时，还应配备一定的保管人员和商品养护人员，制定有效的管理制度和操作规程等。保管人所具有的仓储保管条件适合所要进行保管的仓储物的仓储保管要求，如保存粮食的粮仓、保存冷藏货物的冷库等。保管人若不具有仓储保管条件，则构成根本违约。

2. 验收货物

验收货物不仅是保管人的义务，也是其合同权利。保管人应该在接受仓储物时对货物进行理货、计数、查验，在合同约定的期限内检验货物质量，并签发验货单证。验收货物按照合同约定的标准和方法，或者按照习惯的、合理的方法进行。保管人未验收货物推定为存货人所交存的货物完好，保管人也要返还完好无损的货物。保管人在验收中发现货物溢短，对溢出部分可以拒收，对于短少的部分有权向存货人主张违约责任。对于货物存在的不良状况，有权拒绝接受或要求存货人更换、修理，否则需如实编制记录，以明确责任。

3. 签发仓单

保管人在接收货物后，根据合同的约定或者存货人的要求，及时向存货人签发仓单。在存期届满，根据仓单的记载向仓单持有人交付货物，并承担仓单所明确的责任。保管人根据实际收取的货物情况签发仓单。保管人应根据合同条款确定仓单的责任事项，避免将来向仓单持有人承担超出仓储合同所约定的责任。

4. 合理化仓储

保管人应在合同约定的仓储地点存放仓储物，并充分使用先进的技术、科学的方法、严格的制度，高质量地做好仓储管理。使用适合于仓储物保管的仓储设施和设备，如容器、货架、货仓等，从谨慎操作、妥善处理、科学保管和合理维护等各方面做到合理化仓储。保管人对于仓储物的保管承担严格责任，因其保管不善所造成的仓储物在仓储期间发生损害、灭失时，除非保管人能证明损害是由于货物性质、包装不当、超期等以及其他免责原因造成的，否则保管人要承担赔偿责任。

5. 返还仓储物

保管人应在约定的时间和地点向存货人或仓单持有人交还约定的仓储物。仓储合同没有明确存期和交还地点的，存货人或仓单持有人可以随时要求提取，保管人应在合理的时间内交还存储物。同样，保管人也可以随时要求存货人提取仓储物。保管期满，保管人在催告存货人提货期满后，可以提存仓储物。

作为一般仓储合同，保管人在交返仓储物时，应将原物及其孳息、残余物一同交还。

6. 危险通知义务

当仓储物出现危险时，保管人应及时通知存货人或者仓单持有人，包括在货物验收时发现不良情况、发生不可抗力损害、仓储物的变质、仓储事故的损坏等，以及其他涉及仓储物所有权的情况。存货人掌握仓储物的状态是存货人具有所有权的体现，对于仓储物的危险涉及仓储物的交易、保险，以及可能造成的进一步损害，存货人应及时掌握信息并采取措施处理，以减少损失。在发生或发现危险时，保管人有义务采取紧急措施，防止危害扩大。

7. 行使留置权

在仓储经营活动中，提货人未支付仓储费、加工处理费或其他应向保管人支付的费用，仓储保管人可以留置处于保管人占有状态的仓储物为担保，如果提货人在合理期限内仍未偿还债务，保管人可以处分仓储物，以保障其债权的实现。除鲜活易腐等不易保管物外，该合理期限为 2 个月以上。处分的方式为将留置财产按市场价格折价或者拍卖、变卖。如果所得价款超过债权，剩余部分归还提货人，不足部分继续向提货人追偿。

拟留置的财产属于债务人所有，也就是留置权只能针对债务人的财产。在仓储关系中，只能对提货人的债务行使留置权，主要债务是指提货人要支付的仓储费、处理费和提货人承担的其他费用等。

留置物与债权之间的关系根据《物权法》第231条规定："债权人留置的动产，应当与债权处于同一法律关系，但企业之间留置的除外。"也就是说，在企业之间，所留置的财产与债权之间可以没有关联性，也可以因为提货人的其他债务对仓储物行使留置权。

仓储保管人只有在占有仓储物时，才能行使留置权。仓储物为可分物时，留置仓储物的价值与债务金额相当。如果在仓储合同中有约定不得留置仓储物的，仓储保管人不能行使留置权。当提货人对债务提供担保时，也不能再行使留置权。

（三）违约责任和免责

1. 仓储合同中保管人的违约责任

（1）保管人验收仓储物后，在仓储期间发生仓储物的品种、数量、质量、规格、型号不符合合同约定的，承担违约赔偿责任。

（2）仓储期间，因保管人保管不善造成仓储物毁损、灭失，保管人承担违约赔偿责任。

（3）仓储期间，因约定的保管条件发生变化而未及时通知存货人，造成仓储物的毁损、灭失，由保管人承担违约损害责任。

2. 仓储合同中存货人的违约责任

（1）存货人没有按合同的约定对仓储物进行必要的包装或该包装不符合约定要求，造成仓储物的毁损、灭失，自行承担责任，并由此承担给仓储保管人造成的损失。

（2）存货人没有按合同约定的仓储物的性质交付仓储物，或者超过储存期，造成仓储物的毁损、灭失，自行承担责任。

（3）危险有害物品必须在合同中注明，并提供必要的资料，存货人未按合同约定而造成损失，自行承担民事和刑事责任，并承担由此给仓储人造成的损失。

（4）逾期储存，承担加收费用的责任。

（5）储存期满不提取仓储物，经催告后仍不提取，仓储人承担提存仓储物的违约赔偿责任。

3. 仓储合同当事人违约责任的承担方式

违约是指存货人或者保管人不能履行合同约定的义务或者履行合同义务不符合合同的约定的不作为或作为。为了限制违约行为，以及为了避免一方的违约造成另一方的损失，由违约方承担违约责任不仅是合同法律制度的规范，也是当事人协商的必要事项。通过法定的和合同约定的违约责任的承担，增加违约成本，弥补被违约方的损失，减少违约的发生，有利于市场秩序的稳定。

违约责任往往以弥补对方的损失为原则，违约方需对对方的损失，包括直接造成的损失和合理预见的利益损失给予弥补。违约责任的承担方式有支付违约金、赔偿损失、恢复原状、继续履行合同等。

4. 仓储合同当事人的免责

免责又称为免除民事责任，是指不履行合同或法律规定的义务，致使他人财产受到损失，由于有不可归责于违约方的事由，违约方可以不承担民事责任。免责原因又有法律规定的免责事项和合同约定的免责事项两种。但是造成对方人身伤害，因故意或者重大过失造成对方财产损失的，不能免责。

存货人应防止仓储营业人在合同中滥用免责条款。免责条款是指当事人以协议排除或者限制其未来责任的合同条款。这与法律规定的不可抗力致使合同不能履行的免责不同。根据《合同法》及《仓储保管合同实施细则》规定的法定免责事由只能是不可抗力、自然原因和货物本身的性质引起的货损，当事人也可以对免责条款进行协商并达成协议。由于仓储合同往往采用格式合同的形式，免责条款的问题应尤其注意，存货人要仔细阅读合同中的免责条款事项，如果发现对方利用其优势地位未经己方同意加入了超出法定范围的免责事由，应及时表示异议，要求予以修改或拒绝签订合同，以防步入免责陷阱，对自己的利益造成损害。

九、仓储合同的格式

仓储合同可以分为单次仓储合同、长期仓储合同、仓库租赁合同、综合仓储合同等。仓储合同是不要式合同，当事人可以协议采用任何合同格式。

（一）合同书

合同书是仓储合同最常用的格式。合同书由合同名称、合同编号、合同条款、当事人签署等部分构成，合同书具有形式完整、内容全面、程序完备的特性，便于合同订立、履行和留存、合同争议的处理。

（二）确认书

在采取口头（电话）、传真、电子电文等形式商定合同时，为了明确合同条款和表示合同订立，常常采用一方向另一方签发确认书的方式确定合同，确认书就是合同格式的主要部分。确认书仅由发出确认书的一方签署，与完整合同书有所不同，但其功能相同。确认书有两种形式，一种仅列明合同的主要事项，合同的其他条款在其他文件中表达，如传真：本公司同意接受贵公司 9 月 20 日提出的仓储 200t 钢管的函的要求，请按时送货。

另一种是将完整合同事项列在确认书上，形式相当于合同书。

（三）计划表

在订立长期仓储合同关系的过程中，对具体仓储的安排较多采用计划表的形式，由存货人定期制订仓储计划交保管人执行。计划表是长期仓储合同的补充合同或执行合同。

（四）格式合同

对于仓储周转量极大、每单位仓储物量较小，也就是次数多、批量少的公共仓储，如车站仓储等，保管人可以采用格式合同。格式合同是由一方事先拟定，并在工商管理部门备案的单方确定合同。在订立合同时，只是由保管人填写仓储物、存期、费用等变动事项后直接签发并让存货人签认，不进行条款协商。

仓储保管合同范例

合同编号：

存货人（甲方）：__________地址：__________联系人及电话：__________

保管人（乙方）：__________地址：__________联系人及电话：__________

合同签订地：____

存货人和保管人根据《中华人民共和国合同法》，经双方协商一致，签订本合同。双方同意本着友好合作的原则共同信守。

第一条 储存货物的名称、规格、包装、数量、质量（或者采用如表 6 – 1 所示的格式）

表 6 – 1 储存货物明细表

编号	包装	货物名称	品种规格	数量	质量	备注

第二条 货物包装

一、存货方负责货物的包装，包装标准按国家标准或行业标准规定执行。没有以上标准的，在保证运输和储存安全的前提下，由合同当事人议定。

二、包装不符合国家或合同规定，造成货物损坏、变质的，由存货方负责。

第三条 货物保管地

保管方法：根据__________规定进行保管，或者__________（双方协商方式进行保管）。

第四条 保管期限：从__________年__________月__________日至__________年__________月__________日

第五条 验收项目和验收方法

一、存货方应当向保管方提供必要的货物验收资料，如未提供必要的货物验收资料或提供的资料不齐全、不及时，所造成的验收差错及贻误索赔期或者发生货物品种、数量、质量不符合合同规定时，保管方不承担赔偿责任。

二、保管方应按照合同规定的包装外观、货物品种、数量和质量、__________，对入库货物进行验收，如果发现入库货物与合同规定不符，应及时通知存货方。保管方未按规定的项目、方法和期限验收，或验收不准确而造成的实际经济损失，由保管方负责。

三、验收期限：国内货物不超过__________天，国外货物不超过__________天。超过验收期限所造成的损失由保管方负责。货物验收期限，是指货物和验收资料全部送达保管方之日起；至验收报告送出之日止。日期均以运输或邮电部门的戳记或直接送达的签收日期为准。

第六条 入库和出库的手续

按照有关入库、出库的规定办理，如无规定，按双方协议办理。入库和出库时，双方代表或经办人都应在场，检验后的记录要由双方代表或经办人签字。该记录就视为合同的有效组成部分，双方当事人各保存一份。

第七条 损耗标准和损耗处理

按照有关损耗标准和损耗处理的规定办理，如无规定，按双方协议办理。

第八条 保管费用和结算办法

保管费率为__________元/天·t，不足12h按半天计算；总保管费为__________元。费用在货物交存保管的__________天内交付给保管人/保管到期前交付。结算办法：__________。

第九条 违约责任

一、保管方的责任

（一）由于保管方的责任，造成退仓或不能入库时，应按合同规定赔偿存货方运费和支付违约金__________元。

（二）对危险物品和易腐货物，不按规程操作或妥善保管，造成毁损的，负责赔偿损失。

（三）货物在储存期间，由于保管不善而发生货物灭失、短少、变质、污染、损坏的，负责赔偿损失。如属包装不符合合同规定或超过有效储存期而造成货物损坏、变质的，不负赔偿责任。

（四）由保管方负责发运的货物，不能按期发货，赔偿存货逾期交货的损失；错发到货地点除按合同规定无偿运到规定的到货地点外，并赔偿存货方因此而造成的实际损失。

二、存货方的责任

（一）易燃、易爆、有毒等危险物品和易腐物品，必须在合同中注明，并提供必要的资料，否则造成货物毁损或人身伤亡，由存货方承担赔偿责任直至由司法机关追究刑事责任。

（二）存货方不能按期存货，应偿付保管方的损失。向保管方支付违约金__________元。

（三）超议定储存量储存或逾期不提时，除交纳保管费外，还应偿付违约金__________元/t·天。

三、违约金和赔偿方法

（一）违反货物入库和货物出库的规定时，当事人必须向对方交付违约金。违约金的数额，为违约所涉及的那一部分货物的__________个月保管费（或租金）或__________倍的劳务费。

（二）因违约使对方遭受经济损失时，如违约金不足抵偿实际损失，还应以赔偿金的形式补偿其差额部分。

（三）前述违约行为，给对方造成损失的，一律赔偿实际损失。

（四）赔偿货物的损失，一律按照进货价或国家批准调整后的价格计算；有残值的，应扣除其残值部分或残件归赔偿方，不负责赔偿实物。

第十条 不可抗力

由于不能预见并且对其发生和后果不能防止或避免的不可抗力事故，致使直接影响合同的履行或约定的条件履行时，遇有不可抗力事故的一方，应立即将事故情况电报通知对方，并应在__________天内，提供事故详情及合同不能履行、或者部分不能履行、或需要延期履行的理由的有效证明文件，此项证明文件应由事故发生地区的公证机构出具。按照事故对履行合同影响的程序，由双方协商决定是否解除合同，或者部分免除履行合同的责任，或者延期履行合同。

第十一条 争议处理

本合同所发生的争议，双方应本着友好协商的方式协商解决，不能协商解决的，双方同意在__________仲裁委员会仲裁。

第十二条 其他

保管方：______________（盖章）　　存货方：______________（盖章）

法定代表人：__________　　法定代表人：__________

地址：________________　　地址：________________

银行账户：____________　　银行账户：____________

签订日期：_____年_____月_____日

任务三 仓 单

一、仓单的含义

仓单是保管人在接收仓储物后签发的表明一定数量的保管物已经交付仓储保管的法律文书。保管人签发仓单，表明已经接收仓储物，并已承担对仓储物的保管责任以及保证将向仓单持有人交付仓储物。

签发仓单是仓储保管人的法律义务，根据《合同法》的规定：“存货人交付仓储物时，保管人应当给付仓单。”仓单的作用表现在：签发仓单表明保管人已接收了仓单上所记载的仓储物；仓单是仓储保管人凭以返还保管物的凭证；仓单是确定保管人和仓单持有人、提货人责任和义务的依据；同时，仓单还是仓储合同的证明。

二、仓单的法律特性

仓单的法律特性包含以下的几个方面。

（一）仓单是提货凭证

在提取仓储物时，提货人必须向保管人出示仓单，没有仓单不能直接提取仓储物，并在提货后将仓单交回保管人注销。

（二）仓单是所有权的法律文书

保管人在查验并接受仓储物后向存货人签发的仓单，表明只是将仓储物的保管责任转交给保管人，仓储物的所有权并没有转移给保管人，通过保管人签发的仓单作为仓储物的所有权文书。

（三）仓单是有价证券

仓单是仓储物的书面凭证，仓储保管人依据仓单返还仓储物，占有仓单表示占有仓储物，意味着占有了被仓储的财产和该财产所包括的价值。

受让仓单需要支付与该价值对等的资产或价款，因而仓单是表明仓储物价值的有价证券。由于仓单所表示的是实物资产的价值，其价格受实物市场供求关系的影响，需要根据供求规律确定仓单的具体价格。

（四）仓单是仓储合同的证明

当双方没有订立仓储合同时，仓单作为仓储合同的书面证明，证明合同关系的存在，存货人和保管人按照仓单的记载承担合同责任。

三、仓单的功能

（一）保管人承担责任的证明

仓单一旦签发，就意味着仓储保管人接管仓储物，并对仓储物承担保管责任，保证仓储期满向仓单持有人交还仓单上所记载的仓储物。如果仓储物在仓储期间发生损害或灭失，仓储保管人应当承担相应的赔偿责任。

（二）物权证明

仓单是提货的凭证，仓单意味着合法获得仓单的仓单持有人具有该仓单上所记载的仓储物的所有权。但这种所有权是一种确定的物权，只表示占有该仓单上所描述的具体的货物，并不意味着固定的价值。

仓单持有人因持有仓单所获得仓储物所有权，但是这个仅仅是仓单所明示的物权，并不当然获得存货人与保管人所订立仓储合同中的权利，只有在仓单中列明时才由仓单持有人享受。除非仓单持有人与存货人为同一人，否则保管人也不能用没有在仓单上明示的仓储合同的约定条款对抗仓单持有人。这种物权会因为不可抗力、自然损耗等保管人免责的原因造成灭失，也可能因为保管到期产生超期费、保管人进行提存的风险，以及仓储物的原因，造成保管人其他财产损失的赔偿风险。

（三）物权交易

仓储物交给仓储保管人保管后，保管人虽然占有仓储物，但是仓储物的所有权仍然属于存货人。存货人有权依法对仓储物进行处理，或者转让仓储物。

在保管人签发仓单的情形下，存货人和保管人达成了凭仓单提货的契约。保管人可以拒绝仓单持有人之外的其他人行使提货权。如果存货人要进行存储物转让，也必须同时将仓单转让。

对于存货人在获得仓单后需要转让仓储物时，如果要通过取出仓储物进行实物交割是极为烦琐，而且很不经济。为了减少费用，存货人可以通过直接转让仓单的方式转让仓储物，由受让人凭仓单提货。通过仓单转让即可以实现仓储物所有权的转让交易，又不涉及仓储物的保管和交接，是一种简便和经济的方法。仓单转让机制的基础在于仓储保管人对仓储物的理货验收、对仓储物的完整性承担责任及对所签发仓单的提货保证。

由于仓单大都为记名证券，仓单的转让必须采用背书转让的方式进行，由出让人进行背书，并注明受让人的名称，保持仓单的记名性质。仓单转让需经保管人签署仓单通过背书转让，仓储物的所有权发生了转移，被背书人成为仓单持有人。仓单转让后就意味着原先同保管人订立仓储合同的存货人将凭仓单提取货物的合同权利转让给了其他人。保管人将向第三人履行仓储合同义务。《合同法》第 80 条规定，“债权人转让权利的，应当通知债权人”；同时还规定债务人转让义务的，应当经债权人同意。仓单的转让可能仅涉及存货人债权的转让，也可能存在受让人支付仓储费等债务的转让，因而仓单转让需要保管人的认可，经保管人签字或者盖章，仓单受让人才能获得提取仓储物的权利。

（四）金融工具

由于仓单所具有的物权功能，仓单也代表着仓储物的价值，成为有价证券，可以作为一定价值的担保。因此，仓单可以作为质押、抵押、财产保证的金融工具和其他的信用保证。在期货交易市场上，仓单交易是交易最核心的部分。

仓单质押是指仓单持有人将仓单出质给他人占有，作为债务担保，到期不能偿还债务时，接受出质的他人有权就仓单的价值优先受偿。仓单持有人为出质人，是所担保债务的债务人；接受仓单的一方为质权人，是所担保债务的债权人。《物权法》将仓单质押归为权利质押，出质人要拥有对仓单权利的处分权，出质人与质权人要签订书面合同，质权自仓单交付质权人时成立。仓单质押是以仓单的权利质押，在质押合同中不能预定仓储物属于债权人。当质押人到期不能偿还债务时，质权的实现可以通过仓单折现，也可以通过拍卖、变卖仓储物所得价款优先受偿。

仓单质押的债务期限应与仓单的提货期限相匹配。如果债务担保期限超过提货期限的，《物权法》规定：“仓单的提货日期先于担保债权到期的，质权人可以提货，并与出质人协议将提取的货物提前偿还债务，或者采用提存方式处理。”

四、仓单的内容

仓单由保管人提供。仓储经营人准备好仓单簿，仓单簿为一式两联，第一联为仓单，在签发后交给存货人；第二联为存根，由保管人保存，以便核对仓单。《合同法》规定仓单的内容包括下列事项。

（一）存货人的名称或者姓名和住所

存货人是仓储物的所有人或者占有人，存货人也有权对货物进行仓储处理。存货人是仓单法律关系的一方，承担着仓单所确定的存货义务和责任。存货人名称记录的完整性也是判定仓单背书转让连续性的依据。

存货人的名称为存货人法人的完整名称，与法人证书的登记名称必须完全一致。当存货人为个人时，采用该人的完整姓名。

存货人的住所为存货企业的所在地、主营业地所在地、发生仓储业务关系的分营业部所在地、个人的居住地或者常驻地。住所地址要求采用完整的名称。住所地址是仓单发生司法争议时司法管辖权的确定因素之一，同时也是仓储业务中保管人与存货人联系的途径，因而一般还会注明联系电话等。

（二）仓储物的品名、数量、质量、件数、包装和标记

仓储物是仓单的标的物，仓储物的品名、数量、质量、包装、件数和标记是保管人对所接收的仓储物的准确描述，构成了仓储物的特定化。

存储期满后，保管人向仓单持有人交还物品。如果保管人不能交还仓单所描述的仓储物，就需要给予赔偿。仓储物的品名、包装、质量、数量、件数和标记是保管人在接收仓储物时查验和理货所获得的准确结果，必要时可以通过商品检验获得。

仓储物的品名应是仓储物的标准名称，仓储物的质量可以采用公认的等级质量标准或者标明具体的质量水平，或者标明检验结论。仓储物的包装必须是在存储期间存续的包装方式，一般来说为保管人所认可的包装方式。

（三）仓储物的耗损标准

仓储物因为长期保存和仓储作业会发生耗损和减量，仓储物自身特性的自然减量和公认的合理耗损由保管人承担显然是不合理的。仓储物的耗损标准就是在交还仓储物时仓储物数量短少在仓单所约定的仓储物耗损标准之内，保管人不予赔偿。

仓储物的耗损标准有国家标准或者行业标准规定的，按规定执行；无标准的，由双方约定耗损标准。制定耗损标准后，保管人在归还仓储物时，仓储物在耗损标准内的减量、质量变化等，保管人不予以赔偿。

（四）储存场所

储存场所应当保证储存物的安全，应具备必需的保管条件和操作方法。这可以确定仓储期间仓储物风险的大小，存入和提出仓储物的经济成本和便利条件，同时也可以使仓单持有人了解仓储物存放的位置。

储存场所也是发生仓储争议时的合同履行地、财产所在地，是司法管辖权的判断

依据。储存场所一般可以由保管人安排，也可以在仓储合同中约定，也可以是仓单中记载的储存场所，为仓储物的实际存放地点。储存场所包括仓库的名称和地点，往往还明确注明存放仓储物的仓库号、堆场、货位号等存货的具体位置。

（五）储存期间

保管人根据合同中约定的时限内对仓储物承担保管责任。为了使仓单持有人明确掌握储存期限，需要将储存期间特别是储存到期时间明确地记录在仓单上。

储存时间的表示可以采用开始期加期限的方式，如存储期 3 个月，从仓单签发日起算，到期日若为节假日，顺延到假日后的第一个工作日；也可以采用明确到期日的方式表达。

（六）仓储费

仓储费是保管人开展仓储服务的回报，也是其合同行为的目的。仓储费由保管人和存货人约定，包括仓储费计费标准、支付方式、支付时间、支付地点等内容。提货人支付仓储费或者在提货结算时，必须在仓单上准确记录，以便约束仓单持有人。仓储费也可以在仓单转让时让受让人知道其所要承担的支付义务和支付额。仓储费率是超期保管费计算的基础。

（七）仓储物的期间、保险金额以及保险人的名称

为了降低风险，通常要对仓储物进行投保。投保的成本原则上应该由仓储物所有人承担。如果保管未保险的仓储物，保管人为了降低风险，也可购买保险，但其保险的成本必然通过仓储费等方式转移给仓储物的所有人。

仓储物是否购买保险对仓单受让人具有直接的利益关系，仓单的转让只是转让了仓储物的物权，入库后仓储物状态的变化是受让人要承担的风险。仓单受让人通过保险的方式获得仓储物的状态和价值保证。在仓单上记载保险资料，有利于发生事故时由保险处理，比如通知保险公司和保险索赔等。

（八）填发人、填发地和填发日期

填发人为仓储经营人的企业名称或者法定代表人的姓名。有填发人签署表明仓单发生效力。填发地和填发日期不仅表示仓单发生效力的时间和地点，同时也是属地管辖的依据和时效起算时间的依据。

一份有效的仓单应当包含以上所有内容或者其他保管人认为必要的内容，但是也可以缺省一些内容。只要仓单的内容能够充分表达出仓储物的物权、保管人的责任、持有人提取仓储物的权利等仓单功能的事项，保管人签发的仓单就应该有效。如果若仓单缺乏保管人、存货人、仓储物、存货地点、保管人签署等条件事项，那么显然是无效的。

五、仓单业务

（一）仓单的签发

仓单是由保管人向存货人签发。当存货人要求保管人签发仓单时，保管人必须签发。当存货人将仓储物交给保管人时，保管人对仓储物必须进行查验和理数，确认仓储物的状态，在全部仓储物收妥后填制并签发仓单。

保管人在填制仓单时，必须将接收的仓储物的实际情况记录在仓单上，特别是要准确描述仓储物的不良状况，以便到期时能按仓单的记载交付仓储物。经保管人签署的仓单才能生效。

保管人对仓储物不良状态的批注必须实事求是、准确、明确。当存货人不同意批注时，如果仓储物的瑕疵不影响仓储物的价值或质量等级，保管人可以接受存货人的担保而不批注，否则就必须批注，或者拒绝签发仓单。

（二）仓单的份数

依据《合同法》的规定，仓储保管人只签发一式两份仓单，一份为正式仓单，交给存货人，另一份由保管人保管，留为存底单。仓单副本应根据业务需要复制相应份数，且需注明为“副本”。

（三）仓单的分割

仓单的分割业务是指存货人将一批仓储物交给保管人时，有时因为转让的需要，要求保管人签发分为几份的仓单，或者仓单持有人要求保管人将原先的一份仓单分拆成多份仓单，以便向不同人转让。

仓单的分割不仅是单证的处理，还意味着保管人需要对仓储物进行分劈，仓单的分割是仓储保管人提供的额外服务。

仓储物能够被分劈是仓单分割的条件，分割后仓单的仓储物总和数与仓储物总数必须相同。保管人对已签发的仓单进行分割后，必须将原仓单收回。

（四）仓单的转让

仓单持有人需要将仓储物转让时，可以通过背书转让的方式进行。仓单转让生效的条件为：背书过程完整，经保管人签署。

1. 背书转让方法

作为记名单证，仓单的转让要采取背书转让的方式。背书转让的出让人为背书人，受让人为被背书人。背书格式为：

兹将本仓单转让给×××（被背书人的完整名称）

×××（背书人的完整名称）

背书经办人签名、日期

仓单可以进行多次背书转让，第一次背书的存货人为第一背书人。如果进行第二次转让，第一次被背书人就成为第二背书人。背书过程是相互衔接的完整过程，任何参与该仓单转让的人都要记载在仓单的背书过程中。

2. 保管人签署

存货人转让仓单，意味着保管人需要对其他人履行仓储义务。因为仓单的转让，保管人与存货人订立仓储合同的意境和氛围发生了改变。保管人对仓单受让人履行仓单义务的同时也要了解义务对象的变化，对仓单受让人行使仓单权利也需要对债务人有足够的信任。因此，保管人需要对仓单的转让给予认可。仓单的转让需要保管人签署，受让人方可凭单提取仓储物。

（五）仓单的提货

1. 凭单提货

经保管人同意的提货时间或者保管期满，仓单持有人向保管人提交仓单并出示身份证明，经保管人核对无误后，保管人给予办理提货手续。

（1）核对仓单。保管人首先核对仓单上的存货人或者被背书人与其所出示的身份证明是否一致；再次核对提货人所提交的仓单和存底仓单，确定仓单的真实性；并且查对仓单背书的完整性以及过程的衔接是否清楚。

（2）提货人缴纳费用。提货人按仓单的约定支付仓储费用。除此之外，提货人还要支付根据仓储合同约定并记载在仓单上的仓储物在仓储期间发生的仓储人的垫费、为仓储物所有人利益的支出、对仓储人或其他人所造成的损害赔偿等费用。

（3）保管人签发提货单证并安排提货。保管人收取费用、收回仓单后，签发提货单证，安排货物出库准备。

（4）提货人验收仓储物。根据仓单的记载，提货人与保管人共同查验仓储物，签收提货单证，收取仓储物。如果查验时发现仓储物状态不良，要求现场编制记录，并要求保管人签署，必要时可申请商品检验，以备事后索赔。

2. 仓单灭失的提货

仓单因故损毁或灭失，将会出现无单提货的现象。无论对方是合同订立人还是其他人，如果仓单灭失了，原则上提货人不能提交仓单，保管人便不能交付货物。因为保管人签发仓单就意味着承认只能对仓单承担交货的责任，不能向仓单持有人交付存储物就需要给予赔偿。仓单灭失的提货方法有：

（1）通过人民法院的公示催告使仓单失效。原仓单持有人或者仓储合同人可以申请人民法院对仓单进行公示催告，当60天公示期满无人争议，人民法院可以判决仓单无效，申请人可以向保管人要求提取仓储物。在公示期内有争议，则由法院审理判决，确定有权提货人，并凭法院判决书提货。

（2）提供担保提货。提货人向保管人提供仓储标的物的担保后提货，由保管人控制担保财产，将来另有人出示仓单而不能交货、仓储保管人需要赔偿时，保管人使用担保财产进行赔偿。该担保在可能存在的仓单失效后，方可解除。

（六）不记名仓单

如果保管人和存货人达成协议，由保管人签发不记名仓单，则所签发仓单的存货人项就可以为空白。不记名仓单在转让时无须背书，存期届满由持有人签署，并出示同样的身份证明就能提货。不记名仓单不能提前提货。

使用不记名仓单的存货人和保管人双方都存在一定的风险，仓储保管人不能控制仓单的转让，也不知道将来要向谁交货，而仓单持有人遗失仓单就等于遗失仓储物。在仓单的存货人项不填写真正的存货人或所有人，只填写通知人或者经手人等非实际仓储物的所有人的仓单，也属于不记名仓单。

仓单范本

存　　货　　人：
住　　　　　所：
仓 储 物 名 称：
品　　　　　种：
规　　　　　格：
性　　　　　质：
数　　　　　量：
质　　　　　量：
包　　　　　装：
件　　　　　数：
标　　　　　记：
仓　　储　　费：
仓储物的损耗标准：
仓储物的保险金额：__________期间：__________保险名称：__________
填　　发　　人：
填　　发　　地：
填 发 日 期：

仓单转让协议

甲乙双方按《__________商品交易所标准仓单管理办法》中的有关规定，达成如下协议：

一、甲方将__________商品交易所__________标准仓单__________手转让给乙方，转让价格为__________元/吨。

二、甲乙双方委托其代理会员到__________商品交易所办理仓单转让事宜，甲乙双方及其代理会员应履行相应义务，承担相关责任。

三、本协议一式__________份，__________商品交易所、甲方、乙方、甲方代理会员、乙方代理会员各执一份。

甲方（盖章）：__________乙方（盖章）：__________

甲方（转出方）客户号：__________　　乙方（转入方）客户号：__________
甲方法定代表人（签字）：__________　　乙方法定代表人（签字）：__________
甲方代理会员号：__________　　乙方代理会员号：__________
甲方代理会员（签字）：__________　　乙方代理会员（签字）：__________
_____年_____月_____日　　_____年_____月_____日

项目小结

本项目主要介绍了仓储经营管理的含义及特征，仓储经营管理的内容和方法；仓储合同的要素，仓储合同的订立、订立程序、合同条款内容、仓单的含义及作用，仓单的具体内容和业务，仓单的签发操作方法。仓储管理是现代物流管理的基础，高效的仓储管理是实现客户个性化需求、降低物流企业运行成本的保证；仓储合同、仓单作为仓储管理涉及的重要内容，其作用不言而喻。高职学生作为未来实用型和技能型人才，必须掌握仓储合同和仓单的具体操作。

复习思考题

1. 仓储商务的含义是什么？具体包括哪些内容？
2. 仓储商务管理的特征是什么？具体内容包括哪些方面？
3. 仓储合同有哪些种类？
4. 订立仓储合同应遵循什么程序？
5. 仓储合同条款包括哪些方面的内容？
6. 仓储合同当事人的权利和义务分别是什么？
7. 仓单的功能是什么？填写仓储时应注意哪些问题？

案例分析

案例一

仓单的填写

某水果店与某仓储公司签订了一份仓储合同，合同约定仓储公司为水果店储存水果5吨，仓储期间为1个月，仓储费为5 000元，自然耗损率为4%。水果由存货人分批提取。合同签订以后，水果店按照约定将水果交给仓储人储存，入库过磅为50 100千克。仓储公司在接收货物之后，向水果店签发了仓单。在按照双方仓储合同填写仓单的过程中，由一人读合同的条款，另一人填写，由于读合同的工作人员的发音有方言口音，填写人将自然耗损率误写为10%，存货人也没有多看就将仓单取走。合同到期以后，存货人持仓单向仓储公司提货，出库过磅时发现水果仅有46 000千克。扣除4%的自然耗损以后还短缺2 096千克，于是水果店要求仓储公司赔偿损失。仓储公司认为仓单上写明的自然耗损率为10%，剩余46 000千克并没有超出自然耗损的范围，因此不存在赔偿问题。双方争执不下，水果店向法院起诉，要求仓储公司赔偿。

原告认为，仓储合同中约定自然耗损率为4%，仓单上的10%是由于被告工作人员的笔误所致，因此被告应当按照合同的约定履行义务。被告交付的水果仅有46 000千克，扣除自然耗损以后还短缺2 096千克，根据《合同法》第394条的规定，仓储人应当对此承担赔偿责任。被告认为："根据《合同法》第387条的规定，仓单是提取货物的凭证，因此只要我方交付的货物符合仓单的内容就已经履行自己的合同义务，不再承担赔偿责任。仓单上记载的自然耗损率为10%，现在实际的损耗4 100千克并没有超出仓单规定的耗损的范围，因此我方不应当承担赔偿责任。"

法院审理认为，根据《合同法》第387条的规定，仓单是提取货物的根据，保管人员只要按照仓单的规定交付了货物，就不再承担赔偿责任，仓单上写明的自然耗损率为10%，被告交付了46 000千克的水果，并没有超过规定的自然耗损率，因此不承担赔偿责任，据此，法院判决驳回原告的起诉。

思考题：

1. 仓储业务中的存货方在交接货和填写仓单时应注意哪些问题？
2. 仓储业务中的保管方在交接货和填写仓单时又应该注意哪些问题？

案例二

仓储合同与合同违约

某汽车装配厂从国外进口了一批汽车零件，准备在国内组装、销售。2015年3月5日，与某仓储公司签订了一份仓储合同。合同约定，仓储公司提供仓库保管汽车配件，期限共为10个月，从2015年4月15日起到2016年2月15日止，保管仓储费为5万元。双方对储存物品的数量、种类、验收方式、入库、出库的时间和具体方式、手续等做了约定；还约定任何一方有违约行为，要承担违约责任，违约金为总金额的20%。

合同签订后，仓储公司开始为履行合同做准备，清理了合同约定的仓库，并且因此拒绝了其他人对约定仓库的仓储要求。2015年3月27日，仓储公司通知装配厂已经清理好仓库，可以开始送货入库。但配装厂表示已找到更便宜的仓库，如果仓储公司能降低仓储费的话，就送货仓储。仓储公司不同意，配装厂明确表示不需要对方的仓库。4月2日，仓储公司再次要求配装厂履行合同，配装厂再次拒绝。4月5日，仓储公司向法院起诉，要求汽车配装厂承担违约责任，支付违约金，并支付仓储费。汽车装配厂答辩合同未履行，因而不存在违约问题。

思考题：

1. 该仓储合同是否生效？仓储公司的要求是否合理？
2. 能否在4月5日起诉？法院能否受理？可能会有怎样的判决？

案例三

仓单质押

中国建设银行上海分行开展"标准仓单质押融资"业务。企业如拥有上海期货交易所指定仓库现货，急需短期运营资金，可以其自有且允许在交易所交易的标准仓单为质押，向该银行申请短期融资，融资期限为10~180天，质押率高达80%。

另据《国际经贸消息报》报道："仓单质押"业务在我国物资储运行业开展了近三年，是解决仓库存货客户资金紧缺、保证银行放贷安全和增加储运仓库货源的有效途径，可以取得一举三得的效果，目前，这项从仓库延伸出来的新业务受到了行业内营业仓库的认可。

思考题：

1. 该案例反映了仓单的哪些功能？
2. 仓储如何为仓单的该功能提供保证？

技能拓展

技能训练7-1　仓储商务管理实训

一、实训目的

1. 掌握仓储商务管理的具体内容；
2. 掌握仓储合同的订立原则和合同条款内容；
3. 掌握仓单的填写方法；
4. 培训学生学以致用、理论运用于实践的能力。

二、实训内容与步骤

1. 全班同学分成若干学习小组，3~5人为宜，选出组长。
2. 通过查看相关网站和论坛，阅读、收集并整理出仓储商务管理的相关资料。
3. 通过图书馆的专业书籍、阅览室的专业刊物，了解仓储商务管理、企业合同订立等行业动态。
4. 上网收集生产企业、商贸流通企业或者物流企业的仓储管理业务，了解该企业的仓储类型，掌握该企业仓储商务管理的主要内容、生产经营情况、具体做法等。

三、实训作业

1. 每组撰写并提交一篇仓储商务管理方面的企业实践案例；
2. 以某物流企业为例，分析买卖双方当事人的权利、义务以及具体要求，撰写一篇仓储合同；
3. 每组填制并提交一份仓单。

四、实训条件

1. 物流实训室计算机与互联网。
2. 图书馆、阅览室。

五、考核标准

仓储商务管理实训项目考核评分表

序号	评分项	评分标准	满分	得分
1	实训过程表现	出勤、小组合作、实训纪律	20	
2	仓储商务管理企业实践案例	内容是否全面详细及准确客观；格式是否正确	30	
3	企业仓储合同撰写	案例内容是否准确全面；逻辑与结构是否合理；格式是否正确	30	
4	仓单的填制	内容是否准确全面；书写是否认真，字迹清晰；格式是否正确	20	
总　　分			100	

技能训练 7－2　仓储合同编制实训

一、实训目的

1. 了解仓储合同签订的注意事项；
2. 掌握合同签订的过程；
3. 掌握仓储合同条款的主要内容；
4. 能够正确、熟练地草拟仓储合同。

二、实训内容与步骤

1. 将全班同学分成若干学习小组，3～5 人为宜，选出组长。
2. 通过查看相关网站和论坛，阅读、收集并整理仓储合同的样例。
3. 分析两份背景材料，具体如下：

材料一：2014 年 1 月 3 日，本地食品集团向本市 XJ 物流储运公司发出一份 E－mail文件称："由 XJ 物流储运公司为 LH 食品集团储存保管食品产品，保管期限自 2014 年 5 月 1 日至 2015 年 4 月 30 日，仓库租金是全国统一价每平方米 12 元/月，任何一方违约，均需支付违约金三万元，如无异议，一周后正式签订合同。"XJ 储运公司对 LH 食品集团提出的"要约"表示完全同意，总经理委托市场开发部人员代理签订仓储合同。

材料二：广东叮当网购有限公司向上海速达物流仓储公司发出要约，希望与速达物流仓储公司签订仓储合同，用于保管其网上销售的产品。速达物流仓储公司接受要约，双方约定于 2014 年 7 月 20 日在速达仓储公司签订书面仓储合同。合同有效期从 2014 年 8 月 1 日至 2015 年 8 月 1 日，保管费用是每月 3 000 元，任何一方违约，均需支付违约金一万元。

三、实训作业

每组结合仓储合同的订立原则和方法，分析两份背景材料提供的主要信息，根据材料一和材料二分别起草和签订一份仓储合同。

四、实训条件

1. 物流实训室计算机与互联网。

2. 国家正式仓储合同（样式）、《中华人民共和国合同法》等相关资料。

五、考核标准

仓储合同编制实训项目考核评分表

序号	评分项	评分标准	满分	得分
1	实训过程表现	出勤、实训纪律、态度	10	
2	理论知识	相关物流理论知识的掌握情况	10	
3	背景材料分析	判断仓储合同业务操作知识点的熟练程度；各种资料准备充分、齐全，摆放整齐	20	
4	合同编制	了解仓储合同的特征；能够合理正确地根据具体的货物性质选择相适应的仓储方式、格式规范	40	
5	职业素养	团队分工合理性、协调性；团队合作执行力	20	
总　分			100	

项目八

仓储成本管理与绩效评价

项目说明

仓储成本是指一段时期内储存或持有货物而带来的成本，它是伴随着对货物的储存、管理、保养、维护等仓储活动而发生的各种费用。通过对仓储成本进行核算分析，最大限度地利用仓储设施设备，用尽量少的人力、物力、财力把库存管理好，把库存控制到最佳数量，为企业获取最大的供给保障，准确地确定仓储成本和产品价格。

仓库生产绩效考核指标是仓库生产管理成果的集中体现，也是衡量仓库管理水平高低的尺度。对内加强管理，降低仓储成本，对外接受货主定期评价，这就是利用指标考核仓库经营的意义所在。

知识目标：

1. 掌握仓储成本的构成；
2. 熟知仓储费用的构成及具体项目内容；
3. 掌握仓储成本的计算方法；
4. 理解仓储费用的定价策略；
5. 掌握仓储成本管理的内容；
6. 掌握降低仓储成本的途径；
7. 熟知仓储成本不合理化的表现形式；
8. 了解仓库绩效管理的原则和意义；
9. 掌握仓库绩效指标的具体内容；
10. 掌握仓库绩效评价的过程。

能力目标：

1. 能够运用所学内容分析物流企业的仓储费用构成；
2. 能够准确计算物流企业的仓储成本；
3. 能够运用仓储费用的定价策略；

4. 能够解释仓储成本不合理现象的原因；
5. 能够运用仓库绩效评价指标评价仓库的运营效果；
6. 选择正确的绩效评价方法分析仓库绩效管理存在的问题。

项目任务

英迈公司全部库房只丢了一根电缆；半年一次的盘库，由公证处做第三方机构检验，统计结果只差了几分钱；陈仓损坏率为万分之三；运作成本不到营业额的1%……这些数据都出自拥有15个仓储中心、库存货品上千种、价值达5亿元人民币的“英迈中国公司”。它们是如何创造这些奇迹的呢？就让我们去看看“英迈中国”的库房吧。

一、几组数据

0.123元：“英迈中国”库房中所有的货品在摆放时，货品标签一律向外，没有一个倒置。这是在进货时就按操作规范统一摆放的，目的是使出货和清点库房时查询方便。运作部曾经统计过，如果货品的标签都向内，即使一个熟练的库房管理人员要将其全部恢复为标签向外，也需要8分钟，这8分钟的人工成本就是0.123元人民币。

3千克：“英迈中国”的每个库房中都有一本重达3千克的行为规范指导，细到怎样检查销售单、怎样装货、怎样包装、怎样存档等，指导上有流程图和文字说明，任何受过基础教育的员工都可以从规范中查询和了解到每一个环节的操作规范说明，并遵照执行。

5分钟：统计和打印出“英迈中国”上海仓库或全国各个仓库的劳动力生产指标，包括人均收货多少钱、人均收货多少单，只需要5分钟。在Impulse系统中，劳动力生产指标时时在线，可随时调出，如果没有这一系统的支持，类似的指标统计要至少一个月的时间才能得到。

10厘米：“英迈中国”的仓库空间是经过精确设计和科学规划的，甚至货架之间的过道也是经过精确计算的。为了尽量增加库存可使用面积，连运货叉车也仅获得了10厘米的空间，因此叉车司机的驾驶必须稳而又稳。

20分钟：仓库员工从接到订单到完成取货，规定的时间是20分钟。仓库对每一个货位都标注了货号标志，并输入到Impulse系统中，系统会根据发货产品自动生成产品货号，货号与仓库中的货位一一对应，所以仓库员工在发货时就像邮递员寻找邮递对象的门牌号码一样便捷。

1个月：“英迈中国”的库房是根据中国市场的现状和公司业务需求建设的。每个地区的仓库经理们都能在1个月内完成一个新增仓库的考察、配置与实施，保证物流支持系统能够被快速启动。它们的经营理念是：如果人没有准备，有钱也没有用。

二、几件小事

（1）“英迈中国”库房中的很多记事本都是收集已经打印一次的纸张装订而成的，即使是各层经理在使用中的也不例外。

（2）所有物品进出库房都必须严格按照流程进行，违反操作流程，即使有总经理的签字也不行。

（3）货架上的货品号码标志用的是可以重复使用的磁条，这样做是为了节约成本。

（4）要求合作伙伴必须在所有运输车辆的厢壁上安装薄木板，以避免货品包装在途受到损伤。“英迈中国”的运作优势是不断改进每一个操作细节，日积月累形成的，然而，英迈中国的系统能力和后勤服务能力在“英迈国际”的评估体系中仅得到了62分，刚刚及格。在美国的专业物流市场中，“英迈国际”也只能拿到70～80分。

（资料来源：华夏管理网）

任务分析：

1. “英迈中国”是从哪几个方面降低成本提升仓储绩效的？
2. “英迈中国”仓储绩效管理指标有哪些？
3. 从这个案例中，我们能得到哪些启示？

知识准备

任务一　仓储成本分析

一、仓储成本分析的意义

仓储成本是指仓储企业在生产经营中各种要素投入的以货币计算的总和。其中一部分为仓储设施和设备的投资，另一部分为仓储保管作业中的活劳动或者物化劳动的消耗，主要包括工资、管理费和能源消耗等。仓储物占用的资金所需要支付的利息也是仓储成本的构成部分。此外，仓储活动都存在的仓储物耗损和损害的风险成本也属于仓储成本。

仓储成本分析是为了满足企业各管理层次了解成本状况及进行经营决策的需要，以成本核算资料为基础，结合其他有关的核算、计划和统计资料，采用一定的方法解剖成本变动的原因、经营管理问题及业绩的管理活动。成本分析在企业管理活动中起着极其重要的作用，它不仅有利于企业揭示问题，找出差距，提高管理水平，准确确定产品价格，而且还可以分清成本的经济责任，促进企业成本责任制的完善。

通过仓储成本分析，最大限度地利用仓储设施和设备，尽量少用人力、物力、财力把库存管理好，把库存控制到最佳数量，为存货企业获取最大的供给保障，准确地确定仓储成本和产品价格。

（一）仓储成本分析为企业制订仓储经营管理计划提供了依据

仓储经营管理计划是仓储企业为适应经营环境变化，通过决策程序和方案选择，对仓储经营活动的内容、方法和步骤明确化、具体化的设想和安排。在制订经营管理计划时，仓储企业必须考虑自身的经营能力。仓储成本正是仓储经营能力的重要指标，因此，通过仓储成本的分析，能帮助企业对不同经营方案进行比较，选择成本最低、收益最大的方案制订经营计划，开展经营。

（二）仓储成本分析为仓储产品定价提供了依据

仓储企业的根本目的是追求利润最大化。仓储企业在为社会提供仓储产品（服务）时，需要有明确的产品价格，即仓储费。从长远看，必须保证仓储费高于仓储成本，才能保证仓储企业的生存与发展。因此，仓储成本分析为仓储费制定提供了主要依据。

（三）仓储成本分析有利于加速仓储企业的现代化建设

仓储成本分析有利于推动仓储技术革新，为仓储设施设备改造提供依据。仓储企业要提高仓储能力和仓储效率，必然要进行技术革新，改造设施和设备，但是设施设备的投入必须获得相应的产出回报，这必须在准确的成本核算和预测的基础上才能提供保证。

（四）仓储成本分析为仓储企业的劳动管理提供了依据

劳动力成本本身就是仓储成本的重要组成部分，但是劳动力成本与其他成本之间可能存在替代关系，也可能存在互补关系，因此，确定劳动量使用的决定性因素是收益，即以能够获得总成本最低或者总收入增加为原则确定劳动力的使用量。同时，成本因素也是劳动考核、岗位设置的依据和决定劳动报酬的参考依据。

总之，通过仓储成本分析，有利于提高仓储企业的经济效益，降低仓储生产经营中的各种浪费，同时也可以将企业的经济利益与职工的经济利益紧密地联系起来，提高企业经营者的自觉性，从而提高企业仓储经营管理水平和经济效益。

二、仓储成本的类型

仓储成本是发生在货物储存期间的各种费用支出，是因一段时期内储存或持有商品而导致的。仓储成本可以分为 4 种：空间成本、资金成本、运作成本和库存风险成本。

（一）空间成本

空间成本是仓储设施投入仓储生产的固定成本，或者说是存货占用储存建筑内立体空间所支付的费用，包括场地地租，货架、道路使用费等仓储设备和建筑成本分摊。如果是自有仓库，则空间成本取决于固定投资的分摊和折旧。如果是租借仓库，则空间成本一般按一定时间内储存产品的重量来计算，例如元/（吨·月）。在计算在途库存的持有成本时，不必考虑空间成本。

（二）资金成本

资金成本主要是指使用流动资金所需要的成本。这些资金是仓储企业为了正常运营所需要使用的，如果占有存货，则还包括库存物资占用的资金。资金的机会成本也是资金成本的构成部分。资金成本有可能占到库存持有成本的80%（见表8－1），是一种不能忽略的成本。

表8－1　某库存持有成本因素的相对比重

成本	比例	成本	比例
利息和机会	82.00%	财产税	0.50%
仓耗	14.00%	保险	0.25%
存储和搬运	3.25%	总计	100.00%

关于资金成本的确切数额，许多企业通过资金的利息支出确定，另一些则通过企业的平均回报率确定。有人认为最低资金回报率最能准确反映真实的资金成本。

对仓储企业来说，资金成本主要来自流动资金占用所造成的成本。但存货资金也是仓储企业持有的资产，仓储经营中的消费仓储则充分利用这种资产为仓储企业带来收益。

（三）运作成本

运作成本是指为库存商品提供的各项服务的成本，包括货物作业、劳务、信息服务、文件服务等，以及投入作业生产的设备的运营费用，包括燃料、润滑油以及作业使用的工具和消耗品等。仓储企业的管理费用、业务费用、交易成本等都属于服务成本的范畴。服务成本主要表现为工资和福利费用。

如果服务外包，则服务成本就成为仓储企业对外支付的费用。仓储的税收包括仓储营业税或者企业所得税在仓储中的分摊。

（四）库存风险成本

与产品变质、短少（偷窃）、损害或报废相关的费用构成仓储成本的最后一项。在保有库存的过程中，存货会被污染、损坏、腐烂、被盗，由于其他原因不适于或不能使用，直接造成存货的损失。仓库未履行合同的违约金、赔偿金也构成库存的风险成本。保险费也构成风险成本的一部分。保险作为一种保护措施，能够帮助企业预防火灾、风暴或偷窃所带来的损失。

三、仓储成本的构成

仓储成本主要包括以下几个方面：仓储持有成本、订货或生产准备成本、缺货成本、在途库存持有成本和仓储风险成本。

（一）仓储持有成本

1. 仓储持有成本的概念

为保持适当的库存而发生的那部分成本称为仓储持有成本，它可以分为固定成本和变动成本。变动成本与仓储数量的多少相关，如库存占用资金的利息费用、仓储物品的毁损和变质损失、保险费用、搬运装卸费用、挑选整理费用等。变动成本主要包括4项成本：资金占用成本、仓储维护成本、仓储运作成本、仓储风险成本。固定成本与一定限度内的仓储数量无关，包括仓储设备折旧、仓储设备的维护费用、仓库职工工资等。

（1）仓储维护成本。仓储维护成本主要包括与仓库有关的租赁、取暖、照明、设备折旧、保险费用和税金等费用。仓储维护成本随企业采取的仓储方式不同而不同。如果企业利用自用的仓库，大部分仓储维护成本是固定的；如果企业利用公共的仓库，则有关存储的所有成本将直接随库存数量的变化而变化。在做仓储决策时，这些成本都要考虑。

另外，根据产品的价值和类型，产品丢失或损坏的风险高，就需要较高的保险费用。同时，许多国家将库存列入应税财产，高水平库存导致高税费。保险费用和税金将随着产品的不同而有很大变化，在计算仓储维护成本时也必须加以考虑。

（2）资金占用成本。资金占用成本也称为利息费用或机会成本，是仓储成本的隐含费用。资金占用成本反映了失去的盈利能力。如果资金投入其他方面，就会取得投资回报，而资金占用成本就是这种尚未获得的回报的费用。为了核算上的方便，一般情况下，资金占用成本是指占用资金支付的银行利息。

（3）仓储风险成本。仓储风险成本反映了一个非常的可能性，即由于企业无法控制的原因，可能造成的库存商品贬值、损坏、丢失、变质等损失。

（4）仓储运作成本。仓储运作成本主要与商品的出入库有关，即通常所说的搬运装卸成本。

2. 仓储持有成本的计算

（1）变动成本的计算。计算单一库存商品的仓储持有变动成本分三步：

第一步：确定库存商品的成本。企业可采用先进先出法、后进先出法、移动加权平均法、加权平均法、个别计价法等存货计价方法计算存货的成本。

第二步：估算每一项仓储成本占库存商品价值的比例。

第三步：用全部储存成本占库存商品价值的比例乘以商品价值，这样就可以估算出保管一定数量商品的年库存成本。

（2）固定成本的计算。仓储持有成本中的固定成本与库存数量无直接关系，主要项目包括租赁费、取暖费、照明费、设备折旧费、保险费用和税金等。

3. 仓储持有成本与仓储水平的关系

随着库存水平的提高，年储存成本将随之增加。也就是说，储存成本是可变动成本，与平均存货数量或存货平均值成正比例。

（二）订货或生产准备成本

订货成本或生产准备成本是指企业向外部供应商发出来购订单的成本或企业内部的生产准备成本。

1. 订货成本

订货成本是指企业为了实现一次订货而进行的各种活动的费用，包括处理订货的差旅费、办公费等支出。订货成本中有一部分与订货的次数有关，如差旅费、通信费等，称为订货的变动成本；另一部分与订货次数无关，如常设机构的基本开支等，称为订货的固定成本。具体来讲，订货成本包括与下列活动相关的费用：

（1）编制并提出订货申请；

（2）检查存货费用；

（3）对多个供应商进行调查比较，选择最合适的供应商；

（4）填写并发出订单；

（5）填写并核对收货单；

（6）验收发来的货物；

（7）筹集资金并进行付款。

这些成本很容易被忽视，但在考虑涉及订货、收货的全部活动时，这些成本很重要。

2. 生产准备成本

生产准备成本是指当库存的某些产品不由外部供应而是由企业自己生产时，企业为生产一批货物而进行准备的成本。其中，与生产产品的数量有关的费用，如材料费、加工费、人工费等属于变动成本，更换模具、增添某些专用设备等属于固定成本。

3. 仓储持有成本与订货成本的关系

订货成本与仓储持有成本随着订货次数或订货规模的变化呈反方向变化。起初，随着订货批量的增加，订货成本的下降比持有成本的增加要快，即订货成本的边际节约额比持有成本的边际增加额要多，使总成本下降。当订货批量增加到某一临界点时，订货成本的边际节约额与持有成本的边际增加额相等，这时总成本最小。此后，随着订货批量的不断增加，订货成本的边际节约额比持有成本的边际增加额要小，导致总成本不断增加。由此可见，总成本呈 U 形变化。

（三）缺货成本

库存决策中另一项主要成本是缺货成本，它是指由于库存供应中断而造成的损失，包括原材料供应中断造成的停工损失、产成品库存缺货造成的延迟发货损失和丧失销售机会的损失（还应包括商誉损失）。如果生产企业以紧急采购代用材料来解决库存材料的中断之急，那么，缺货成本表现为紧急额外购入成本（紧急采购成本大于正常采购成本部分）。当一种产品缺货时，客户就会购买竞争对手的产品，就会产生直接利润损失。如果失去客户，还可能给企业造成间接长期成本。在供应物流方面，原材料或半成品或零配件的缺货意味着机器空闲甚至停产。

1. 缺货的后果

由于外部和内部中断供应所产生的成本即为缺货成本，当企业内部某个部门得不到全部订货时，则叫做内部缺货；而当企业的客户得不到全部订货时，叫做外部缺货。

如果发生外部缺货，将导致以下情况发生：

（1）延期交货。延期交货有两种形式，一是缺货商品可以在下次规则订货时得到补充，二是利用快递延期交货。如果客户愿意等到下一个规则订货，那么，企业实际上没有什么损失。但如果经常缺货，客户可能就会转向其他供应商。

一旦发生缺货商品延期交货，那么就会发生特殊订单处理和运输费用，延期交货的特殊订单处理费用要比普通订单处理费用高。由于延期交货经常是小规模装运，运输费率相对较高，而且延期交货的商品可能需要从一地区的某个工厂仓库供货，进行长距离运输。另外，可能需要利用速度快、收费较高的运输方式运送延期交货商品。因此，延期交货成本可根据额外订单处理费用的额外运费来计算。

如果发生内部短缺，则可能导致生产损失（机器设备和人员闲置）和交货期延误，如果由于某项物品短缺而导致整个生产线停工，这时的缺货成本可能非常高，尤其对准时化生产的企业来说更是如此。为了对保险库存量做出最好的决策，制造企业应对因原材料缺货造成停产的成本有全面的理解，首先确定每小时或每天的生产率，然后计算停产造成的产量减少，最后得出利润的损失量。

（2）失销。尽管一些用户可以允许延期交货，但是仍有一些用户会转向其他供应商，也就是说，许多公司都有生产替代产品的竞争者。当一个供应商没有客户所得的商品时，客户就会从其他供应商那里订货，在这种情况下，缺货会导致失销，对企业来说，直接损失就是这种商品的利润损失，可以通过计算这批商品的利润来确定直接损失。

关于失销，需要指出以下三点：首先，除了利润损失，还包括当初负责这批销售业务的销售人员的精力损失，即机会损失；其次，很难确定在一些情况下的失销总量。比如，许多客户习惯电话订货，在这种情况下，客户只是询问是否有货，而未指明要订货多少，如果这种产品没货，那么客户就不会说明需要多少，企业也不会知道损失的总量；最后，很难估计一次缺货对未来销售的影响。

（3）失去客户。第三种可能发生的情况是由于缺货而失去客户，也就是说，客户永远转向另一个供应商。如果失去了客户，企业也就失去了未来一系列收入，这种缺货造成的损失很难估计，需要用科学的管理技术以及市场营销研究方法来分析和计算。除了利润损失，还有因缺货造成的商誉损失。商誉很难度量，在仓储决策中常常被忽略，但它对未来销售及企业经营活动非常重要。为了确定必要的库存量，有必要明确如果发生缺货而造成的损失。

第一步，分析发生缺货可能产生的后果，包括延期交货、失销和失去客户。

第二节，计算与可能结果相关的成本，即利润损失。

第三步，计算一次缺货的损失。

如果增加库存的成本少于一次缺货的损失，那么，就应增加库存以避免缺货，从而降低损失。

2. 保险库存的持有成本

为了避免缺货造成的损失，许多企业都会考虑保持一定数量的保险库存，以及缓冲库存，以防在需求方面的不确定性。但困难在于，如何确定保险库存的量，保险库存太多意味着多余的库存，而保险库存不足则意味着缺货或失销。

保险库存每一次追加的增量都将造成库存成本的增加而使效益减少。超过期望需求量的第一个单位的保险库存所提供的防止缺货的预防效能的增值最大，第二个单位所提供的预防效能比第一个单位稍小，依此类推。如果保险库存量增加，那么缺货概率就会减少。在某一保险存货水平，储存额外数量的存货成本加期望缺货成本会有一个最小值，这个水平就是最优水平，高于或低于这个水平都将产生净损失。

生产企业的产成品保险库存可以在零售和中转仓库的需求量超过平均值时有能力补充它们的库存；零售企业的保险库存可以在用户的需求率不规律或不可预测的情况下起到保障作用；半成品的额外库存可以在工作负荷不平衡的情况下使各制造部门间的生产正常化。准备这些追加库存是要不失时机地为客户及内部需要服务，以保证企业的长期效益。

（四）在途库存持有成本

在途库存持有成本虽然不像前面讨论的 3 项成本那么明显，然而在某些情况下，企业必须考虑这项成本。如果企业以目的地交货价销售商品，意味着企业要负责将商品运达客户，当客户收到订货商品时，商品的所有权才转移。从理财的角度来看，商品仍是销售方的库存。因为这种在途商品在交给客户之前仍然属于企业所有，运货方式及所需的时间是储存成本的一部分，企业应该对运输成本与在途存货持有成本进行分析。

如何计算在途库存持有成本是一个重要且关键的问题。前面讨论过库存持有成本的 4 个方面，即资金占用成本、仓储维护成本、仓储运作成本、仓储风险成本，这些成本对在途存货来说有所变化。在途库存的资金占用成本一般等于仓库中库存的资金占用成本，仓储运作成本、仓储维护成本一般与在途库存不相关，但对保险费用要加以考虑。

由于运输服务具有短暂性，货物过时或变质的风险要小一些，因此仓储风险成本较小。一般来说，在途库存持有成本要比仓库持有成本小。实践中，需要对每一项成本进行仔细分析，才能准确计算出实际成本。

（五）仓储风险成本

仓储风险成本与产品变质、短少（偷窃）、损害或报废相关的费用构成库存成本的最后一项。在保有库存的过程中，存货会被污染、损坏、腐烂、被盗或由于其他原因不适于或不能用于销售。与之相关的成本可用产品价值的直接损失来估算，也可用重新生产产品或从备用仓库供货的成本来对其进行估算。

仓储成本可以分为固定成本和变动成本。变动成本是随着储量的增加而增加的成本支出；固定成本是指不随储量发生变化的固定投入。对仓储保管过程来说，可以将仓储成本分为保管费和搬运费两大组成部分。

四、仓储费用

（一）仓储费用的含义

仓储费用是指货物在储存保管过程中发生的整体成本的总和，它是仓储成本在货物仓储过程中表现出来的具体费用，是由一定时期仓储经营的资本费用、保管费、搬运费、耗损费、保险费、税费等构成的。其中，资本费用表现为所使用资本的利息，包括自有资本的利息。即：

仓储费用 = 资本费用 + 保管费 + 搬运费 + 耗损费 + 保险费 + 税费

（二）仓储费用的构成

仓储费用直接反映了仓储的成本，是仓储成本核算、成本管理、仓储费定价的依据。它主要包括以下几个方面的内容：

1. 储存业务费用

储存业务费用是指货物在经济活动过程中所消耗的物化劳动和活劳动的货币表现，由此所发生的储存业务费用是社会必要劳动的追加费用，主要由代运费、机修费、验收费、代办费、装卸费、管理费组成。

2. 仓储费

仓储费是指货物储存、保管业务发生的费用，主要包括仓库管理人员的工资，货物在保管过程中的防腐、倒垛等维护保养费，固定资产折旧费，以及低值易耗品的摊销、修理费，劳动保护费，动力照明费等。

3. 仓储费的核算指标

（1）库存费用。将仓储费分摊到同期的仓储量中，就可以确定每单位仓储量的仓储成本，其计算公式为：

库存费用 = 库存管理费 ÷ 库存额

（2）单位资金库存费率。将库存管理费分摊到库存货物的资产上，就形成了单位资金库存费率，其计算公式为：

单位资金库存费率 =（库存管理费 ÷ 库存金额）×100%

（3）进出库费。进出库费是指货物进出库过程中所发生的费用，主要包括进出库过程中装卸搬运和验收等所开支的工人工资、劳动保护费、固定资产折旧费、大修理费、照明费、材料费、燃料费、管理费等。

（4）服务费用。服务费用是指仓库在对外保管服务过程中所消耗的物化劳动和活劳动的货币表现。

五、仓储成本的具体项目

具体来说，仓储成本是由投入仓储生产中的各种要素的成本和费用所构成的，这些要素包括：固定资产折旧、工资和福利费、能源费、水费、耗损材料费、设备维修费、管理费用、资金利息、保险费、外部协作费、税费以及营销费用。

（一）固定资产折旧

固定资产主要是指库房、堆场、道路等基础设施建设的投资，以及仓储机械设备的投入，这些投资在仓库建设时一次性投入，通过逐年折旧的方式回收。由于不同的项目和企业经营的策略不同，固定资产折旧年限不完全相同。现今大都采取加速折旧法，在较短的时间内将成本回收。

（二）工资和福利费

这类费用即仓储企业内各类人员的工资、奖金和各种补贴，以及由企业缴纳的住房公积金、医疗保险、退休基金等。

（三）能源费、水费、耗损材料费

这类费用包括动力、电力、燃料、生产设备原料等，仓库用水，装卸搬运生产使用的工具，绑扎、衬垫、苫盖材料的耗损等。

（四）设备维修费

大型设备的修理费通过大型设备修理基金每年从经营收入中提取，提取额度一般为设备投资额的3%～5%，专项用于设备大修用。

（五）管理费用

管理费用为仓储企业为组织和管理仓储生产经营所发生的费用，包括行政办公费用、公司经费、工会经费、职工教育费、排污费、绿化费、咨询审计费、土地使用费、业务费、劳动保护安全费、坏账准备等。

（六）资金利息

资金利息是企业使用投资资金所要承担的利息，即资本成本。当资金为借款时，直接支付利息；如果使用自有资金，也应当对资金支付利息。

（七）保险费

保险费是仓储企业对于意外事故或者自然灾害造成仓储物损害所要承担的赔偿责任进行保险所支付的费用。一般来说，如果没有约定，仓储物的财产险由存货人承担，仓储保管人仅承担责任险投保。

（八）外部协作费

仓储企业在提供仓储服务时使用外部服务所支付的费用，包括业务外包。

（九）税费

由仓储企业承担的税费也应作为成本计入，主要有营业税和企业所得税。

（十）营销费用

这类费用包括企业宣传、业务广告、仓储促销、交易费用等经营活动的费用支出。

六、仓储成本的计算方法

一般来讲，仓储成本的计算可以采用以下三种方法。

（一）按支付形态计算仓储成本

企业仓储成本按支付形态分类可分为人工费、仓储搬运费、仓储保管费、材料消耗费、仓储管理费、仓储占用资金利息等，依次可以计算出仓储成本的总额。这样可以分析出耗费最多的项目，即成本最大的项目，从而确定仓储成本管理的重点。

仓储成本 = 搬运费 + 保管费 + 消耗费 + 人工费 + 仓管费 + 利息 + 税收

这种计算方法是从月末利润表中的三大期间费用等各个项目中取出一定数值，乘以一定的比率（物流部门比率分别按人数平均、台数平均、面积平均、时间平均等计算出来）计算出仓储部门的费用，再将仓储成本总额与上一年度的数值做比较，弄清楚增减的原因并制定整改方案，如表 8 – 2 所示。

表 8 – 2　某物流公司仓储成本的构成

项目	管理等费用（元）	仓储成本（元）	计算机准（%）	备注
（1）仓库租赁费	60 000	60 000	100	金额
（2）材料消耗费	20 000	20 000	100	金额
（3）工资津贴费	250 000	75 000	30	人数比率
（4）燃料动力费	6 570	3 942	60	面积比率
（5）保险费	5 000	2 750	55	面积比率
（6）维修费	10 000	5 500	55	面积比率
（7）仓储搬运费	14 000	7 700	55	面积比率
（8）仓库保管费	23 000	12 650	55	面积比率
（9）仓库管理费	9 638	5 300.9	55	仓储费比率
（10）易耗品费	13 850	6 232.5	45	仓储费比率
（11）资金占用利息	22 000	9 900	45	仓储费比率
（12）税金	18 650	8 392	45	仓储费比率
仓储成本合计	452 708	217 367.9	48	仓储费占费用总额比率

核算基准的计算公式如下：

人数比率 =（物流工作人员数 ÷ 全公司人数）×100%

面积比率 =（物流设施面积 ÷ 全公司面积）×100%

仓储费用比率 =［（1）～（8）项的仓储费之和 ÷（1）～（8）项的管理费用之和］×100%

= 18 750 + 388 570 × 100%

= 48%

（二）按仓储项目核算仓储成本

企业按仓储成本的支付形态进行仓储成本分析虽然可以得出总额，但还不能充分地说明仓储成本各组成费用的分布情况。企业真正想降低仓储成本，就应把这个仓储总额按照项目详细区分开来，以便掌握仓储的实际状态，找出企业在哪些费用上有浪费，没有控制好，以达到控制成本的目的。这就是按仓储项目计算仓储成本的方法。

与按形态核算成本的方法相比，按仓储项目核算仓储成本的方法可以核算出标准仓储成本（单位个数、重量、容器的成本），也能进一步找出妨碍现实仓储合理化的情况，如表 8－3 所示。

表 8－3　某物流公司按仓储项目核算仓储成本核算表

项目	管理等费用（元）	仓储成本（元）	计算机准（%）	备注
(1) 仓库租赁费	60 000	60 000	100	金额
(2) 材料消耗费	20 000	20 000	100	金额
(3) 工资津贴费	250 000	75 000	30	人数比率
(4) 燃料动力费	6 570	3 942	60	面积比率
(5) 保险费	5 000	2 750	55	面积比率
(6) 维修费	10 000	5 500	55	面积比率
(7) 仓储搬运费	14 000	7 700	55	面积比率
(8) 仓库保管费	23 000	12 650	55	面积比率
(9) 仓库管理费	9 638	5 300.9	55	仓储费比率
(10) 易耗品费	13 850	6 232.5	45	仓储费比率
(11) 资金占用利息	22 000	9 900	45	仓储费比率
(12) 税金	18 650	8 392	45	仓储费比率
仓储成本合计	452 708	217 367.9	48	仓储费占费用总额比率

（三）按适用对象核算仓储成本

按不同功能的仓储成本来核算，不仅降低了成本，而且能分别掌握按产品、地区、客户的不同而产生的仓储成本，这就是一般所说的按适用对象核算仓储成本，由此可以分析出产生仓储成本的不同对象。

按适用对象核算仓储成本是指把项目计算出来的仓储费，以各自不同的基准分配给各类货物，以此核算仓储成本。这种方法可以用来分析各类货物的盈亏。

任务二　仓储费用定价

一、市场定价法

市场定价法是仓储企业根据市场行情、外来的压力和自身发展策略的需要制定的一种仓储费用收取的方法。现在仓储企业正处于转型期，仓储活动已成为市场经营活动，原来那种经营模式已不适合仓储企业发展的要求，仓储企业都在积极寻求在市场经济体制下如何走出一条适合本企业的道路。市场定价法的实行是企业按市场规律经营、增强企业灵活性的重要表现。

仓储市场定价是仓储产品供求双方在供求的对立统一中形成的双方都可以接受的价格，这种供求关系和供求价格是市场经济的灵魂，被誉为市场经济中看不见的手。

仓储市场的需求是指在一定时期内，在一定的价格条件下，全社会对仓储产品的总体需求量。仓储需求是社会对物资需求的派生需求，经济增长，物质丰富，物流活跃，对仓储的需求总数量就会增加。但仓储总量仍然受到仓储本身成本的影响，仓储费低时，仓储量增大；仓储费增高，仓储物对仓储费的承受能力减弱，仓储总量会减少。

仓储市场供给是指在一定时期内，在一定的价格条件下，整体仓储业所能向市场提供的仓储产品的总量。随着价格的增加，仓储行业愿意提供的仓储能力越多；在价格低廉时，一些成本较高的仓库收不抵支时，企业宁愿减少供给，因此，仓储供给能力是随着价格的增加而增加的。

处在同一个市场的仓储需求和仓储供给必然要达到平衡，即处于供给量等于需求量的状态。那么，相同的数量所对应的价格就是供需平衡时的市场价格。

二、平均成本定价法

平均成本定价法只需确定每项物品在某一时期内的平均成本，从而确定所收取的仓储费用，并不需要说明哪个单位先出或后出。其中有三种可以使用的平均数：算术平均数、加权平均数、移动平均数。这三种平均数都可以在定期库存系统中使用，但只有移动平均数最适合连续库存系统。

加权平均数除考虑不同批次的单位成本外，还要考虑数量，故比算术平均数真实。而算术平均数可以用仓储的单位成本之和除以储量或入库次数来确定。算术平均数忽略了批量的大小，即给予每批库存以相等的权数，而不管物品数量的不同。移动平均数就是计算每次采购或追加库存后的平均单位成本，此法最适合用于电脑管理的库存作业。

算术平均数和加权平均数都要在该期结束后才能算出，所以，它们均不适用于连续库存系统，而移动平均数适用于连续库存系统。各种平均数都适用于定期库存系统，因为在该系统中，成本都是在该时期结束之后才进行分配的。根据平均成本法，在该时期内获得的所有同类物品的成本都要加以平均，以求出期末存货价值。在成本增加或减少的时期内，平均成本法可以矫正增加或减少的部分，当存在上涨或下跌的趋向时，平均成本法比其他存货流动法反应得更为平缓。平均成本法虽然简便，但此种单位成本不可能等于任一真实的数字，并且不能清晰地显示价格的变化。

三、价格单位

仓储费的价格以“吨·天”为基本单位；吨以下的尾数保留三位小数，第四位起四舍五入。起点为1吨·天，不足1吨·天的按1吨·天计算。

计费吨分为重量吨和体积吨。1重量吨为1 000千克。体积吨是指用体积折算的吨位，1立方米为1体积吨。货物计费时对重量吨和体积吨择大计费，即1 000千克货物的体积小于1立方米的，按重量吨计费；反之，1 000千克体积大于1立方米的，按体积吨计费。

对于不可叠堆的货物，还可以以占用的仓库面积计费。面积计费一般以仓库的地面负荷折算成吨位计费。

四、价格策略

价格策略是指仓储企业在进行产品定价时所采取的方式。价格策略的目的是提高企业本身在市场中的竞争能力，以在产品交换中获得更多的利润或者利益，使损失降到最低。选择何种的价格策略取决于多种因素，其中包括组织类型、经济前景预期、行业的实际情况、税法以及其他规章制度。仓储企业根据本身实际情况选择不同的费用收取方法。仓储的价格策略有：价格歧视、分类差价、竞争价格、追随价格等。

价格歧视是指对不同的消费者采取不同定价的方式，根据每个委托人的支付能力进行定价的一级价格歧视，按照不同仓储量进行定价的二级价格歧视，对不同的客户群采取不同价格的三级价格歧视。采取价格歧视一般需要具备一定的条件：仓储企业具有一定的垄断能力，能够将市场进行划分；不同市场的客户具有不同的价格承受能力。

分类定价是指对不同的仓储物采取不同的定价，形成不同类别的仓储物的价差。对于仓储物，可以按照不同劳动投入分类，也可按照不同价值分类。

竞争价格是指采取积极的竞争策略时的定价，一般而言，该价格定得较低，采取部分让利的措施，使价格具有相对的竞争力。

追随价格也称为被动竞争价格，是完全按照市场中具有优势的仓储经营企业的价格定价，避免引起价格竞争。

任务三　仓储成本管理

一、仓储成本管理的原则

仓储企业在对仓储成本进行管理时要遵循以下原则。

（一）全面性原则

全面性原则要求企业在进行仓储成本管理时，不能片面地强调仓储成本，仓储的服务质量才是企业长远发展的根本，因此，企业要兼顾质量和成本的关系，在保证企业所提供的服务质量的前提下，适当地控制仓储成本，从而保证仓储企业低成本、高效率、高质量地运行。同时，由于仓储成本涉及企业管理的方方面面，因此仓储成本控制要进行全员控制、全过程控制、全方位控制。

（二）经济性原则

和销售、生产、财务活动一样，任何仓储管理工作都要讲求经济效益。为了建立某项严格的仓储成本控制制度，需要发生一定的人力或物力支出，但这种支出不应太大，不应超过建立这项控制所能节约的成本。经济性原则主要强调仓储成本控制要起到降低成本、纠正偏差的作用，并控制发生的成本费用支出，使其不应超过因缺少控制而丧失的收益。

经济性原则很大程度上决定了我们只在仓储活动的重要领域和环节上对关键因素加以控制，而不是对所有成本项目都进行同样周密的控制。

（三）利益协调性原则

从根本上说，降低仓储成本对国家、企业、消费者都是有利的，但是如果在仓储成本控制过程中采用不适当的手段，损害国家和消费者的利益，则是极端错误的，应予避免。因此，控制仓储成本时要注意国家利益、企业利益和消费者利益三者的协调关系。

（四）例外管理原则

例外管理原则是成本效益原则在仓储成本控制中的体现。仓储成本控制所产生的效益必须大于因进行仓储成本控制而发生的成本耗费，如建立仓储成本控制系统的耗费、保证仓储成本控制系统正常运转的耗费。企业实际发生的费用不可能每一项都和预算完全一致。如果不管成本差异大小，都予以详细的记录，查明原因，将不胜其烦。因此，根据成本效益原则，仓储成本控制应将精力集中在非正常金额较大的例外事项上。解决了这些问题，就等于解决了关键问题，仓储目标成本的实现就有了可靠保证，仓储成本控制的目的也就实现了。

二、仓储成本管理的内容

仓储成本管理主要包括仓库内装卸搬运成本的管理、仓储材料成本的管理、仓储人工费用的管理和仓储其他成本费的管理等基本内容。

（一）仓库内装卸搬运成本的管理

物资进出仓库主要依靠装卸搬运作业来完成，而装卸搬运机械设备的折旧费用是仓库内搬运装卸成本中比重最大的费用。因此，仓储部门应首先注意在选择适用机械设备时的经济性和实用性，应防止那种不顾实际需要、无端增大仓储设备折旧的做法。

（二）仓储材料成本的管理

物资在储存过程中所消耗的衬垫材料在仓储成本中占很大比重。因此，降低仓储成本的最大潜力在于节约衬垫与苫盖材料成本以及有关人工费用的支出，寻找既能节省这部分成本费用的开支，又能保证物资管理质量的物资保管方法，开展技术革新和技术改造，充分挖掘设备的潜力。同时，在仓储成本管理上也要实行分口、分类管理，加强经济核算，促使仓储成本不断降低。

（三）仓储人工费用的管理

仓储人工费用的支出主要有两个方面；一是仓储生产工人的工资、奖金、津贴、福利费等；二是仓储管理人员的工资、奖金、福利费、津贴等。仓储人工费用的管理应着重于尽量减少非生产工人的工资支出，因为这部分成本费用支出与仓储作业量没有直接关系。同时，应提高劳动生产率，降低仓储成本中活劳动的消耗成本。此外，选择合理的劳动组织形式、工资形式，对降低人工费用也有重要影响。

（四）仓储其他成本费的管理

在仓储成本中，如油料、燃料、电力、低值易耗品等成本，虽然所占的比重小，但对这部分成本的管理也是不可忽视的。仓储成本管理应注重不断降低上述成本项目，实现效益的最大化。

三、降低仓储成本的途径

仓储成本是企业成本的重要组成部分，也是占用成本较多的管理环节之一，企业仓储成本是影响企业经营效益的重要因素，企业会在保证正常生产和销售的情况下努力控制仓储经营的各项成本，争取最大限度地为企业创造效益。因此，降低仓储成本对降低整个企业的成本、增强企业的盈利能力具有重要的意义。降低库存成本是降低仓储成本的重要环节，降低库存成本的主要方法如下几个。

（一）减少货物保管耗损

仓储保管的货物不仅品种多，而且数量也大，由于货物性质各异，所产生的货物损耗原因和具体情况也有所不同。为了避免或降低货物耗损，应了解货物发生耗损的原因，以便采取有效措施。

（二）提高各工作环节的效率

在一个库场中，一定量的工作费用支出由于实际工效不一，所耗费的劳力、机械设备消耗、燃料费有所不同，若仓储管理合理，则整个仓储费用就会降低，经济收益就会增加。

（三）追求经济规模，适当集中库存

合理化的重要内容包括适度集中库存。适度集中库存是利用储存规模优势，以适度集中储存代替小规模分散储存，以实现库存的合理化。

集中库存面临储存费用和运输费用这两个因素的制约。过分分散库存，每一处的储存保证对象有限，互相难以调度、调剂，则需分别按其保证对象的要求确定库存量。集中储存易于调度、调剂，集中储存总量可大大低于储存总量。

过分集中储存，储存点与用户之间距离拉长，储存总量虽然降低，但运输距离拉长，运费支出增加，在途时间长，又使得周转储备增加。适度集中库存可以在总储存费和运输费之间实现平衡，还可以产生其他优势，例如：

（1）对单个用户的保证能力提高；

（2）便于采用机械化、自动化的方式；

（3）便于形成一定批量的在线运输；

（4）便于成为支线运输的始发站。

（四）分类管理

进行储存物的ABC分析，确定重点管理和一般管理的分类。ABC分析是实施储存合理化的基础分析，在此基础上可以进一步解决各类结构关系、储存量、重点管理、技术措施等合理化问题。在ABC分析基础上实施重点管理，分别决定各种物资的合理储备数量，即经济地采用合理储备的办法，分门别类地进行仓储成本控制。

（五）加速周转，提高单位产出

储存现代化的重要课题是要把静态储存变为动态储存，周转速度加快，会带来一系列好处：资金周转快，资本效益高，货损小，仓库吞吐能力增加，成本下降等。具体做法诸如采用集装储存、建立快速分拣系统，都有利于实现快进快出，大进大出。

（六）提高储存密度，提高仓容利用率

提高储存密度、提高仓容利用率的主要目的是减少储存设施的投资，提高单位存储面积的利用率，以降低成本、减少土地占用。具体有下列三种方法：

（1）采取高垛的方法，增加储存的高度。具体方法有采用高层货架仓库、集装箱等，都可比一般堆存方法大大增加储存高度。

（2）缩小库内通道宽度，以增加储存有效面积。具体方法有采用窄巷道式通道，配以轨道式装卸车辆，以减少车辆运行宽度要求；采用侧叉车、推拉式叉车，以减少叉车转弯所需的宽度。

（3）减少库内通道数量，以增加有效储存面积。具体方法有采用密集型货架、采用不依靠通道可进车的可卸式货架、采用各种贯通式货架、采用不依靠通道的桥式起重机装卸技术等。

（七）采用有效的“先进先出”方式

“先进先出”是一种有效的方式，也是储存管理的准则之一，它可以保证每个被储存物品的储存期不致过长。有效的“先进先出”方式包括三种：贯通式货架系统；“双仓法”储存；使用计算机存取系统。

（八）采用有效的储存定位系统

储存定位是指被储物位置的确定。如果定位系统有效，能大大节约寻找、存放、取出的时间，节约不少物化劳动及活劳动，而且能防止差错，便于清点及实行订货点等的管理方式。储存定位系统可采取先进的计算机管理，也可采取一般人工管理。具体的有效措施如下。

1. “四号定位”方式

我国以前在管理中常采用的科学方法——“四号定位”方式是用一组数字来确定存取位置的固定货位方法。这四个号码是：序号、架号、层号、位号。每个货位都有一个号码，在货物入库时，按计划要求对货物编号；提货时按号码的指示，很容易将货物拣选出来。“四号定位”方式可对仓库存货区事先做出规划，有利于提高速度，降低差错率。

2. 使用计算机定位系统

利用计算机储存容量大、检索速度快等优点，可以采用随机存储的方式，不用为特定的货物预留货位，这样可以充分利用库场的每一个货位，便于提高仓库的储存能力。

（九）采用有效的监测清点方式

对储存物资数量和质量的监测不但是掌握基本情况之必需，也是科学库存之必需。在实际工作中稍有差错，就会使账物不符，所以，必须及时且准确地掌握实际储存情况，经常与账卡核对，无论是人工管理或是计算机管理，都是必不可少的。此外，经常监测也是掌握被存物质量状况的重要工作。监测清点的主要方法有：

1. “五五化”堆码

“五五化”堆码是我国手工管理中采用的一种科学方法。储存货物堆垛时，以“五”为基本计数单位，堆成总量为“五”的倍数的垛形，采用“五五化”堆码后便于清点，并且能减少差错。

2. 光电识别系统

货位上设置光电识别装置对货物进行扫描，并将准确数目自动显示出来。光电识别系统方式不需要人工清点就能准确掌握库存的实际数量。

3. 计算机监控系统

有电子计算机批示存取，可以防止人工存取所容易出现的差错。如果在储存中采用条形码技术，使识别计数和计算机相连，每一个货物进出时，识别系统都能将相关信息输入计算机中，计算机会自动进行相关的记录。采用计算机监控系统，可以了解仓储货物的准确信息和库存数量。

（十）充分利用仓储技术和设备

现代技术和设备在减少差错、提高仓库利用率、降低残损、减少人员劳动强度、防止人身伤害等方面都会为仓储企业带来直接的长远收益，如采用计算机管理技术、仓储条形码技术、现代化货架、专业作业设备、叉车、新型托盘等。

（十一）盘活资产，合理使用外协

只有在充分利用仓储设施、设备的情况下，才能极大地获得收益，如果不能投入使用或者只是低效率使用，只会导致成本的增加。仓储企业应及时决策，采取出租、借用、出售等方式，使这些资产盘活。

面对仓储企业不擅长运作的仓储活动，仓储企业也可以充分利用社会服务，通过外协的方式，为更具有优势的其他企业提供服务，如运输、重型起吊的信息服务等，使企业充分获得市场竞争的利益。

（十二）采用虚拟仓库

虚拟仓库可以将货物以信息的形式存储在自动化指挥系统中，一个企业可以根据货物要求、进货与配送地点，在市区其他地方以契约的方式临时租用仓库，这些仓库有的是长期用，有的是定期定时用，从传统来看，这些企业没有仓库，但从现代物流管理来讲，它们有一个仓库群，进得来，放得好，管得住，出得去。这样企业就可以避免建设仓库带来的成本增加，同时为物资的快速合理调拨提供条件。

（十三）加强劳动管理

工资是仓储成本的重要组成部分，劳动力的合理使用是控制人员工资的基本原则，因此，对劳动力进行有效管理，避免人浮于事、出工不出力或者效率低下，是仓储成本管理的重要方面。

四、仓储成本合理化

（一）仓储成本合理化的含义

仓储成本合理化是用最经济的办法实现储存的功能，这是仓储成本合理化的前提和本质，如果不能保证储存功能的实现，其他问题便无从谈起。但是，仓储的不合理又往往表现在对储存功能实现的过分强调，过分投入仓储力量和其他仓储劳动。所以，合理仓储的实质是，在保证储存功能实现的前提下，尽量减少投入。这是一个投入产出关系的问题。

在网络经济时代，许多领域仍然需要依靠仓储来保证日常生产和市场的需要，但这已经不是普遍的需要了。在某些领域，仓储成本合理化的概念就是“零库存”的概念。而在网络经济时代，可以利用有效的信息技术、现代物流技术、现代管理技术，通过配送方式来满足市场需要。这也是现代仓储技术发展的方向和趋势。

（二）不合理仓储的表现

1. 仓储的数量不合理

仓储数量主要从两个方面影响储存这一功能要素的效果，这两方面利弊的消长也使仓储数量有一个最佳的经济储量。仓储数量过高或过低都是不合理的仓储。仓储数量对仓储效果的影响有：

（1）仓储数量过低，会严重降低仓储对供应、生产、销售等的保障能力，其损失可能远远超过减少仓储量、防止仓储损失、减少利息支出等方面带来的收益。当然，在现代物流业发达的今天，利用现代网络信息技术提供的及时、准确的信息，通过建立有效的供应系统，进行“零库存”管理，是完全可能的。因此，不合理仓储所指的“仓储数量过低”是有前提条件的。

（2）仓储一定数量的存货，可以使企业具有保证供应、生产、消费的能力。一般而言，保证能力的提高不是与数量成正比，而是遵从“边际效用”原理，每增加一个单位的仓储数量，总保障能力虽然会随之增加，但边际效用却会逐渐降低。

（3）仓储的损失是随着仓储数量的增加而成正比例增加的。仓储数量增加，如果仓储管理能力不能按比例增加的话，仓储损失的数量也会增加。

2. 仓储条件过剩或不足

（1）仓储条件过剩主要是指仓储条件大大超过需求，从而使仓储物资过多地负担仓储成本，造成不合理的费用。

（2）仓储条件不足主要是指仓储条件不能满足被仓储物资所要求的良好仓储环境和必要的管理措施，因而往往造成储存物品的损失。如仓储设施简陋、仓储设施不足、维护保养手段及措施不力等。

3. 仓储结构失衡

仓储结构失衡主要包括以下 3 个方面：

（1）仓储地点选择不合理；

（2）仓储物品各个品种之间的仓储期限、仓储数量失调；

（3）仓储货物的品种、规格等失调；

4. 仓储时间过长

仓储时间从两个方面影响储存这一功能要素的效果，一方面是经过一定的时间，被储存物资可以获得“时间效用”；另一方面是随着储存时间的增加，有形及无形消耗加大，是“时间效用”的一个逆反因素。从“时间效用”的角度来考察，仓储一定时间，效用可能大增，若仓储时间继续增加，时间效用会出现减缓甚至降低，效用甚至可能出现周期性波动，因此，仓储的总效果是确定仓储最优时间的依据。

当然，仓储时间与仓储总效用之间有着复杂的关系，各种物资不能一概而论。但是对绝大多数物资而言，过长的仓储时间都会影响总效益，因而都属于不合理仓储的范畴。

任务四　仓库绩效管理认知

一、仓库绩效管理的原则

建立仓库绩效评价体系的标准是能否完成企业阶段性仓储计划目标，与历史同期相比的管理水平、技术水平和服务水平是否有相应的提高，所评价的指标是否会受到客观条件的限制而无法完成，以及是否符合企业的实际生产需求和客户需求等标准。建立仓库绩效评价体系必须遵循内容全面、科学实用、标准规范、客观公正、可操作性强的基本原则。

（一）指标全面

把影响仓库绩效的各种因素作为评价范围，并且设定评价指标，在详细研究、分析企业仓库绩效评价现状和发展的基础上，结合企业的实际情况，设计出反映仓库绩效的评价指标体系和评价内容。要多方搜集信息，这样才能综合、全面地评价仓库绩效。

（二）科学实用

企业仓库绩效评价体系要具有科学性和实用性。评价方法、评价内容及评价指标要相适应，这样才能够获得客观的和真实的评价结果。仓库绩效评价结果必须与企业实际仓储绩效水平相符，这样的绩效评价体系才是科学实用的。

（三）标准规范

采用标准的评价方法与指标、规范的操作程序，仓储绩效评价才具有可比性，才能够起到激励和约束的作用。因此，要利用标准和规范约束评价中的人为因素和随意性，否则会对仓库绩效评价的真实性产生影响。

（四）客观公正

坚持定量与定性相结合，以客观的立场评价优劣、公平的态度对待得失、合理的方法评价业绩、严密的计算评价效益。避免因评价结果的偏颇而导致评价结论的使用者做出错误判断，进而导致错误的决策。

（五）可操作性强

如果仓库绩效评价体系操作繁杂，既不能被广泛接受，也容易在实施过程中出现失误。因此，只有确保仓库绩效评价操作简便，才有利于提高工作效率，也便于推广利用。

二、仓库绩效管理的意义

（一）便于仓库现代化管理水平的提高

仓储计划目标如果发生改变，仓库管理也要根据企业的要求进行变化。仓库管理也不可能一步到位，在开始阶段就设计出一套完善的管理制度实施于企业是不可能的。因此，仓库管理要从简单管理到复杂管理、从直观管理到系统管理，通过有效的仓库绩效评价，在管理实践中逐渐地补充、修正、完善，从而不断提高。

（二）有利于落实仓库管理的经济责任制

仓库管理是围绕仓库经营目标，以实现仓库经营的最终目标为原则，依据管理幅度、因事设岗、责权利对等的原则，通过客观科学的仓库绩效评价体系的实施，层层落实责任目标，利用经济杠杆的作用建立高效的仓库管理机构和管理队伍。

（三）有利于推进仓库设施设备的现代化改造

通过仓库绩效的量化指标评价，能够正确判断企业的仓储能力是否满足生产经营的需求，给企业决策者提供科学的依据，根据设施设备的利用率来决定设施设备的配置。

（四）有利于提高仓库的经济效益

仓库生产的组织遵循高效、低耗的原则，通过仓库绩效经济指标的量化分析，充分利用机械设备、先进的保管技术、有效的管理手段，实现仓库快进、快出，提高仓库利用率，降低成本，不发生差、损、错事故，保持连续、稳定的生产，满足企业低成本、高效益的良性运营需求。

任务五　仓库绩效指标管理

一、仓库管理绩效考核指标体系的建立

为了提高储运企业或部门的经济效益和业务、技术、操作水平，要进行认真的管理考核工作。合理的指标考核体系有利于仓库管理的顺利进行。

（一）仓库资源利用程度相关指标

1. 仓库利用率

仓库利用率是衡量和考核仓库利用程度的指标。仓库利用率是进行仓库管理首先要考虑的一个问题，它可以用仓库面积利用率和仓库容积利用率来表示。相应的计算公式如下：

$$\text{仓库面积利用率} = \frac{\text{仓库可利用面积}}{\text{地产面积}} \times 100\%$$

$$\text{仓库容积利用率} = \frac{\text{仓库可利用容积}}{\text{仓库总容积}} \times 100\%$$

仓库的面积利用率越大，表明仓库面积的有效使用情况越好。库房的容积利用率越大，表明仓库的利用率越高。

仓库利用率是反映仓库管理工作水平的重要经济指标。通过考核仓库利用率，可以反映货物储存面积与仓库实际面积的对比关系以及仓库面积的利用是否合理，也可以为挖潜多储、提高仓库面积的有效利用率提供依据。

2. 设备利用率

设备利用率包括设备能力利用率和设备时间利用率两个方面，可以分别用计算公式表示如下：

$$\text{设备能力利用率} = \frac{\text{设备实际载荷量}}{\text{设备额定载荷量}} \times 100\%$$

$$\text{设备时间利用率} = \frac{\text{设备实际工作时间}}{\text{设备额定工作时间}} \times 100\%$$

设备额定载荷量和额定作业时数可以由设备的性能情况和设备工作时间长短计算得出。对仓库来说，设备利用率主要是考核起重运输和搬运设备的利用效率。对多台设备而言，设备利用率可以用加权平均数来计算。

3. 资金使用效率

资金使用效率主要用于考核仓库资金的使用情况，反映资金的利用水平，资金的周转以及资金使用的经济效果。资金使用效率指标包括资金使用的经济效果。这类指标包括单位货物固定资产平均占用量、单位货物流动资金占用量、流动资金周转次数和周转天数等。其计算公式分别为：

$$\text{单位货物固定资产平均占用量（元/吨）} = \frac{\text{固定资产平均占用量（元）}}{\text{平均货物储存量（吨）}}$$

$$\text{单位货物流动资金平均占用量(元/吨)} = \frac{\text{流动资产平均占用量(元)}}{\text{平均货物储存量(吨)}}$$

其中，固定资产和流动资金平均占用量可以用某一报告期初数和期末数的平均数计算得出。

$$\text{流动资金周转次数(次/年)} = \frac{\text{年仓储业务收入总额}}{\text{全年流动资金平均占用额流动资金周转天数}}$$

$$= \frac{\text{全年流动资金平均占用} \times 360}{\text{年仓储业务总收入}}$$

流动资金周转天数和周转次数指标主要是针对独立核算的仓储企业或要求进行独立核算收入和支出的企业仓储部门。若不能核算仓库的业务收入，则无法计算这两项指标。

4. 人力资源利用情况

这类指标主要用于考核仓库的人力使用情况，可以反映仓库在某一时段人员的流动性和波动性，同时也可以帮助确定仓库适合的临时搬运工、维修工等非正式员工的数量。该指标一般计算年或月的平均职工人数。具体计算公式如下：

$$\text{月平均人数} = \frac{\text{月内每日实际人数之和}}{\text{该月天数}}$$

$$\text{月平均人数} = \frac{(\text{月初人数} + \text{月末人数})}{2}$$

$$\text{年平均人数} = \frac{\text{年内各月平均人数之和}}{12}$$

(二) 反映仓库作业与管理能力的指标

这类指标是反映的是货物储存工作质量。通过这类指标的核算，可以全面反映储存工作质量，体现对储存工作多快好省的要求，减少损耗，降低费用，提高经济效益。这类指标包括：

1. 仓储吞吐能力实现率

仓储吞吐能力实现率是指仓储实际吞吐能力与预测吞吐能力的比率。用公式表示为：

$$\text{仓库吞吐能力实现率} = \frac{\text{期内实际吞吐量}}{\text{仓库设计吞吐量}} \times 100\%$$

2. 货物周转速度指标

库存货物的周转速度是反映仓储工作水平的重要效率指标。在货物的总需求量一定的情况下，如果能降低仓库的货物储备量，则其周转的速度就越快。从降低流动资金占用和提高仓储利用效率的要求出发，应当减少仓库的货物储备量。但是，如果将减少库存作为目的，有可能影响货物的供应。因此，仓库的货物储备量应建立在合理的基础上，即要在保证供应需求的前提下，尽量降低库存量，加快货物的周转速度，提高资金和仓储效率。

货物的周转速度可以用周转次数和周转天数两个指标来反映。具体计算公式为：

$$\text{货物的周转次数(次/年)} = \frac{\text{全年消耗货物总量}}{\text{全年货物平均储存量货物周转天数}}$$

$$= \frac{\text{全年货物平均存储量} \times 360}{\text{全年消耗货物总量}}$$

$$= \frac{\text{全年货物平均存储量}}{\text{货物平均日消耗量}}$$

全年货物消耗总量是指报告年度仓库中发出货物的总量，全年货物平均量常采用每月月初货物储存量的平均数。货物周转次数越少，则周转天数越多，货物的周转越慢，周转的效率就越低，反之则越高。

3. 商品缺损率

$$\text{商品缺损率} = \frac{\text{期内商品缺损量}}{\text{期内商品总数}} \times 100\%$$

4. 劳动生产率

仓库的劳动生产率可以用平均每人每天完成的出入库货物量来表示，出入库量是指吞吐量减去直拨量。全员劳动生产率的计算公式可表示为：

$$\text{全员劳动生产率(吨/工日)} = \frac{\text{全年货物出入库总量(吨)}}{\text{仓库全员年工日总数(工日数)}}$$

考核仓库劳动生产率也可以用仓库员工平均每日收发货物的笔数、员工平均保管货物的吨数等指标来评价。

5. 货物的损耗率

货物的损耗率是指在保管期中，自然减量的数量占原来入库数量的比率，该指标可用于反映货物保管与养护的实际状况。货的损耗率的计算公式为：

$$\text{货物损耗率} = \frac{\text{货物损耗额}}{\text{货物保管总额}} \times 100\%$$

货物损耗率指标主要可用于对那些易挥发、失重或破碎的货物制定一个相应的损耗限度，通过损耗率与货物损耗限度相比较，凡是超过限度的，意味着无谓损失，反之，反映仓库管理更有成效，从而力争使货物的自然损耗率降到最低。

6. 设备完好率

设备完好率是指设备处于良好状态，随时能投入使用的设备占全部设备的百分比。其计算公式为：

$$\text{设备完好率} = \frac{\text{完好设备台目数}}{\text{设备总台目数}}$$

完好设备台目数是指设备处于良好状态的累计台目数，其中不包括正在修理或待修理设备的台目数。良好设备的标准是：

（1）设备的各项性能良好；

（2）设备运转正常，零部件齐全，磨损腐蚀程度不超过技术规定的标准，计量仪器仪表和润滑系统正常。

7. 平均保管损失

平均保管损失是按货物储存量中平均每吨货物的保管损失金额来计算的。其计算公式是：

$$平均保管损失 = \frac{保管损失金额(元)}{平均存储量(吨)}$$

货物保管损失是仓库的一项直接损失。保管损失的计算范围包括：因保管养护不善造成的霉变残损，丢失短少；超定额损耗及不按规定验收、错收、错付而发生的损失等。有保管期的货物，经仓库预先催办调拨，但存货部门未及时调拨出库而导致的损失，不算作仓库的保管损失。

8. 账货相符率

账货相符率是指在货物盘点时，仓库货物保管账面上的货物储存数量与相应库存实有数量的相互符合程度。一般在对仓储货物进行盘点时，要求逐笔与保管账面数字相核对。账货相符率的计算公式为：

$$账货相符率 = \frac{账货相符金额}{储存货物的总件数} \times 100\%$$

通过此项指标的核算，可以衡量仓库账面货物的真实程度，反映保管工作的管理水平，是避免货物遭受损失的重要手段。

9. 库存周转率

库存周转率代表了企业利益的测定值，也被称为“仓储周转率”，其基本计算公式是：

$$库存周转率 = \frac{使用数量}{仓储数量} \times 100\%$$

使用数量并不等于出库数量，因为出库数量包括一部分备用数量。除此之外，也有以金额计算库存周转率的。

$$库存周转率 = \frac{使用金额}{仓储金额} \times 100\%$$

使用金额也好，库存金额也好，都需要确定是哪个时间段的金额，因此规定某个期限来研究金额时，需用下列计算公式：

$$库存周转率 = \frac{该期间的出库总金额}{该期间的平均库存金额} \times 100\%$$

不同的库存周转率会有不同的经济收益。

（1）库存周转率高，经济效益好。销售增加并且远远超过存货资产，使企业获得较好的利润，同时也因决策合理缩短了周转时间。

（2）库存周转率虽高，企业经济效益却不佳。销售额超过标准库存拥有量，缺货率远远超过了允许范围，使企业失去销售机会，带来经济损失。库存调整过分彻底，超过预测的销售额最低值而发生缺货，企业收益减少。

（3）库存周转率虽低，经济效益却较好。准确预测能够大幅度涨价的商品，库存充足；对于有缺货危险的商品，有计划地拥有适当的库存量；正确预测销售额的增加，在周密计划下，持有适量的存货。

（4）库存周转率低，经济效益较差。销售额降低，却不做库存调整；库存中的伪劣品、滞销品、积压品、过时商品等不良商品不但不减少，反而增加，或长期储存在仓库不做处理，占压资金。

（三）反映仓库服务水平的指标

1. 平均收发货时间

平均收发货时间是指仓库收发每笔货物平均所用的时间。平均收发货时间既是一项反映仓储服务质量的指标，同时也能反映仓库的劳动效率。其计算公式为：

$$平均每批货物的收发时间(小时/批)=\frac{收发时间总和}{收发货的总批数}$$

收发货时间一般界定为，收货时间是指自单证和货物到齐后开始计算，经验收入库后，把入库单送交保管会计登账为止。发货时间自仓库接到发货单（调拨单）开始，经备货、包装、填单等，到办妥出库手续为止。一般不把在库待运时间列为发货时间计算。

2. 准时交货率

$$准时交货率=\frac{准时交货次数}{总交货次数}\times 100\%$$

3. 收发货差错率

收发货差错率是指收发货发生差错的累计笔数占收发货总笔数的百分比，此项指标反映了收发货的准确程度。其计算公式为：

$$收发货差错率=\frac{收发货差错累计笔数}{收发货累计总笔数}\times 100\%$$

收发货差错率是仓储管理的重要质量指标，可用于衡量收发货的准确性，以保证仓储量。

4. 顾客满足程度

$$顾客满意度=\frac{满足顾客要求数量}{顾客要求数量}\times 100\%$$

5. 缺货率

$$缺货率=\frac{缺货次数}{顾客的订货次数}\times 100\%$$

（四）反映仓库经济状况的指标

储存的经济性指标主要是指有关储存成本和效益的指标，它可以综合反映仓库的经济效益水平。

1. 平均储存费用

平均储存费用是指保管每吨货物一个月平均所需的费用开支。货物保管过程中消耗的一定数量的活劳动和物化劳动的货币形式为各项仓储费用，包括在货物出入库、验收、存储和搬运过程中消耗的燃料、材料、人工工资和福利费、固定资产折旧、照明费、修理费、租赁费以及应分摊的管理费等。这些费用的总和构成了仓库总的费用。其计算公式为：

$$平均储存费用(元/吨)=\frac{每月储存费用总额(元)}{月平均储存量(吨)}$$

平均储存费用是仓库经济核算的主要经济指标之一，可以综合反映仓库的经济成果、劳动生产率、技术设备利用率、材料和燃料节约情况和管理水平等。

2. 资金利润率

资金利润率是指仓库所得利润与全部资金占用之比，它可以用来反映仓库的资金利用效果。其计算公式为：

$$资金利润率 = \frac{利润总额}{(固定资产平均占用 + 流动资金平均占用)} \times 100\%$$

3. 利润总额

利润是企业追求的目标，仓储型企业也不例外。利润总额是利润核算的主要指标，它表明利润的实现情况，是企业经济效益的综合指标。

$$\begin{aligned}利润总额 &= 仓库总收入额 - 仓库总支出额\\ &= 仓库营业收入 - 储存成本和费用 - 税金 + 其他业务利润 \pm 营业外收支净额\end{aligned}$$

4. 收入利润率

收入利润率指标是指仓库实现利润与实现的收入之比。其计算公式为：

$$收入利润率(元/人) = \frac{利润总额(元)}{全员人数(人)} \times 100\%$$

5. 人均实现利润

该指标是指报告年度实现的利润总额与仓库中的全员人数之比。具体计算公式为：

$$人均实现利润(元/吨) = \frac{利润总额(元)}{货物储存总量(吨)}$$

6. 每吨保管货物利润

$$每吨保管货物利润(元/吨) = \frac{利润总额(元)}{货物储存总量(吨)}$$

这里的报告期货物储存总量一般可以用报告期间出库的货物总量来衡量。

（五）仓库的安全指标

仓库的安全指标用来反映仓库作业的安全程度，可以用发生的各种事故的大小和次数来表示，如人身伤亡事故，仓库失火、爆炸和被盗事故，机械损坏事故等。这类指标一般不需计算，只是根据损失的大小来划分不同等级，以便于考核。

以上五大类指标构成了仓储管理的完整指标体系，从多个方面反映了仓储部门经营管理、工作质量以及经济效益的水平。仓库生产绩效指标体系是反映仓库生产成果和经营状况等各项指标的总和，指标的种类因仓库在供应链中所处的位置或者仓库的经营性质不同而有所区别。除了上述指标之外，还包括仓库吞吐量、库存量、存货周转率等指标。

二、仓库管理绩效考核指标的制定和管理

（一）制定仓库管理绩效考核指标应遵循的原则

1. 科学性原则

科学性原则要求所设计的指标体系可以客观和真实地反映仓库生产的所有环节和

活动要素。

2. 可行性原则

可行性原则要求所设计的指标有助于工作人员掌握和运用，数据容易获得，便于统计计算，有助于分析和比较。

3. 协调性原则

协调性原则要求各项指标之间相互联系、相互制约，但不能重复和相互矛盾。

4. 可比性原则

对指标进行比较在指标的分析过程中是很重要的。比如，实际完成与计划相比、现在与过去相比、与同行相比等。所以，可比性原则要求指标在期间和内容等方面保持一致，使指标具有可比性。

5. 稳定性原则

稳定性原则要求指标一旦确定，就应在一定时期内保持稳定，不应当经常变动、频繁修改。但是在执行一段时间后，要经过总结再进行改进和完善。

（二）仓库管理绩效考核指标的管理

制定仓库管理绩效考核指标之后，为了使考核指标在管理中的作用得到充分发挥，仓库各级管理者和作业人员应进行指标的归类、分级和考核。

1. 实行指标归口管理

仓库每个员工的工作都与指标制定的目标能否完成有直接联系。其中，管理者对指标的重视程度和管理方法更为关键。将各项指标按仓储职能机构进行归类管理，使每项指标都有人负责，这样可以充分发挥各职能机构的积极作用，形成一个完整的指标管理系统。

归口管理、分工负责方法如图 8－1 所示。

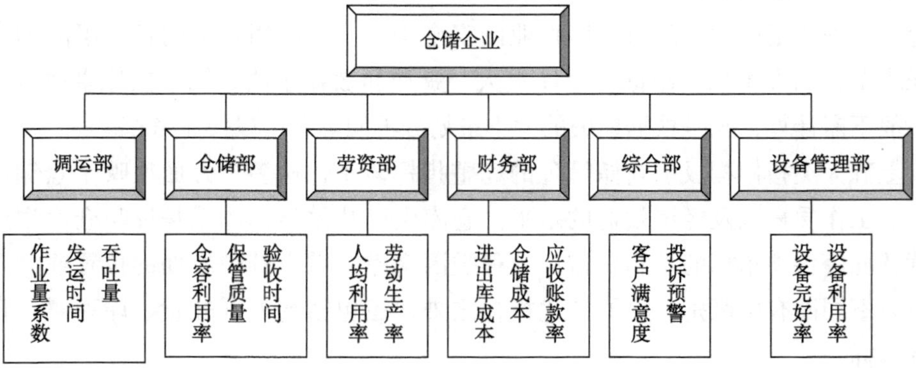

图 8－1　指标归口管理

2. 分解指标，落实到每个部门

生产绩效考核指标需要分解并分级落实到仓库各个部门、各个班组，直至每个员工，让每个员工明确自己的责任和目标。

3. 开展指标分析，实施奖惩

定期进行指标执行情况的分析，目的是改善仓库工作，提高仓库经济效益。只有通过指标分析，找出差距，分析原因，才能对仓库的生产经营活动做出全面的评价，促进仓库绩效不断提高。

三、仓库管理绩效考核的意义

仓库管理绩效考核指标是仓库管理成果的集中体现，也是衡量仓库管理水平高低的尺度。对内加强管理，降低仓储成本，对外接受货主的定期评价，就是利用指标考核仓库经营的意义所在。

（一）对内加强管理，降低仓储成本

仓库可以利用管理绩效考核指标对内考核仓库各个环节的计划执行情况，纠正运作过程中出现的偏差。

1. 便于提高仓库管理水平

仓库管理绩效考核指标体系中的每一项指标都反映了某部分工作或全部工作的一个侧面。通过对指标的分析，能发现工作中存在的问题，从而为计划的制订和修改，以及仓库生产过程的控制提供依据。

2. 便于落实岗位责任制

指标是衡量每一个工作环节作业量、作业质量以及作业效率和效益的尺度，也是仓库掌握岗位计划执行情况、实行按劳分配和进行各种奖励的依据。

3. 便于仓库设施设备的现代化改造

保证仓储生产活动高效运行的必要条件是一定数量和水平的设施和设备，通过对比作业量系数、设备利用等指标，及时发现仓库作业流程的薄弱环节，以便仓库有计划、有步骤地进行技术改造和设备更新。

4. 便于仓储经济效益的提高

衡量仓库工作的重要标志之一是经济效益。通过指标考核与分析，可以对仓库的各项活动进行全面的检查与分析，从而提高仓库利用率，提高客户服务水平，降低仓储成本，以合理的劳动消耗获得理想的经济效益。

（二）对外接受货主的定期评价

仓库可以充分利用管理绩效考核指标对外进行市场开发和客户关系维护，给货主企业提供相对应的质量评价指标和参考数据。

1. 便于说服客户并扩大市场占有率

货主企业在仓储市场中寻找供应商的时候，要考虑价格因素和服务水平因素。如果仓库能提供令客户信服的服务指标体系和数据，将在竞争中获得有利地位。

2. 便于稳定客户关系

在我国目前的物流市场中，以供应链方式确定下来的供需关系寥寥无几，供需双方的合作通常以一年为期，到期客户将对物流供应商进行评价，以决定今后是否继续

合作。如果客户评价指标反映良好，将使仓库继续拥有这一合作伙伴。

任务六　仓库绩效管理过程

一、绩效管理的基本工具

（一）指标分析

指标分析是利用绩效考核指标体系的统计数据对指标因素的变动趋势、原因等进行分析。指标分析是一种传统的分析方法，仓库在使用指标分析方法时，必须注意以下问题：第一，指标本身必须是正确的，统计数据必须准确、可靠，指标计算法正确。第二，进行指标比较时，必须注意指标的可比性。第三，不能以偏概全，要对指标进行全面的分析。第四，在分析差距、查找原因的过程中，将影响指标变动的因素分类，并在生产技术因素、组织因素和经营管理因素中找出主要因素。第五，运用每项指标的计算公式时要选择正确。

1. 对比分析法

所谓对比分析法，是将两个或两个以上存在内在联系的、可比的指标进行对比，找到其中的差距并查明原因。对比分析法是指标分析法中使用最普遍、最简单和最有效的方法（如表 8 -4 所示）。

表 8 -4　某仓储企业仓储绩效对比分析一览表

指标	本期		上年	同行	差距（增 +、增 -）		
	实际	计划	实际	先进	比上年	比上年	比先进
仓储总成本							
单位仓储成本							
吞吐量							
收发差错率							
业务赔偿错率							
仓库面积利用率							
仓库空间利用率							
周转次数							
……							

根据分析问题的需要，主要有以下几种对比方法：

（1）计划完成情况的对比分析。计划完成情况的对比分析是将同类指标的实际完成数或预计完成数与计划数进行对比分析，反映计划完成的绝对数和程度，然后运用帕累托图法、工序图法等进一步分析计划完成或未完成的具体原因。

（2）纵向动态对比分析。纵向动态对比分析是将同类有关指标在不同时间上的对比，比如，本期与基期比、与历史平均水平比、与历史最高水平比等。通过对比反映事物的发展方向和速度，表明是增长或是降低，然后进一步分析产生这种结果的原因，并提出改进措施。

（3）横向类比分析。横向类比分析是将有关指标在同一时期相同类型的不同空间条件下的对比分析。横向类比分析单位的选择一般是同类企业中的先进企业，可以是国内的，也可以是国外的。通过横向对比分析，能够找出差距，采取改进措施。

（4）结构对比分析。结构对比分析是将总体分成不同性质的各个部分。通过各个部分数值和总体数值之比来反映事务内部构成的情况（如表8－5所示）。

表8－5 货物保管损失结构对比分析一览表

货物报关损失分类	计划单位	数量	金额/元	所占比例1%	
				数量	金额
霉变残损					
丢失短少					
错收错发					
违规作业					
合计					

运用对比分析法进行对比分析时，需要注意以下几点：

第一，注意所对比的指标或现象之间的可比性。进行纵向对比时，要考虑指标所包括的范围、计算方法、内容、计量单位、所属时间等因素的相互适应，彼此协调；在进行横向对比时，要考虑对比的单位之间必须在经济职能或经济活动性质、经营规模上基本相同，否则缺乏可比性。

第二，要结合使用各种对比分析方法。每个对比指标只能从一个侧面反映情况，只做单项指标的对比，会出现片面的分析结果。要将联系的对比指标结合运用，有利于全面、深入地研究分析问题。

第三，正确选择对比的基数。应根据不同的分析和目的对比的基数进行选择，一般应选择具有代表性的作为基数，否则，与过高或过低的年份做比较，都达不到预期的目的和效果。

2. 因素分析法

因素分析法是用来分析影响指标变化的各个因素以及它们对指标各自的影响程度。因素分析法的基本做法是，分析影响指标变化的诸因素之中某一因素变动对总指标变动的影响时，假设只有这一个因素在变动，而其余因素都必须是固定因素，然后逐个替代，使某一项因素单独变化，进而得到每项因素对该指标的影响程度。

采用因素分析法时，应重视各因素按合理的顺序排列，并重视前后因素按合乎逻辑的衔接原则处理。假设顺序改变，各因素变动影响程度之积（或者之和）虽仍等于总指标的变动数，但各因素的影响值会发生变化，从而得出不同的答案。下面举例说明（见表8－6）。

表8－6　某仓库5月份燃料消耗情况分析

指标	单位	计划	实际	差数
装卸作业量	吨	400	450	+50
单位燃油消耗量	升/吨	0.9	0.85	-0.05
燃油单价	元/升	2.8	3.3	+0.5
燃油消耗额	元	1 008	1 262.25	+254.25

分析：

装卸作业量变化使燃油消耗额变化：$+50\times0.9\times2.8=+126$（元）

单位消耗量变化使燃油消耗额变化：$-0.05\times450\times2.8=-63$（元）

燃油单价变化使燃油消耗额变化：$+0.5\times450\times0.85=+191.25$（元）

合计：$126-63+191.25=+254.25$（元）

3. 平衡分析法

平衡分析法是利用各项具有平衡关系的经济指标之间的依存情况来测定各项指标对经济指标变动影响程度的一种分析方法。在平衡分析表的基础上，进一步分析各项差额产生的原因和在该年度内产生的正反两方面的影响。某平衡分析表如表8－7所示。

表8－7　某企业仓储部2015年进、出、存情况分析一览表　（单位：吨）

指标	计划	实际	差额	备注
年初库存				
全年进库				
全年出库				
年末库存				

4. 帕累托图法

帕累托图法比较简单，却能找出问题及解决问题的途径。生产企业通过帕累托图法找到产品缺陷，仓库也可以通过这种方法寻找影响仓库服务质量或作业效率高低等的主要原因。

（二）程序分析

程序分析的功能是使人们懂得流程，知道如何开展工作，以便找出改进的方法。仓库生产是一个典型的流程控制过程。程序分析的方法非常适合在仓库绩效管理中使用。

1. 工序图法

工序图法（process chart）是一种通过一件产品或服务的形成过程来帮助理解工序

的分析方法，用工序流程图标示出各步骤以及各步骤之间的关系。仓库可以在指标对比分析的基础上，运用这种方法进行整个仓储流程或某个作业环节的分析，将其中的主要问题分离出来，并进行进一步分析。例如，经过对比分析，发现物品验收时间增加，那么就可以运用工序图法，对验收流程（即验收准备——核对凭证——实物检验——入库堆码上架登账）进行分析，以确定导致验收时间增加的主要问题出现在哪一个环节，然后采取相应的措施。

2. 因果分析图法

因果分析图法也叫石川图或鱼刺图法，每根鱼刺代表一个可能的差错原因，一张鱼刺图可以反映企业或仓储部质量管理中的所有问题。因果分析图可以从物料（material）、人员（manpower）、机器设备（machinery）和方法（methods）4 个方面进行，这 4 个“M”即为原因。4M 为开始分析提供了良好的框架，当系统地将此深入进行下去时，很容易找出可能的质量问题，并设立相应的检验点进行重点管理。

（三）成本分析

1. 传统的成本分析

在传统的仓库成本分析中，把成本总金额分摊到客户或渠道的重量数上是常用的方法。但实际上，客户或渠道上库存的物品通常并不按金额或重量数的比例消耗仓储资源。因此，传统的仓库成本计算系统会扭曲真实的成本。

2. 以活动为基准的成本分析

以活动为基准的成本计算法是一种比较新的方法。这种方法是将正常成本之外的成本直接分摊到产品或服务上，资源被分摊到活动中，活动又被分摊到成本对象上。

以活动为基准的成本计算法的分摊分两步进行。首先是确定仓库等组织内的成本活动；其次是将活动成本追溯到对服务所做的工作上，图 8－2 表示的这种方法能够提高对间接费用的管理和控制。

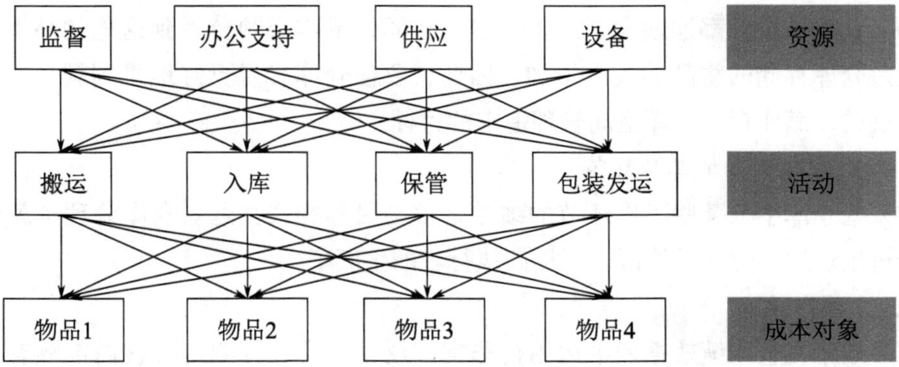

图 8－2　基于仓库生产活动的成本分摊

然而，成本分摊中仍然存在许多问题。由于客户需求和市场竞争会使物流资源的供求矛盾不断发生变化，使用任何成本分析法都要注意成本分摊中的潜在问题。

二、绩效管理的突破点

从物流服务质量、生产效率和程序效率等方面进行测定考核，可以有效地促进仓库绩效的提高。

（一）服务质量

我们可以通过识别、消除、追踪仓库作业流程中不稳定和不合理的问题和环节来实现服务质量的测定考核。要测定考核仓库服务质量，提高服务水平，可以采用下列方式进行：首先，通过结果观察仓库现有的服务质量；其次，通过诊断，进一步观察服务低于或高于目标的原因；最后，通过产生的影响追溯服务质量的直接成本和间接成本。

（二）仓库生产率

仓库生产率是仓库实际产出与实际投入的比率，可以通过测定仓库生产率来测定仓库生产过程满足需求的效率。

仓库运作中可以运用的生产率计算方法主要有：

$$仓库生产率=\frac{同时期装运的订单数}{某时期接受的订单数}$$

$$仓库生产率=\frac{某时期装运的订单数}{某时期装运的平均订单数}$$

$$仓库生产率=\frac{同时期装运的订单数}{某时期的直接工时数}$$

提高仓库生产率可以采用以下三种途径。

1. 重新设计程序

生产率水平很大程度上取决定于程序的选择。仓库可以在现有设计内进行某些调整，重新设计会导致用于改装设备和重新分配或培训人员的支出增大。

2. 更好地利用现有资源

许多仓库的设计都远远大于需求，多余空间的成本必须分摊到这些物品上，使每一个通过仓库存储的物品的成本增加。因此，要使仓库容量更好地得到利用，计划是非常关键的，满库存是仓库空间管理追求的目标。

3. 改进问题突出的工作环节

在一些仓库中，某些工作环节的绩效常常与目标相去甚远。仓库管理者就需要致力于分析出现这些情况的原因，以提高执行者的生产率。

（三）程序效率

程序效率在仓库绩效管理中运用得非常广泛，它是一种测定考核内部顾客服务的方法。只要有形产品或信息从一个人或部门传到另一个人或部门，接受者就是内部顾客。这种供应商与内部顾客之间的关系是很重要的，它会直接影响公司对最终顾客的服务。如果内部服务失败发生得越多，外部或最终顾客看到这种绩效为劣质服务的可能性就越大。因此，运用程序分析工具既能巩固物流程序满足顾客需求的效力，也能提高程序效率，最终使顾客得到更超值的服务。

项目小结

本项目第一部分介绍了仓储成本的构成、仓储费用的构成及具体项目内容、仓储成本的计算方法、仓储费用的定价策略、仓储成本管理的内容、降低仓储成本的途径以及仓储成本不合理化的表现。第二部分介绍了仓库绩效管理指标，其中包含指标体系的建立、指标体系的制定和管理，以及仓库绩效管理考核的意义。第三部分主要介绍了仓库绩效管理过程，其中包含管理的基本工具和管理的突破点两方面的内容。仓库绩效管理可以从物流服务质量、生产效率和程序效率等方面进行测定考核，有效地促进仓库绩效的提高。

复习思考题

1. 成本分析有什么意义？
2. 仓储成本有哪些种类和项目？
3. 仓储费应如何定价？
4. 市场价格如何确定？影响市场价格的主要因素是什么？
5. 仓储企业定价可以采用哪些策略？
6. 如何降低仓储成本？
7. 仓储绩效评估的指标有哪些？如何分别计算？
8. 什么叫对比分析法？可从哪几个方面进行对比分析？进行对比分析时应注意哪些问题？
9. 仓储绩效评估的标准有哪些？
10. 如何把握仓储绩效评估指标的原则？
11. 仓库管理绩效考核指标包含哪些内容？
12. 为什么要进行仓库绩效考核？
13. 仓库绩效管理的基本工具有哪些？
14. 从哪些方面可以开展合理的仓库管理工作？

案例分析

案例一

某物流公司与客户签订了仓储和配送合同，合同中规定仓库有责任为市场推广策略提供支持。仓库向外埠配送，将货主计划近期只在B地区销售的品种发往异地，从而打乱了货主的整个营销策略，使得货主不得已临时改变营销计划，预期利润目标不能实现。根据合同中的有关规定，该公司应当赔付高达10万元的罚款，后经与货主交涉，货主做出较大的让步。该物流公司仓储部门由此对曾经发生过的类似出库错误和产生的影响做进一步的分析，结果显示，人员的素质低和进出库复核制度不健全是导致该差错的主要原因。

思考题：

试分析本公司应该采取哪些措施避免差错的再次发生?

案例二

绝大多数的企业物流成本核算系统还处于初级阶段，并且严重依赖于成本分摊来决定每部分的绩效，D公司所使用的方法导致了错误的决定，并使得公司的利润遭受到损失。D公司是一个多部门的企业，主要生产和销售药物产品及其包装物。这个公司在许多地方拥有现场仓库，由公司员工处理仓储业务。这些带有温控的仓库是为药品设计的，要求的安全和管理技能远远超过包装物产品的储存要求。为了充分利用这些仓库设备，公司鼓励非药品部门将他们的产品储存在这些仓库中，运营这些仓库的费用大部分是固定的，但是如果产量增加，就需要增加额外的工作人员或者加班。该公司的政策是把成本按照在仓库中的占地面积来分摊，药品仓储的要求使得这个费用相对很高。此外，公司各个部门是在分散的利润中心的基础上管理的。

一个经营相对笨重、价值较低的部门副总裁认识到，类似的服务能够以更便宜的价格在公仓储服务中获得。他将本地区的产品从公司中撤出，开始采用公共仓库来储存产品。结果，整个公司的仓储成本不是减少了而是增加了。

思考题：

1. 试分析该物流公司是否应该进行成本分摊?
2. 大幅度改变成本对企业的成本管理有什么影响?

案例三

美国物流成本中库存费用的地位

从物流成本的构成来看，美国的物流成本主要由三个部分组成：库存费用、运输费用和管理费用。比较近20多年来的变化可以看出，运输成本在GDP中的比例大体保持不变，而库存费用比重降低是导致美国物流总成本比例下降最主要的原因，这一比例由过去接近5%下降到不足4%。由此可见，降低库存成本、加快周转速度是美国现代物流业发展的突出成绩。也就是说，利润的源泉更集中在降低库存、加速资金周转方面。

美国物流成本包括的3个部分各有其测算办法。第一部分库存费用，是指花费在保存货物方面的费用，除了包括仓储、残损、人力费用及保险和税收费用外，还包括库存占压资金的利息。其中，利息是当年美国商业利率乘以全国商业库存总金额得到的。把库存占压的资金利息加入物流成本，是现代物流与传统物流费用计算的最大区别。只有这样，降低物流成本和加速资金周转速度才能从根本利益上统一起来。库存占压资金的利息在美国物流企业平均流动资金周转次数达到10次的条件下，约为库存成本的1/4，为总物流成本的1/10，数额之大，不可小视。

美国的实践表明，物流成本中运输部分的比例大体不变，减少库存支出就成为降低物流成本的主要来源。减少库存支出就是要加快资金周转、压缩库存，这与同期美国库存平均周转期降低的现象是吻合的。因此，发展现代物流就是要把目标锁定在加速资金周转和降低库存水平上面。物流成本的概念必须拓展，库存支出不仅要考虑仓储的保管费用，更重要的是考虑它所占有的库存资金成本，即库存占压资金利息。

思考题：

从上述案例分析中可得到哪些启示？

技能拓展

技能训练8－1　仓储成本分析实训

一、实训目的

1. 了解仓储成本的构成要素；
2. 掌握仓储成本的计算方法。

二、实训内容与步骤

1. 介绍实训要求，建议学生独立完成。
2. 通过查看相关网站和论坛，阅读、收集并整理出仓储成本的构成和计算方法。
3. 分析物流企业的背景材料，具体如下：

上海普天仓储有限公司2014年的成本形态如表1所示，公司面积为23 865平方米，其中，物流设施面积为120 100平方米；有员工84名，其中物流工作人员有35名。请计算该公司2014年的仓储总成本。

表1　上海天成仓储有限公司2014年成形态一览表

仓储成本形态	管理费用（万元）	计算基准（%）	备注
（1）仓库租赁费	1.23		金额
（2）材料消耗费	3.682		金额
（3）工资津贴费	6.524		入数比率
（4）燃料动力费	2.193		面积比率
（5）保险费	1.054		面积比率
（6）修缮维修费	1.814		面积比率

续表

仓储成本形态	管理费用（万元）	计算基准（%）	备注
（7）仓储搬运费	3.254		面积比率
（8）仓储管理费	1.962		面积比率
（9）仓储保管费	3.425		仓储费比例
（10）易耗品费	1.913		仓储费比例
（11）资金占用利息	3.054		仓储费比例
（12）税金等	4.017		仓储费比例
仓储成本合计			仓储费比例占费用总额比率

4. 运用所学知识和方法，根据不同的储存货物，按支付形态、仓储成本项目、适用对象等计算仓储成本。

三、实训任务操作提示

第一步：根据任务中提供的信息，利用公式计算出该公司的人数比率。[人数比率=（物流工作人员数/全公司人数）×100%]

第二步：根据任务中提供的信息，利用公式计算出该公司的面积比率。[面积比率=（物流设施面积/全公司面积）×100%]

第三步：根据任务中提供的信息，利用公式计算出仓储费用比率。[仓储费用比率=[（1）~（8）项的仓储费之和÷（1）~（8）项的管理费用之和]×100%]

第四步：利用上述计算结果分别计算出工资津贴费、燃料动力费等计算基准。

第五步：利用上述计算出来的基准计算出各类仓储成本并求和，即得到仓储总成本。

四、实训作业

每人提交详细的仓储成本分析方案和计算过程，并制成 PPT 进行演示，说明计算思路。

五、实训条件

1. 物流实训室计算机与互联网。
2. 计算器。

六、考核标准

仓储成本分析实训项目考核评分表

序号	评价内容	分值	实际得分
1	仓储总成本计算过程清楚、结果正确	60	
2	不迟到、不早退、不缺课、不随便讲话	5	
3	表现良好，主动发言、积极参加讨论	5	
4	作业书写正确且按时完成、书写工整	10	
5	PPT 制作精美，汇报展示内容全面、详略得当、语言清晰	20	
合　计		100	

技能训练 8－2　仓库绩效评价实训（一）

一、实训目的

1. 了解仓储成本的构成及具体项目；

2. 掌握仓储绩效的评估方法。

二、实训内容与步骤

1. 全班同学分成若干学习小组，3～5 人为宜，选出组长。

2. 分析物流企业的背景材料，具体如下：

上海名诺仓储有限公司仓库面积为 38 500 平方米，建造费用为 7 635 万元，按照 30 年折旧；大型设备 3 台，每台 380 万元，按照 15 年折旧；柴油叉车和电动叉车各 1 台，其他作业工具多部，合计 65 万元，按照 5 年折旧。此外，公司还长期租赁他人仓库 9 500 平方米，租金每天每平方米 0.45（全年以 365 天计算）；公司有员工 96 名，平均每人每月基本工资为 1 800 元；平均每人每月加班 10 小时，每小时加班费为 25 元；2014 年发生的设施、设备维护维修费用为建造和购置费的 0.5%，维护维修的零部件费用为 12 万元。

假设该公司 2014 年的吞吐量为 876 万吨，业务总收入 1 845 万元，累计收发了 1 084笔业务，发生了 4 次收货差错、6 次发货差错，赔偿客户 46 万元，货物损耗 8 吨，账实相符数 1 062 笔，平均每笔业务验收时间为 0.5 天，装卸作业总量 862 万吨，公司占地 12 500 平方米，设备应作业总台时为 63 210 小时，实际作业总台时为 57 840 小时，公司实行 3 班制，每班 8 小时，全年工作日 320 天。

三、实训作业

1. 计算该公司 2014 年度的固定成本、变动成本和总成本。

2. 请对该公司 2014 年的仓储绩效进行评估，并写出评估报告。

四、实训条件

1. 物流实训室计算机与互联网。

2. 图书馆、阅览室。

五、考核标准

仓库绩效评价实训项目考核评分表

序号	评分项	评分标准	满分	得分
1	实训过程表现	出勤、小组合作、实训纪律	20	
2	仓储成本分析	内容全面详细、准确客观	20	
3	仓储成本计算	计算方法得当，计算结果准确	30	
4	仓储绩效评估	评估方法运用得当，评估结果真实客观	30	
总　分			100	

技能训练 8－3　仓库绩效评价实训（二）

一、实训目的

掌握仓储绩效的评估方法。

二、实训内容与步骤

1. 全班同学分成若干学习小组，3～5 人为宜，选出组长。

2. 分析物流企业的背景材料，具体如下：

北京莱西尔仓储有限公司占地总面积为 38 271 平方米，库房货棚货场占地面积为 24 596 平方米，有员工 52 人，2015 年总共完成了 841 万吨的进出库业务（其中入库量为 422 万吨，出库量为 419 万吨），业务总收入为 506 万元，收发货总笔数为 1 104 笔（收 412 笔，发 692 笔），其中，收发差错累计有 8 笔，赔偿客户 4.35 万元，货物损耗率平均为 1%，储存货物总笔数 432 笔，账实相符笔数为 424 笔，客户投诉 12 次，全年燃料、动力、库用材料等消耗为 53 万元，进出库总费用为 135 万元，仓储总成本为 306 万元，每笔业务验收时间平均为 0.5 天，年发运整车数位 658 车，零担车数位 349 车，整车发运平均 0.8 天，零担发运平均 0.67 天，装卸搬运作业总量为 839 万吨，设备作业总台时为 34 215 小时，设备应作业总台时为 35 632 小时，工作时间为每天 3 班制，每班 8 小时，月库存量如表 2 所示，请对该公司 2015 年的仓储绩效进行分析，并写出分析报告，提出优化措施。建议以小组合作的方式完成。

表 2　北京莱西尔仓储有限公司 2015 年月库存量一览表　（单位：万吨）

月份	月初库存量	月末库存量
1	28	34
2	34	18
3	18	40
4	40	74
5	74	36
6	36	26
7	26	58
8	58	46
9	46	62
10	62	58
11	58	42
12	42	28

三、实训作业

运用所学知识和方法，针对仓储公司的具体运营情况，对该公司的经营绩效进行正确的评价。

四、实训条件

1. 物流实训室计算机与互联网。

2. 图书馆、阅览室。

五、考核标准

仓库绩效评价实训项目考核评分表

序号	评分项	评分标准	满分	得分
1	实训过程表现	出勤、小组合作、实训纪律	20	
2	仓储成本分析	内容全面详细、准确客观	20	
3	仓储成本计算	计算方法得当，计算结果准确	30	
4	仓储绩效评估	评估方法运用得当，评估结果真实客观	30	
总分			100	

项目九

仓储信息管理

项目说明

仓储信息是指仓储生产经营活动产生的各个方面和各种方式的信息。仓储信息和仓库内部、外部的各个环节都有密切的关系，在仓储活动中起着神经系统的作用。只有加强仓储信息的研究和应用，才能使仓储作业环节形成一个有机整体。现代仓储管理已经从信息化逐步向智能化、智慧化迈进。仓储管理信息系统（WMS）、条形码技术、无线射频识别技术（RFID）、人工智能技术等在仓储管理中的应用大大提升了仓储作业效率，增强了作业准确性，降低了仓储成本，提高了服务质量。

知识目标：

1. 了解仓储管理信息系统的基本功能；
2. 掌握仓储管理信息系统的功能模块；
3. 了解条形码技术的基本原理及优点；
4. 掌握条形码技术在仓储管理中的应用；
5. 了解 RFID 技术在仓储管理中的应用；
6. 了解人工智能技术在物流领域的应用；
7. 了解智能仓储系统的作用。

能力目标：

1. 能够应用仓储管理信息系统进行仓储管理；
2. 能够熟练应用条形码技术做物品入出库及在库管理。

项目任务

孙宇是某物流公司的信息化负责人，随着公司硬件设施的增加及服务网络的扩展，公司当前的仓储信息化建设严重制约着公司的发展。2015 年，公司总经理办公会在布置2016年全年工作计划时，给公司技术部门下达了公司整体仓储信息化建设规划任务。孙宇需要通过一系列工作完成规划任务，具体内容如下：

1. 信息化建设总体思路；
2. 明确企业仓储信息化的目标；
3. 分析公司仓储信息化的内容和流程；
4. 明确仓储信息化建设的措施。

知识准备

任务一　仓储管理信息系统

一、仓储管理信息系统的概念

仓储管理信息系统（WMS）是一个实时的计算机软件系统，它能够按照运作的业务规则和运算法则，对信息、资源、行为、存货和分销运作进行更完美的管理，使其最大化满足有效产出和精确性的要求。

仓储管理信息系统是仓储管理信息化的具体形式，它在我国的应用还处于起步阶段。

二、仓储管理信息系统的功能

仓储管理信息系统的功能结构主要包括如下几个方面。

（一）信息处理功能

信息处理功能是仓储管理信息系统最基本的功能，包括对信息的收集、加工整理、存储转换以及输出等多方面的功能。

（二）事务处理功能

仓储管理信息系统能够从事部分常规的事务管理工作，其中包括账务处理以及常规核对、统计核算和报表处理等。

（三）预测功能

仓储管理信息系统不仅可以准确实时地反映仓储活动目前的状况，更可以运用一定的模型或方法对历史数据展开分析，从某些角度和一定程度上反映与预测仓储活动未来的发展趋势，并可以根据具体情况做出行业预测，确定组织内部的相关发展方向。

（四）计划功能

仓储管理信息系统可以针对不同管理层级提出不同要求，根据收集得到的种种信息对其工作进行合理的计划和安排，如库存补充计划等，从而有利于保证整体管理工作的顺利进行，也可以在一定程度上避免人为失误的产生。

（五）控制功能

仓储管理信息系统能够对仓储活动中各个环节的运作情况展开实时监控，比较实际工作的开展状况与计划之间的差异，从而能够及时发现问题，分析原因，并采取相应的手段进行纠偏，确实保证原计划活动的展开。

（六）决策支持功能

决策支持功能常常会成为仓储管理信息系统的一个附加功能。一个优秀的信息系统常常不仅具有管理信息的职能，还具备支持决策的能力。在实际操作中，系统可以通过运用各种非结构化或是半结构化的决策相关模型技术来对决策进行优化，从而达到为各个管理层级提供最优决策建议的目的。这一职能对合理利用企业资源、提高整体经济效益以及提升企业综合竞争力具有显著作用。

三、仓储管理信息系统的功能模块

从结构上说，仓储管理信息系统一般在横向上包括若干个并行的模块，在纵向上包括若干个层级，并且每个企业的仓储管理信息系统都有一定的针对性，因而会略有不同。通常仓储管理信息系统的每个模块都代表仓储业务中的一种独立职能，对于第三方物流企业来说，一个基本的信息系统大体包括如下几个方面的模块：基础信息管理模块、客户管理模块、业务受理模块、入库管理模块、库存管理模块、出库管理模块及辅助作业管理模块等。

（一）基础信息管理模块

基础信息管理模块主要完成库存初始化、库存限额、结账日期管理等工作，从而实现整个仓储基本信息资料的管理和初期数据的设置。

（二）客户管理模块

客户管理模块针对客户的相关事务进行管理，主要完成客户档案管理、客户管理服务和合同管理等工作，包括对客户的代号、名称、联系电话和联系地址等基本信息的录入、修改和删除等。

（三）业务受理模块

业务受理模块是第三方物流公司受理客户仓储业务需求的基础。公司仓储管理人员根据仓储业务申请仓储业务的受理操作，为入库管理做准备。客户需要提供储存业务的联系人信息和货物信息，以便管理人员做出合理的仓储管理方案。

（四）入库管理模块

仓库管理员根据业务受理清单列出入库信息，经过审核确认后，根据客户要求或货物性质选择仓库，并根据仓位的占用信息进行仓位的分配，同时修改仓库信息，从而完成实际入库操作，生成入库单。

（五）库存管理模块

库存管理模块负责各种物料或货物的收发存管理，实时处理入库作业管理系统和出库作业管理系统提供的数据，随时更新库存信息，反映库存的动态变化。该功能模块可以提供某段时间内库存物流的信息状况，随时显示打印当前的库存量等信息，帮助用户清楚地统一管理库存的每一次出库、入库及盘点情况，提高库存管理效率。

（六）出库管理模块

仓库管理员根据客户的实际需求和实际库存情况，提前做好出库的准备。一旦确定出库后，以最快的速度生成出库货物明细通知单，同时修改仓库库存信息，完成出库作业并申请进行审核，以保证出库货物的正确无误。

（七）辅助作业管理模块

仓储管理信息系统除了以上主要功能模块之外，还应包括盘点作业模块、移库作业模块、报表生成及信息查询等辅助作业管理功能模块。

任务二 仓储信息技术

物流信息技术是现代信息技术在物流系统中各个作业环节的应用，是物流现代化的重要标志。仓储信息技术在很大程度上是对信息的采集、传输与处理。大量的仓储工作岗位需要对信息进行采集、筛选、重组和转发等，如果这些工作有物流信息技术的参与，会变得更加快速、准确和全面。目前，应用于仓储管理的信息技术主要包括条形码技术和无线射频识别技术等。

一、条形码技术

（一）条形码的基本概念

1. 条形码的定义

条形码即条码，是由一组规则排列的条、空及其对应字符组成的标记，用以表示一定的信息。“条”是指对光线反射率较低的部分（一般表现为黑色），“空”是指对光线反射率较高的部分（一般表现为白色），这些条和空组成的标记能够被特定的设备（如光电扫描器等）识读，以标识物品的各种信息，如名称、单价、规格等。如果某个条码的条或空标记模糊或被磨损，则条码上对应的字符可供人直接识读或通过键盘向计算机输入数据使用。

2. 条形码的结构

条码符号包含机读符号与人读符号两部分。机读符号由功能符和数据符组成，其中，功能符包括两侧空白区、起始符、数据符、校验符、终止符。人读字符提供了机读符号所表示的内容且能够供人识读的字符。图 9 - 1 给出了一个条码字符的完整结构。

（1）空白区。没有任何印刷符和条形码信息，位于条码符号的两侧。空白区的作用是提示条码阅读器准备扫描。

（2）起始字符。条码符号的第一位字符是起始字符，用于标识一个条形码符号的

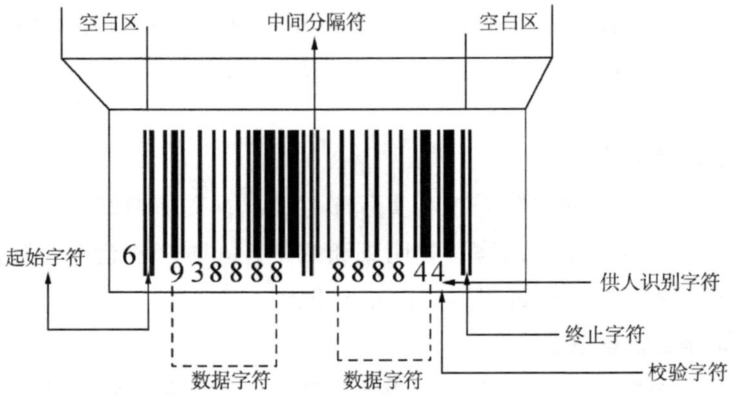

图 9－1　条形码的结构

开始，它具有特殊的条空结构。扫描器首先确认此字符的存在，然后处理由扫描器获得的一系列脉冲信号。

（3）数据字符。由条码字符组成，用于代表特定的信息。

（4）校验字符。在条码码制中定义了校验字符。在有些码制中，校验字符是必需的；在有些码制中，校验字符是可选的。校验字符是通过对数据字符进行某种算术运算确定的。当符号中的各字符被解码时，译码器将对其进行同一种算术运算，并将计算结果与校验字符相比较，两者一致时，说明读入的信息有效。

（5）终止字符。条码符号的最后一位字符是终止字符，用于标识一个条形码符号的结束，它也具有特殊的条、空结构。当扫描器识别到终止字符，便可知道条码符号已扫描完毕。

（二）条形码的分类

按照不同的分类方法和不同的编码规则，条形码可以分成许多种，现在已知的世界上正在使用的条形码有 250 种之多。条形码的分类方法主要依据条形码的编码结构和性质来决定。就一维条形码来说，按条形码的长度，可分为定长和非定长条形码；按排列方式，可分为连续型和非连续型条形码；按校验方式，又可分为自校验型和非自校验型条形码等；按维数，可分为一维条形码和二维条形码。下面主要介绍一维条码和二维条码。

1. 一维条码

一维条形码是通常所说的传统条形码。一维条形码是由一个接一个的“条”和“空”排列组成的，条形码信息由条和空的不同宽度和位置来传递，信息量大小是由条形码的宽度来决定的，条形码越宽，包容的条和空越多，信息量越大。一维条码是指条码条和空的排列规则。常用的一维码的码制包括：EAN 码、39 码、交叉 25 码、UPC 码、128 码、93 码，ISBN 码，及 Codabar（库德巴码）等（见图 9－2）。

一维条形码的优点有：编码简单，信息采集速度快，识别设备简单，成本低廉。

一维条形码不足之处有：数据容量较小，只能包含字母和数字，条码尺寸相对较

图 9－2　一维条形码

大（空间利用率较低），条码遭到损坏后便不能阅读，没有纠错能力，保密性差等。

2. 二维条码

二维条码是用某种特定的几何图形按一定规律在平面（二维方向上）分布黑白相间的图形记录数据符号信息的。使用二维条码可以解决如下问题：表示包括汉字、照片、指纹、签字在内的小型数据文件；在有限的面积上表示大量信息；对物品进行精确描述；防止各种证件、卡片及单证的伪造；在远离数据库和不便联网的地方实现数据采集。常见的二维条码如图 9－3 所示。

图 9－3　二维条形码

二维条码的优点有：

（1）二维条码的单证成本低，具有很好的使用价值。

（2）二维条码的单证容错性好，使用寿命长，纠错能力强。

（3）便携式的数据文件对主系统和网络的依赖性降低，从而降低了费用，提高了可靠性。

（4）自动录入实现了证件的机读功能。

（5）数学加密提高了证件的防伪能力。

（三）条形码在仓储管理中的应用

条形码在仓库管理信息系统方面的应用主要是企业利用条码技术，对企业的物流信息进行采集，并建立起相应的管理信息系统进行跟踪。通过一系列的活动，满足企业对物料准备、生产制造、仓储运输、市场销售、售后服务、质量控制等方面的信息管理需求，并最终达到优化、支持决策的作用。具体应用内容如下。

1. 货物库存管理

仓库管理信息系统根据货物的品名等划分货物品种，并且分配唯一的“货号”，最终实现对存货的管理。

2. 仓库库位管理

仓库管理系统是按仓库的库位记录仓库货物库存，在产品入库时将库位条码号与产品条码号一一对应，在出库时按照库位货物的库存时间，可以实现先进先出或批次管理的信息。

3. 货物单件管理

货物单件管理不光管理货物品种的库存，还管理货物库存的每一单件。采用产品标识条码记录单件产品所经过的状态，从而实现了对单件产品的跟踪管理。

4. 仓库业务管理

仓库业务管理包括出库、入库、盘库、月盘库、移库，不同业务以各自的方式进行，完成仓库的进、销、存等多方面的管理，准确地完成仓库出入库操作。

5. 出入库操作管理

辅助工作人员采集货物单件信息，处理采集数据，建立仓库的入库、拣选、出库、移库、盘库、分拣数据，促使仓库业务操作更加准确、高效。

6. 综合过程管理

综合过程管理是对整个工作流程进行监控。一般仓库管理只能完成仓库运输差错处理，而使用条形码技术的仓库管理可以根据采集信息，建立仓库动态信息，直接处理实际中的各种差错，同时能够根据采集单件信息及时发现出入库的货物单件差错，提供差错处理。

二、无线射频识别技术

（一）无线射频识别技术的定义

无线射频识别（Radio Frequency Idenfication，RFID）技术是一种非接触的自动识别技术，其基本原理是利用射频信号和空间耦合（电感或电磁耦合）或雷达反射的传输特性，实现对被识别物体的自动识别。

（二）RFID 系统的构成

RFID 系统由电子标签和阅读器构成。

电子标签是射频识别系统的数据载体，由标签天线和标签专用芯片组成。

RFID 阅读器（读写器）通过天线与 RFID 电子标签进行无线通信，可以实现对标签识别码和内存数据的读出或写入操作，典型的阅读器包含有高频模块、控制单元以及阅读天线（见图 9－4）。

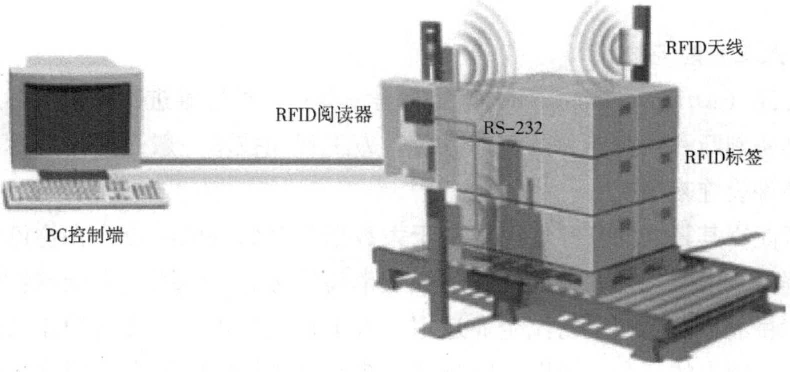

图 9－4　RFID 阅读系统

（三）RFID 技术的优点

RFID 以无线方式进行双向通信，其最大的优点在于非接触，可实现批量读取和远程读取，能可靠识别 100 公里/小时的高速移动目标（包括人、车、物等），可实现真正的“一物一码”。

具体而言，RFID 系统的优点有：

（1）可同时识别多张不同号码的射频卡；

（2）无对人体有伤害的高频电磁污染；

（3）识别区域无方向性、无盲区；

（4）信号穿透力和绕射力强；

（5）信息的安全性和保密性能高；

（6）集成度高，兼容性好，通信简单快捷。

（四）RFID 在仓储管理中的应用

仓库管理信息系统利用 RFID 相关软硬件技术实现物资的实时监控与管理。基于 RFID 的仓库管理系统可以减少生产运营成本，缩短时间周期，大大降低人工采集的误差，提高运营效率，并可实时储存生产过程信息，满足产品可塑性追求。

仓库管理信息系统对仓库到货检验、入库、出库、调拨、移库移位、库存盘点等各个作业环节的数据进行自动化的数据采集每个出库入库的产品上都贴了 RFID 标签，然后用 RFID 设备对标签进行识读，保证仓库管理各个环节数据输入的速度和准确性，确保企业及时准确地掌握库存的真实数据，合理保持和控制企业库存。

任务三　智能仓储系统

一、智能仓储的基本概念

（一）人工智能与物流

人工智能（Artificial Intelligence，AI）是一种对人类思维进行模拟，然后生产出像人类一样具备判断和反应能力的智能系统。人工智能技术一般是通过计算机程序，加上相应的硬件设施来呈现的。

人工智能因其算法的开源性以及基于大数据和互联网的特点，在物流中的应用能体现出其解决方案多元化、精准化和解决效率高等优势，逐渐成为全球物流经济发展的推动力。目前，已有多家物流企业运用了人工智能技术，如美国的亚马逊创建了智能物流中心、国内的京东和阿里巴巴分别打造了智能供应链平台和网络智能物流节点等，人工智能在物流领域的发展势不可挡。

在人工智能时代，物流企业将在基础设备和运作流程方面呈现出两个转型特点，同时也是未来物流领域的发展重点和趋势。一是物流基础设施、生产工具逐步向智能化转型。随着智能机器人、无人驾驶车辆等智能设备的兴起，作为传统劳动力的人力将逐渐被虚拟劳动力所取代，进而对物流的生产要素结构进行重组，形成新的物流基础设施和生产工具。新的物流基础设施和生产工具将具备较高的劳动生产率，同时也降低了单位劳动力成本。二是供应链中的物流运作流程将通过人工智能计算重新进行构建。物流运作流程通过智能化技术进行重新构建，不仅能够让物流运作流程自动化，而且可以在很大程度上提升物流作业的运行速度和精准性。

（二）智能仓储的含义

智能仓储是利用人工智能技术，使物流仓储系统能模仿人的智能，具有思维、感知、学习、推理判断和自行解决物流中某些问题的能力。人工智能在物流仓储领域的应用包括智能仓库选址、智能库存管理、智能仓储作业等。

智能仓储作业的主要特点包括仓储作业自动化和作业管理智能化。仓储作业自动化体现在：智能仓库中的所有运作流程全部由机器设备自动完成，如自动分拣机、智能拆码垛机器人、搬运机器人、自动导引运输车、智能安防巡检车等；管理智能化表现在：在智能算法的驱动下，仓库内各个自动化设备在运作中可以井井有条且相互配合，并且可以根据特殊情况及时做出相应的反应，大大提高了仓储作业的运作效率。

（三）智能仓储系统的作用

智能仓储是物流过程的一个重要环节。智能仓储系统的应用保证了货物仓库管理各个环节数据输入的速度和准确性，确保企业及时准确地掌握库存的真实数据，合理保持和控制企业库存。通过科学的编码，还可方便地对库存货物的批次、保质期等进行管理，提高仓库管理的工作效率。具体而言，智能仓储系统的作用如下：

1. 降低劳动力成本，提高作业安全性

自动机器设备的投入使用完全摆脱了人工劳动力，节约了大量劳动力成本，提高了作业的安全性。

2. 提高仓储作业运作效率，增强服务水平

在智能算法的驱动下，仓库内各个自动化设备在运作中可以有条不紊地相互配合，并且可以根据特殊情况及时做出相应的反应，大大提高了仓储作业的运作效率，提高物流服务水平。

3. 降低了企业库存量，节省仓储成本

将传统库存管理转型为智能库存管理，在互联网技术、可视化技术和大数据运算能力的推动下，不仅可以实现仓储数据读取的快捷化，而且可以实现各个仓库信息的联网实时化，有效降低了企业库存量，节省了仓储成本，同时还具有更高的库存管理安全性。

二、智能仓储系统的构成

（一）智能搬运系统

自动导引运输车（Automated Guided Vehicle，AGV）是指装备有电磁或光学等自动导引装置，能够沿规定的导引路径行驶，具有安全保护以及各种移载功能的运输车。目前，AGV 导引技术有电磁导引、光学导引、磁带导引、激光导引、惯性导引、环境映射法导引等。AGV 设备具有部署简单、精致的工业设计，超高精度导航及持久续航能力的特点，模块化设计能够满足多场景需求，完善服务响应机制。AGV 适用于各个物流环节，包括物料的收发、转移、拣选、上料等作业环节，主要应用于物流仓储作业、3C 电子制造与汽车制造等领域。AGV 的应用提升了搬运效率，降低了工人的劳动强度，减少了人工成本，加快了投资回报，柔性可拓展。

无人叉车通过 SLAM 激光导航柔性行进，与智能机器人配合接驳，打造适用于仓库及制造业工厂的自动存取系统，从本质上改变了仓库混乱、分散的现状。智能搬运系统可同时对多台无人叉车进行合理分配调度，以实现多台设备协同作业，提高效率。

（二）智能拣选系统

1. AGV 机器人协助完成人到货拣选

AGV 机器人可与仓库现有的 WMS 系统对接，实现机器人可自主找货的拣选模式。具体表现为：它会自己找到订单货品所在的货架位置，而拣货员只需拣选出该货架上的订单货品并放在机器人“身上”，随后点击按钮，机器人将去往后续拣货点，完成订单内所有货品的拣选后将其运送到打包台。当多台机器人共同工作时，拣货员们只需要在货架间专注拣选，而不用花费过多的时间在运送货品上，既节省了时间和精力，又能提高出库效率。

2. AGV 机器人协助完成货到人拣选

AGV 机器人可与仓库现有的 WMS 系统对接，根据系统指示，将货物所在的货架搬

运到拣选工位前，拣货人员只需根据显示屏和播种墙电子标签的提示从指定货位拣取相应数量的商品放入订单箱即可，打破了对照订单去货位找货的“人到货”模式。机器人拣选系统包含机器人、管理系统、标准拣选工位和充电站。AGV 机器人搬运货架实现了“货到人”拣选，有效提升了作业效率，降低了人工成本。

（三）智能分拣系统

分拣机器人通过与工业快速读码设备配合，可进行自动快速分拣工作，将包裹运送至条码对应的出货口，可同时调度多台机器人，收到高效快速的分拣效果。机器人分拣系统包括分拣机器人、钢平台、工业视觉读码设备、充电站等，视觉组合导航方式，智能自主充电，浅充浅放实现 24 小时无间断运行，适用于邮政、快递行业中的包裹分拣环节，满足客户对中小件包裹的快速分拣需求。智能分拣系统可以实现快速准确的包裹投递，读码准确率超过 99.99%，拥有大规模机器人调度能力，可实现智能路径规划和拥塞控制算法高速稳定的定位行走。智能分拣系统极大地提高了分拣效率，降低了人工成本，系统部署时间短，节约作业空间，柔性自动化，可按业务需求增减机器人数量。

（四）智能存储系统

以自动化立体仓库（Automatic Storage & Retrieval System，AS/RS）为核心的仓储系统是目前最典型的智能存储系统。自动化立体仓库是高层货架仓库的高级形式，它以高层立体货架为主要标志，以先进的计算机控制技术为主要手段，实现了搬运、存取的机械化和自动储存管理。

自动化立体仓库主体由货架、堆垛机、无人搬运车（AGV）、穿梭车（RGV）、入（出）库工作台和自动运进（出）及操作控制系统组成，可与上级计算机联网组成内部局域网，从而实现管理、监控、执行功能，是集信息自动化技术、自动导引小车技术、机器人技术和自动仓储技术于一体的集成化系统。

项目小结

本项目主要介绍了仓储管理信息系统的基本功能与业务模块，介绍了条形码技术和无线射频识别技术在仓储管理中的应用情况，介绍了智能仓储系统的含义、作用及构成。

复习思考题

1. 简述仓储管理信息系统的基本功能。
2. 简述仓储管理信息系统的业务模块。
3. 简述条形码技术在物流管理中的应用情况。
4. 简述无线射频识别技术在物流管理中的应用情况。

5. 简述人工智能在物流领域的应用。

6. 简述智能仓储的作用。

案例分析

武钢物流公司仓储管理

一、企业简况

武汉钢铁集团物流有限公司（以下简称“武钢物流”）是武汉钢铁集团公司旗下专业从事物流经营的现代物流企业，经营业务包括武钢原燃料、成品材的接卸、仓储、货运，同时提供客运、汽车和工程机械检修监测、物流信息、商贸物流园区规划管理和运营等服务。公司拥有及管理港务港口、阳逻港口、鄂州港口、浙江舟山武港码头6个港口码头，自有仓库面积近20万平方米，拥有各类货车、客车、特种车辆和工程机械1 600余台。

武钢物流致力于打造全国一流的商贸物流企业，大力发展第三方物流，延伸公司物流产业链，依托现代商贸物流园区建设，加快发展仓储业务，创新思路，加快全国的物流节点布局建设。

二、实施信息化之前存在的问题

武汉钢铁集团物流有限公司自2010年起开始实施自主经营，包括产品存储、吊装、运输等业务。随着经营业务范围的不断扩大，原有的信息化管理系统不能满足需求，主要存在以下问题：

1. 公司系统分为经营库管系统和自营库管系统，两套系统各自独立，数据无法共享；

2. 现场没有条码枪的应用，货物跟踪只限于入库和出库，不能实现交付管理；

3. 产品验收入库、货物出库、移库移位都是人为指挥，容易出差错；

4. 现场库存盘点不能实现自动化，只能靠人力统计，效率低且易出现误差；

5. 所有费用依据业务人员线下手动进行，随意性较大；

6. 入库产品包括武钢产品和非武钢产品，产品标识不一致，入库、出库信息记录复杂；

7. 报表均为手工统计，统计内容有限，不能实时查询。

根据公司总体信息化建设目标，现要求将经营库的数据维护、入库管理、出库管理、返厂异常处理、日常维护、成本统计、费用结算、价格管理、客户查询、库区盘点等一并开发，并在此系统上扩充条码枪应用和电子交付管理。

三、信息化实施的过程

（一）信息化实施的前提条件与背景

1. 入库产品分为武钢产品和非武钢产品，所有产品都有唯一的标识（条形码标签）。

2. 运输公司分为武钢内部和外部两种，由客户自行指定。货物外发前需开立提单，经营库费用结算分为两种，先付款后提货和先提货后付款，先付款者在开立提单时，需要缴纳所有费用。

3. 运输产品价格分为通用价、包干价和特殊价格，在开立提单时，系统能确定该单位采用何种运输价格。

4. 货物的存储状态和运行状态能直接在系统中查询。

（二）功能模块建设

1. 数据维护。数据维护包括客户资料维护、收货人维护、车行维护、车行指定、储位维护、到站资料维护、经营计划维护、特殊存放维护、抵税人维护。维护模块里面均包含新增、修改、删除、保存等功能。

2. 经营管理。产品出库需要打印相关单据，如作业单、水运航次单等。产品出库后，产品货主信息、产品储位数据、委托函状态等及时更改并保存。

3. 价格管理。运输价格模式与客户匹配，价格模块包括包干价、特殊价、通用版、一事一议等，不同的价格体系对应不同的审批流程。

4. 查询。需查询数据包括作业量、订单项次、可配量、待出量、货物明细、撤单冲红、未开提单、提单出库、提单查询。

5. 条码枪应用。条码枪应用于产品入库、移储、盘点、出库。

6. 交付管理。系统采用电子交付，包括交付时限维护、短信交付、手动交付。

交付时限与运输方式和运输目的地相关，交付内容包括基本信息、明细信息、交接信息。物流公司人员、运输人员和货主可以随时查看产品交付信息，交付信息一旦生成，不能修改。

7. 报表。系统提供实时报表，包括班产报表、库存报表、运输量报表、入库台账、出库台账、零点库存、调度日报、生产日报、船舶离岗统计报表。报表设定时间自动生成，如果需要查询其他时间段内的报表，可以手动提交报表。

（三）其他功能

1. 系统页面响应时间低于 3 秒。

2. 页面响应时间大于 1 秒时有页面响应动画。

3. 用户持扫码终端设备扫码时，扫码设备识别条码平均响应时间不超过 2 秒。

四、信息化效益评估

物流仓储管理系统的应用大大提升了经营库的管理水平，推动了信息化建设的步伐，具体表现为：

1. 产品出库效率提高。系统使用之前，产品出库需要员工在现场查看配货，平均汽车提货时间为 1 小时/车，系统使用后，提货时间缩短至半个小时。

2. 库区周转率提高。产品入库出库时间缩短，在库容不变的情况下，库区月外发量由原来的 30 万吨提升到现在的 50 万吨。

3. 市场竞争力加强。原有系统只针对武钢产品，非武钢产品无法进入，新系统上线后，产品来源不受限制，可以与外界仓库竞争。

4. 交付质量得以保证。原有交付模式为人工填写质量交接单，存在字迹模糊不清、交接记录查询不方便 的问题，系统上线后，全部采用电子交付，可以随时查看已经完成的交付，方便统计各类质量交接信息。

5. 定员节省。系统上线之前经营库统计人员需要3个，且统计内容有限，现在直接使用统计报表，仅需一个统计人员。

五、下一步改进的设想

根据物流公司目前的运营情况以及信息化使用程度，本系统基本满足需要，但仍有部分功能待继续改进。

1. 协议管理。协议分为内部客户和外部协议，不同的协议应采用不同的审批流程，以提高工作效率。

2. 结算管理。物流公司通过签订协议提取公共价格因子和计费维度，系统建立计费引擎，加快计费速度。

3. 系统运行中，根据现场管理和资金流转情况，实时调整系统，确保正常运行。

思考题：

1. 根据案例资料，分析武钢实施仓储信息化管理的成效如何?

2. 企业实施仓储管理信息化需要具备哪些基础条件?

技能拓展

技能训练9－1　仓储管理信息系统操作实训

一、实训目的

1. 了解仓储管理信息系统的基本功能。

2. 掌握仓储管理信息系统的操作流程。

二、实训内容与步骤

1. 实训布置。教师布置本次实训的目的、内容及注意事项。

2. 讲解与操作示范。教师讲解仓储管理信息系统的基本功能，以及各个功能的具体操作流程。

3. 学生完成实训任务。学生根据教师发布的操作任务，完成基础信息录入、入库、出库、盘点、生成报表等功能的操作，并将操作后的结果截图写入实训报告。

4. 教师监督并指导。教师对实训过程进行组织与监督，并对学生提出的问题进行及时解答，必要时进行操作示范。

三、实训作业

每人上交一份的实训报告。

四、实训条件

物流信息技术实训室，配有计算机、仓储管理信息系统及互联网。

五、考核标准

仓储信息系统操作实训项目考核评分表

序号	评分项	评分标准	满分	得分
1	实训过程表现	出勤、实训纪律	20	
2	仓储信息系统操作	基础资料模块操作熟练正确	10	
		入库管理模块操作熟练正确	20	
		盘点管理操作熟练正确	20	
		出库管理模块操作熟练正确	20	
		生成报表操作熟练正确	10	
总　分			100	

技能训练 9－2　仓储管理信息化调研

一、实训目的

1. 了解并掌握我国仓储管理信息化现状；
2. 掌握信息技术在仓储管理中的应用及具体效果；
3. 掌握我国仓储管理信息化未来的发展趋势。

二、实训内容与步骤

1. 全班同学分成若干学习小组，3～5 人为宜，选出组长。

2. 通过查看相关网站和论坛，阅读、收集并整理我国仓储管理信息化的现状和未来发展趋势的相关资料。

3. 通过图书馆的专业书籍和阅览室的专业刊物，了解行业情况。

4. 采取上网收集或现场调研等方式，调查一家企业仓储管理信息化的状况，掌握该企业仓储管理信息化的具体方式与方法，采用的信息管理系统及信息技术有哪些，仓储管理信息化作业流程，仓储管理信息化对的作用等。

三、实训作业

1. 每组撰写并提交一份《我国仓储管理信息化的现状和未来发展趋势》。
2. 每组撰写并提交一份《某企业仓储管理信息化调查报告》。

四、实训条件

1. 物流实训室计算机与互联网。
2. 图书馆、阅览室。
3. 调研企业。

五、考核标准

仓储行业调研实训项目考核评分表

序号	评分项	评分标准	满分	得分
1	实训过程表现	出勤、小组合作、实训纪律	30	
2	我国仓储管理信息化的现状和未来发展趋势	内容是否全面详细及准确客观；格式是否正确	30	
3	企业仓储管理信息化调研报告	报告内容是否准确全面；逻辑与评价是否合理；格式是否正确	40	
总　分			100	

参考文献

[1] 薛威. 仓储作业管理 [M]. 2 版. 北京：高等教育出版社，2018.

[2] 蒋旭得，彭金山. 仓储管理实务 [M]. 北京：北京出版社，2016.

[3] 谢翠梅. 仓储与配送管理实务 [M]. 北京：北京交通大学出版社，2013.

[4] 王瑜. 仓储管理实务 [M]. 北京：北京出版社，2016.

[5] 王晓阔，陈杰. 配送管理实务 [M]. 北京：清华大学出版社，北京交通大学出版社，2011.

[6] 张洪革，孙宏英. 仓储与配送管理 [M]. 大连：东北财经大学出版社，2014.

[7] 邵广利. 仓储管理实务 [M]. 北京：清华大学出版社，北京交通大学出版社，2013.

[8] 谷岩. 配送管理实务 [M]. 北京：中国财富出版社，2016.

[9] 唐秀丽物流仓储管理 [M]. 上海：上海交通大学出版社，2013.

[10] 陈玲，李蔚. 仓储作业实训 [M]. 北京：中国财富出版社，2014.

[11] 林珍平. 仓储作业实务 [M]. 北京：化学工业出版社，2012.

[12] 商磊. 仓储作业实训 [M]. 北京：机械工业出版社，2015.

[13] 武晓钊. 物流综合实训 [M]. 北京：清华大学出版社，北京交通大学出版社，2013.

[14] 舒文. 物流仓储与配送管理 [M]. 成都：西南交通大学出版社，2013.

[15] 汝宜红，宋伯慧. 配送管理 [M]. 3 版. 北京：机械工业出版社，2016.

[16] 邓传红. 配送实务 [M]. 北京：中国人民大学出版社，2015.

[17] 何海军. 物流成本管理 [M]. 北京：中国传媒大学出版社，2011.

[18] 商丽景. 物流成本管理 [M]. 上海：上海交通大学出版社，2016.